LE COMTE

DE

MONTE-CHRISTO

CINQUIÈME PARTIE

PARIS. — IMPRIMERIE SIMON RAÇON ET COMP., RUE D'ERFURTH, 1.

LE COMTE

DE

MONTE-CHRISTO

PAR

ALEXANDRE DUMAS

PUBLIÉ PAR DUFOUR ET MULAT

ILLUSTRÉ PAR G. STAAL, J.-A. BEAUCÉ, COPPIN, LANCELOT, ETC.

CINQUIÈME PARTIE

PARIS — 1853
CHEZ MARESCQ ET Cie, LIBRAIRES
— 5, RUE DU PONT-DE-LODI, 5 —

1861

LE COMTE DE MONTE-CHRISTO

CINQUIÈME PARTIE

CHAPITRE PREMIER

LA LIMONADE.

En effet, Morrel était bien heureux.

M. Noirtier venait de l'envoyer chercher, et il avait si grande hâte de savoir pour quelle cause, qu'il n'avait pas pris de cabriolet, se fiant bien plus à ses deux jambes qu'aux quatre jambes d'un cheval de place. Il était donc parti tout courant de la rue Meslay, et se rendait au faubourg Saint-Honoré.

Morrel marchait au pas gymnastique, et le pauvre Barrois le suivait de son mieux.

Morrel avait trente et un ans, Barrois en avait soixante.

Morrel était ivre d'amour, Barrois était altéré par la grande chaleur.

Ces deux hommes, ainsi divisés d'intérêts et d'âge, ressemblaient aux deux lignes que forme un triangle : écartées par la base, elles se rejoignent au sommet.

Le sommet, c'était Noirtier, lequel avait envoyé chercher Morrel, en lui recommandant de faire diligence, recommandation que Morrel suivit à la lettre, au grand désespoir de Barrois.

En arrivant, Morrel n'était pas même essoufflé : l'amour donne des ailes.

Mais Barrois, qui depuis longtemps n'était plus amoureux, Barrois était en nage.

Le vieux serviteur fit entrer Morrel par la porte particulière, ferma la porte du cabinet, et bientôt un froissement de robe sur le parquet annonça la visite de Valentine.

Valentine était belle à ravir sous ses vêtements de deuil.

Le rêve devenait si doux, que Morrel se fût presque passé de converser avec Noirtier, mais le fauteuil du vieillard roula bientôt sur le parquet, et il entra.

Noirtier accueillit par un regard bienveillant les remercîments que Morrel lui prodiguait pour cette merveilleuse intervention qui les avait sauvés, Valentine et lui, du désespoir.

Puis le regard de Morrel alla provoquer, sur la nouvelle faveur qui lui était accordée, la jeune fille, qui, timide et assise loin de Morrel, attendait d'être forcée à parler.

Noirtier la regarda à son tour.

— Il faut donc que je dise ce dont vous m'avez chargée? demanda-t-elle.

— Oui, fit Noirtier.

— Monsieur Morrel, dit alors Valentine au jeune homme qui la dévorait des yeux, mon bon-papa Noirtier avait mille choses à vous dire, que, depuis trois jours, il m'a dites. Aujourd'hui il vous envoie chercher pour que je vous les répète; je vous les répéterai donc, puisqu'il m'a choisie pour son interprète, sans changer un mot à ses intentions.

— Oh! j'écoute bien impatiemment, répondit le jeune homme; parlez, mademoiselle, parlez.

Valentine baissa les yeux, ce fut un présage qui parut doux à Morrel.

Valentine n'était faible que dans le bonheur.

— Mon père veut quitter cette maison, dit-elle. Barrois s'occupe de lui chercher un appartement convenable.

— Mais vous, mademoiselle, dit Morrel, vous qui êtes si chère et si nécessaire à M. Noirtier?

— Moi, reprit la jeune fille, je ne quitterai point mon grand-père, c'est chose convenue entre lui et moi. Mon appartement sera près du sien. Ou j'aurai le consentement de M. de Villefort pour aller habiter avec papa Noirtier, ou on me le refusera : dans le premier cas, je pars dès à présent; dans le second, j'attends ma majorité, qui arrive dans dix mois. Alors je serai libre, j'aurai une fortune indépendante, et.....

— Et?... demanda Morrel.

— Et, avec l'autorisation de bon-papa, je tiendrai la promesse que je vous ai faite.

Valentine prononça ces derniers mots si bas, que Morrel n'eût pu les entendre sans l'intérêt qu'il avait à les dévorer.

— N'est-ce point votre pensée que j'ai exprimée là, bon-papa? ajouta Valentine en s'adressant à Noirtier.

— Oui, fit le vieillard.

— Une fois chez mon grand-père, ajouta Valentine, M. Morrel pourra me venir voir en présence de ce bon et digne protecteur. Si le lien que nos cœurs, peut-être ignorants ou capricieux, avaient commencé de former paraît convenable et offre des garanties de bonheur futur à notre expérience (hélas! dit-on, les cœurs enflammés par les obstacles se refroidissent dans la sécurité!), alors M. Morrel pourra me demander à moi-même, je l'attendrai.

— Oh! s'écria Morrel, tenté de s'agenouiller devant le vieillard comme devant Dieu, devant Valentine comme devant un ange; oh! qu'ai-je donc fait de bien dans ma vie pour mériter tant de bonheur?

— Jusque-là, continua la jeune fille de sa voix pure et sévère, nous respecterons les convenances, la volonté même de nos parents, pourvu que cette volonté ne tende pas à nous séparer toujours; en un mot, et je répète ce mot, parce qu'il dit tout, nous attendrons.

— Et les sacrifices que ce mot impose, monsieur, dit Morrel, je vous jure de les accomplir, non pas avec résignation, mais avec bonheur.

— Ainsi, continua Valentine avec un regard bien doux au cœur de Maximilien, plus d'imprudences, mon ami; ne compromettez pas celle qui, à partir d'aujourd'hui, se regarde comme destinée à porter purement et dignement votre nom.

Morrel appuya sa main sur son cœur.

Cependant Noirtier les regardait tous deux avec tendresse.

Barrois, qui était resté au fond comme un homme à qui l'on n'a rien à cacher, souriait en essuyant les grosses gouttes d'eau qui tombaient de son front chauve.

— Oh! mon Dieu! comme il a chaud, ce bon Barrois! dit Valentine.

— Ah! dit Barrois, c'est que j'ai bien couru, allez, mademoiselle; mais M. Morrel, je dois lui rendre cette justice-là, courait encore plus vite que moi.

Noirtier indiqua de l'œil un plateau sur lequel étaient servis une carafe de limonade et un verre.

Ce qui manquait dans la carafe avait été bu, une demi-heure auparavant, par Noirtier.

— Tiens, bon Barrois, dit la jeune fille, prends,

car je vois que tu couves des yeux cette carafe entamée.

— Le fait est, dit Barrois, que je meurs de soif, et que je boirai bien volontiers un verre de limonade à votre santé.

— Bois donc, dit Valentine, et reviens dans un instant.

Barrois emporta le plateau, et, à peine était-il dans le corridor, qu'à travers la porte qu'il avait oublié de fermer on le voyait pencher la tête en arrière pour vider le verre que Valentine avait rempli.

Valentine et Morrel échangeaient leurs adieux en présence de Noirtier, quand on entendit la sonnette retentir dans l'escalier de Villefort.

C'était le signal d'une visite.

Valentine regarda la pendule.

— Il est midi, dit-elle, c'est aujourd'hui samedi, bon-papa, c'est sans doute le docteur.

Noirtier fit signe qu'en effet ce devait être lui.

— Il va venir ici, il faut que M. Morrel s'en aille, n'est-ce pas, bon-papa?

— Oui, répondit le vieillard.

— Barrois? appela Valentine; Barrois, venez!

On entendit la voix du vieux serviteur qui répondait :

— J'y vais, mademoiselle.

— Barrois va vous reconduire jusqu'à la porte, dit Valentine à Morrel : et maintenant rappelez-vous une chose, monsieur l'officier, c'est que mon bon-papa vous recommande de ne risquer aucune démarche capable de compromettre notre bonheur.

— J'ai promis d'attendre, dit Morrel, et j'attendrai.

En ce moment, Barrois entra.

— Qui a sonné? demanda Valentine.

— Monsieur le docteur d'Avrigny, dit Barrois en chancelant sur ses jambes.

— Eh bien! qu'avez-vous donc, Barrois? demanda Valentine.

Le vieillard ne répondit pas.

Il regardait son maître avec des yeux effarés, tandis que de sa main crispée il cherchait un appui pour demeurer debout.

— Mais il va tomber! s'écria Morrel.

En effet, le tremblement dont Barrois était saisi augmentait par degrés.

Les traits du visage, altérés par les mouvements convulsifs des muscles de la face, annonçaient une attaque nerveuse des plus intenses.

Noirtier, voyant Barrois ainsi troublé, multipliait ses regards dans lesquels se peignaient, intelligibles et palpitantes, toutes les émotions qui agitent le cœur de l'homme.

Barrois fit quelques pas vers son maître.

— Ah! mon Dieu! mon Dieu! Seigneur! dit-il, mais qu'ai-je donc?... Je souffre... Je n'y vois plus. Mille pointes de feu me traversent le crâne. Oh! ne me touchez pas! ne me touchez pas!

En effet, les yeux devenaient saillants et hagards, et la tête se renversait en arrière, tandis que le reste du corps se roidissait.

Valentine, épouvantée, poussa un cri.

Morrel la prit dans ses bras comme pour la défendre contre quelque danger inconnu.

— Monsieur d'Avrigny! monsieur d'Avrigny! cria Valentine d'une voix étouffée, à nous! au secours!

Barrois tourna sur lui-même, fit trois pas en arrière, trébucha et vint tomber aux pieds de Noirtier, sur le genou duquel il appuya sa main en criant :

— Mon maître! mon bon maître!

En ce moment M. de Villefort, attiré par les cris, parut sur le seuil de la chambre.

Morrel lâcha Valentine à moitié évanouie, et, se rejetant en arrière, s'enfonça dans l'angle de la chambre et disparut presque derrière un rideau.

Pâle comme s'il eût vu un serpent se dresser devant lui, il attachait un regard glacé sur le malheureux agonisant.

Noirtier bouillait d'impatience et de terreur; son âme volait au secours du pauvre vieillard, son ami plutôt que son domestique.

On voyait le combat terrible de la vie et de la mort se traduire sur son front par le gonflement des veines et la contraction de quelques muscles restés vivants autour de ses yeux.

Barrois, la face agitée, les yeux injectés de sang, le cou renversé en arrière, gisait, battant le parquet de ses mains, tandis qu'au contraire ses jambes roidies semblaient devoir rompre plutôt que plier.

Une légère écume montait à ses lèvres, et il haletait douloureusement.

Villefort, stupéfait, demeura un instant les yeux fixés sur ce tableau, qui, dès son entrée dans la chambre, attira ses regards.

Il n'avait pas vu Morrel.

Après un instant de contemplation muette, pendant lequel on put voir son visage pâlir et ses cheveux se dresser sur sa tête :

— Docteur! docteur! s'écria-t-il en s'élançant vers la porte; venez, venez!

— Madame! madame! cria Valentine appelant sa belle-mère et se heurtant aux parois de l'escalier, venez! venez vite! et apportez votre flacon de sels!

— Qu'y a-t-il? demanda la voix métallique et contenue de madame de Villefort.

— Oh! venez! venez!

— Mais où donc est le docteur? criait Villefort; où est-il?

Madame de Villefort descendit lentement.

On entendait craquer les planches sous ses pieds.

— D'une main elle tenait le mouchoir avec lequel elle s'essuyait le visage, de l'autre un flacon de sels anglais.

Son premier regard, en arrivant à la porte, fut pour Noirtier, dont le visage, sauf l'émotion bien naturelle dans une semblable circonstance, annonçait une santé égale; son second coup d'œil rencontra le moribond.

Elle pâlit, et son œil rebondit pour ainsi dire du serviteur sur le maître.

— Mais, au nom du ciel, madame, où est le docteur? il est entré chez vous. C'est une apoplexie, vous le voyez bien, avec une saignée on le sauvera

— A-t-il mangé depuis peu? demanda madame de Villefort éludant la question.

— Madame, dit Valentine, il n'a pas déjeuné, mais il a fort couru ce matin pour faire un commission dont l'avait chargé bon-papa. Au retour seulement, il a pris un verre de limonade.

— Ah! fit madame de Villefort, pourquoi pas du vin? C'est très-mauvais, la limonade.

— La limonade était là sous sa main, dans la carafe de bon-papa; le pauvre Barrois avait soif, il a bu ce qu'il a trouvé.

Madame de Villefort tressaillit; Noirtier l'enveloppa de son regard profond.

— Il a le cou si court! dit-elle.

— Madame, dit Villefort, je vous demande où est M. d'Avrigny; au nom du ciel, répondez!

— Il est dans la chambre d'Édouard, qui est un peu souffrant, dit madame de Villefort, qui ne pouvait éluder plus longtemps.

Villefort s'élança dans l'escalier pour l'aller chercher lui-même.

— Tenez, dit la jeune femme en donnant son flacon à Valentine, on va le saigner sans doute. Je remonte chez moi, car je ne puis supporter la vue du sang.

Et elle suivit son mari.

Morrel sortit de l'angle sombre où il s'était retiré, et où personne ne l'avait vu, tant la précipitation était grande.

— Partez vite, Maximilien, lui dit Valentine, et attendez que je vous appelle. Allez

Morrel consulta Noirtier par un geste

Noirtier, qui avait conservé tout son sang-froid, lui fit signe que oui.

Il serra la main de Valentine contre son cœur et sortit par le corridor dérobé.

En même temps, Villefort et le docteur rentraient par la porte opposée.

Barrois commençait à revenir à lui.

La crise était passée, sa parole revenait gémissante, et il se soulevait sur un genou.

D'Avrigny et Villefort portèrent Barrois sur une chaise longue.

— Qu'ordonnez-vous docteur? demanda Villefort.

— Qu'on m'apporte de l'eau et de l'éther. Vous en avez dans la maison?

— Oui.

— Qu'on coure me chercher de l'huile de térébenthine et de l'émétique.

— Allez, dit Villefort.

— Et maintenant que tout le monde se retire.

— Moi aussi? demanda timidement Valentine.

— Oui, mademoiselle, vous surtout, dit rudement le docteur.

Valentine regarda M. d'Avrigny avec étonnement, embrassa M. Noirtier au front et sortit.

Derrière elle, le docteur ferma la porte d'un air sombre.

— Tenez, tenez, docteur, le voilà qui revient; ce n'était qu'une attaque sans importance.

M. d'Avrigny sourit d'un air sombre.

— Comment vous sentez-vous, Barrois? demanda le docteur.

— Un peu mieux, monsieur.

— Pouvez-vous boire ce verre d'eau éthérée?

— Je vais essayer; mais ne me touchez pas.

— Pourquoi?

— Parce qu'il me semble que, si vous me touchiez, ne fût-ce que du bout du doigt, l'accès me reprendrait.

— Buvez.

Barrois prit le verre, l'approcha de ses lèvres violettes et le vida à moitié à peu près.

— Où souffrez-vous? demanda le docteur.

— Partout; j'éprouve comme d'effroyables crampes.

— Avez-vous des éblouissements.

— Oui.

— Des tintements d'oreille?

— Affreux.

— Quand cela vous a-t-il pris?

— Tout à l'heure.

— Rapidement?

— Comme la foudre.

— Rien hier? rien avant-hier?

— Rien.

— Pas de somnolence? pas de pesanteurs?

— Non.

— Qu'avez-vous mangé aujourd'hui?

— Je n'ai rien mangé; j'ai bu seulement un verre de la limonade de monsieur, voilà tout.

Et Barrois fit de la tête un signe pour désigner Noirtier, qui, immobile sur son fauteuil, contemplait

D'Avrigny faillit renverser madame de Villefort, qui, elle aussi, descendait à la cuisine.

cette terrible scène sans en perdre un mouvement, sans laisser échapper une parole.

— Où est cette limonade? demanda vivement le docteur.

— Dans la carafe, en bas.

— Où cela, en bas?

— Dans la cuisine.

— Voulez-vous que j'aille la chercher, docteur? demanda Villefort.

— Non, restez ici, et tâchez de faire boire au malade le reste de ce verre d'eau.

— Mais, cette limonade...

— J'y vais moi-même.

D'Avrigny fit un bond, ouvrit la porte, s'élança dans l'escalier de service, et faillit renverser madame de Villefort, qui, elle aussi, descendait à la cuisine.

Elle poussa un cri.

D'Avrigny n'y fit même pas attention.

Emporté par la puissance d'une seule idée, il sauta les trois ou quatre dernières marches, se précipita dans la cuisine, et aperçut le carafon aux trois quarts vide sur son plateau.

Il fondit dessus comme un aigle sur sa proie.

Haletant, il remonta au rez-de-chaussée et rentra dans la chambre.

Madame de Villefort remontait lentement l'escalier qui conduisait chez elle.

— Est-ce bien cette carafe qui était ici? demanda d'Avrigny.

— Oui, monsieur le docteur.

— Cette limonade est la même que vous avez bue?

— Je le crois.

— Quel goût lui avez-vous trouvé?

— Un goût amer.

— Le docteur versa quelques gouttes de limonade dans le creux de sa main, les aspira avec ses lèvres, et, après s'en être rincé la bouche comme on fait avec le vin que l'on veut goûter, il cracha la liqueur dans la cheminée.

— C'est bien la même, dit-il. Et vous en avez bu aussi, vous, monsieur Noirtier?

— Oui, fit le vieillard.

— Et vous lui avez trouvé ce même goût amer?

— Oui.

— Ah! monsieur le docteur! cria Barrois, voilà que cela me prend! Mon Dieu, Seigneur, ayez pitié de moi!

Le docteur courut au malade.

— Cet émétique, Villefort, voyez s'il vient.

Villefort s'élança en criant :

— L'émétique! l'émétique! l'a-t-on apporté?

Personne ne répondit.

La terreur la plus profonde régnait dans la maison.

— Si j'avais un moyen de lui insuffler de l'air dans les poumons, dit d'Avrigny en regardant autour de lui, peut-être y aurait-il un moyen de prévenir l'asphyxie. Mais non, rien! rien!

— Oh! monsieur, criait Barrois, me laisserez-vous mourir ainsi sans secours! Oh! je me meurs! mon Dieu! je me meurs!

— Une plume! une plume! demanda le docteur.

Il en aperçut une sur la table.

Il essaya d'introduire la plume dans la bouche du malade, qui faisait, au milieu de ses convulsions, d'inutiles efforts pour vomir; mais les mâchoires étaient tellement serrées que la plume ne put passer.

Barrois était atteint d'une attaque nerveuse encore plus intense que la première.

Il avait glissé de la chaise longue à terre, et se roidissait sur le parquet.

Le docteur le laissa en proie à cet accès, auquel il ne pouvait apporter aucun soulagement, et alla à Noirtier.

— Comment vous trouvez-vous? lui dit-il précipitamment et à voix basse; bien?

— Oui.

— Léger d'estomac ou lourd? léger?

— Oui.

— Comme lorsque vous avez pris la pillule que je vous fais donner chaque dimanche?

— Oui.

— Est-ce Barrois qui a fait votre limonade?

— Oui.

— Est-ce vous qui l'avez engagé à en boire?

— Non.

— Est-ce M. de Villefort?

— Non.

— Madame?

— Non.

— C'est donc Valentine, alors?

— Oui.

Un soupir de Barrois, un bâillement qui faisait craquer les os de sa mâchoire, appelèrent l'attention de d'Avrigny.

Il quitta M. Noirtier et courut près du malade.

— Barrois, dit le docteur, pouvez-vous parler?

Barrois balbutia quelques paroles inintelligibles.

— Essayez un effort, mon ami.

Barrois rouvrit des yeux sanglants.

— Qui a fait la limonade?

— Moi.

— L'avez-vous apportée à votre maître aussitôt après l'avoir faite?

— Non.

— Vous l'avez laissée quelque part, alors?

— A l'office; on m'appelait.

— Qui l'a apportée ici?

— Mademoiselle Valentine.

D'Avrigny se frappa le front.

— Oh! mon Dieu! mon Dieu! murmura-t-il.

— Docteur! docteur! cria Barrois, qui sentait un troisième accès arriver.

— Mais n'apportera-t-on pas cet émétique? s'écria le docteur.

— Voilà un verre tout préparé, dit Villefort en rentrant.

— Par qui?

— Par le garçon pharmacien qui est venu avec moi.

— Buvez.

— Impossible, docteur, il est trop tard; j'ai la gorge qui se serre; j'étouffe! Oh! mon cœur! Oh! ma tête!... Oh! quel enfer... Est-ce que je vais souffrir longtemps comme cela?

— Non, non, mon ami, dit le docteur; bientôt vous ne souffrirez plus.

— Ah! je vous comprends! s'écria le malheureux : mon Dieu! prenez pitié de moi!

Et, jetant un cri, il tomba renversé en arrière, comme s'il eût été foudroyé.

D'Avrigny posa une main sur son cœur, approcha une glace de ses lèvres.

— Eh bien? demanda Villefort.

— Allez dire à la cuisine que l'on m'apporte bien vite du sirop de violettes.

Villefort descendit à l'instant même.

— Ne vous effrayez pas, monsieur Noirtier, dit d'Avrigny, j'emporte le malade dans une autre chambre pour le saigner; en vérité, ces sortes d'attaques sont un affreux spectacle à voir.

Et, prenant Barrois par-dessous le bras, il le traîna dans une chambre voisine; mais presque aussitôt il rentra chez Noirtier pour prendre le reste de la limonade.

Noirtier fermait l'œil droit.

— Valentine, n'est-ce pas? vous voulez Valentine? Je vais dire qu'on vous l'envoie.

Villefort remontait.

D'Avrigny le rencontra dans le corridor.

— Eh bien? demanda-t-il.

— Venez, dit d'Avrigny.

Et il l'emmena dans sa chambre.

— Toujours évanoui? demanda le procureur du roi.

— Il est mort.

Villefort recula de trois pas, joignit les mains au-dessus de sa tête, et, avec une commisération non équivoque :

— Mort si promptement! dit-il en regardant le cadavre.

— Oui, bien promptement, n'est-ce pas? dit d'Avrigny; mais cela ne doit pas vous étonner : M. et madame de Saint-Méran sont morts tout aussi promptement. Oh! l'on meurt vite dans votre maison, monsieur de Villefort!

— Quoi! s'écria le magistrat avec un accent d'horreur et de consternation, vous en revenez à cette terrible idée.

— Toujours, monsieur, toujours, dit d'Avrigny avec solennité, car elle ne m'a pas quitté un instant; et, pour que vous soyez bien convaincu que je ne me trompe pas cette fois, écoutez bien, monsieur de Villefort.

Villefort tremblait convulsivement.

— Il y a un poison qui tue sans presque laisser de trace. Ce poison, je le connais bien, je l'ai étudié dans tous les accidents qu'il amène, dans tous les phénomènes qu'il produit. Ce poison, je l'ai reconnu tout à l'heure chez le pauvre Barrois, comme je l'avais reconnu chez madame de Saint-Méran. Ce poison, il y a une manière de reconnaître sa présence : il rétablit la couleur bleue du papier de tournesol rougi par un acide, et il teint en vert le sirop de violettes. Nous n'avons pas de papier de tournesol; mais, tenez, voilà qu'on m'apporte le sirop de violettes que j'ai demandé.

En effet, on entendait des pas dans le corridor.

Le docteur entre-bâilla la porte, prit des mains de la femme de chambre un vase au fond duquel il y avait deux ou trois cuillerées de sirop, et referma la porte.

— Regardez, dit-il au procureur du roi dont le cœur battait si fort, qu'on eût pu l'entendre, voici dans cette tasse du sirop de violettes, et dans cette carafe le reste de la limonade dont M. Noirtier et Barrois ont bu une partie. Si la limonade est pure et inoffensive, le sirop va garder sa couleur; si la limonade est empoisonnée, le sirop va devenir vert. Regardez!

Le docteur versa lentement quelques gouttes de limonade de la carafe dans la tasse, et l'on vit à l'instant même un nuage se former au fond de la tasse : ce nuage prit d'abord une nuance bleue; puis du saphir il passa à l'opale, et de l'opale à l'émeraude.

Arrivé à cette dernière couleur, il s'y fixa pour ainsi dire.

L'expérience ne laissait aucun doute.

— Le malheureux Barrois a été empoisonné avec de la fausse angusture ou de la noix de Saint-Ignace, dit d'Avrigny; maintenant j'en répondrais devant les hommes et devant Dieu.

Villefort ne dit rien, lui, mais il leva les bras au ciel, ouvrit des yeux hagards, et tomba foudroyé sur un fauteuil.

Villefort ne dit rien, mais il tomba foudroyé sur un fauteuil. — Page 7.

CHAPITRE II.

L'ACCUSATION.

onsieur d'Avrigny eut bientôt rappelé à lui le magistrat, qui semblait un second cadavre dans cette chambre funèbre.

— Oh! la mort est dans ma maison! s'écria Villefort.

— Dites le crime, répondit le docteur.

— Monsieur d'Avrigny! s'écria Villefort, je ne puis vous exprimer tout ce qui se passe en moi en ce moment : c'est de l'effroi, c'est de la douleur, c'est de la folie.

— Oui, dit monsieur d'Avrigny avec un calme imposant : mais je crois qu'il est temps que nous agissions, je crois qu'il est temps que nous opposions une digue à ce torrent de mortalité. Quant à moi, je ne me sens point capable de porter plus long-

Villefort tomba à genoux. — Page 11.

temps de pareils secrets sans espoir d'en faire sortir bientôt la vengeance pour la société et ses victimes.

Villefort jeta autour de lui un sombre regard.

— Dans ma maison! murmura-t-il; dans ma maison!

— Voyons, magistrat, dit d'Avrigny, soyez homme; interprète de la loi, honorez-vous par une immolation complète.

— Vous me faites frémir, docteur, une immolation!

— J'ai dit le mot.

— Vous soupçonnez donc quelqu'un?

— Je ne soupçonne personne; la mort frappe à votre porte, elle entre, elle va, non pas aveugle, mais intelligente qu'elle est, de chambre en chambre. Eh bien! moi, je suis sa trace, je reconnais son passage; j'adopte la sagesse des anciens; je tâtonne; car mon amitié pour votre famille, car mon respect pour vous, sont deux bandeaux appliqués sur mes yeux; eh bien!...

— Oh! parlez, parlez, docteur, j'aurai du courage.

 Paris. — Imp. de Edouard Blot, rue St-Louis, 46

— Eh bien! monsieur, vous avez chez vous, dans le sein de votre maison, de votre famille peut-être, un de ces affreux phénomènes, comme chaque siècle en produit quelqu'un. Locuste et Agrippine, vivant en même temps, sont une exception, qui prouve la fureur de la Providence à perdre l'empire romain, souillé par tant de crimes. Brunehaut et Frédégonde sont les résultats du travail pénible d'une civilisation à sa genèse dans laquelle l'homme apprenait à dominer l'esprit, fût-ce par l'envoyé des ténèbres. Eh bien! toutes ces femmes avaient été ou étaient encore jeunes et belles. On avait vu fleurir sur leur front ou sur leur front fleurissait encore cette même fleur d'innocence que l'on retrouve aussi sur le front de la coupable qui est dans votre maison.

Villefort poussa un cri, joignit les mains, et regarda le docteur avec un geste suppliant.

Mais celui-ci poursuivit sans pitié :

— « Cherche à qui le crime profite, » dit un axiome de jurisprudence.

— Docteur! s'écria Villefort, hélas! docteur, combien de fois la justice des hommes n'a-t-elle pas été trompée par ces funestes paroles! Je ne sais, mais il me semble que ce crime...

— Ah! vous avouez donc enfin que le crime existe?

— Oui, je le reconnais. Que voulez-vous? il le faut bien. Mais laissez-moi continuer. Il me semble, dis-je, que ce crime tombe sur moi seul et non sur les victimes. Je soupçonne quelque désastre pour moi sous tous ces désastres étranges.

— Oh! homme, murmura d'Avrigny, le plus égoïste de tous les animaux, la plus personnelle de toutes les créatures, qui crois toujours que la terre tourne, que le soleil brille, que la mort fauche pour lui tout seul; fourmi maudissant Dieu du haut d'un brin d'herbe! Et ceux qui ont perdu la vie n'ont-ils rien perdu, eux? M. de Saint-Méran, madame de Saint-Méran, M. Noirtier...

— Comment, M. Noirtier?

— Eh oui! Croyez-vous, par exemple, que ce soit à ce malheureux domestique qu'on en voulait? Non, non; comme le Polonius de Shakspeare, il est mort pour un autre. C'était Noirtier qui devait boire la limonade; c'est Noirtier qui l'a bue, selon l'ordre logique des choses : l'autre ne l'a bue que par accident; et, quoique ce soit Barrois qui soit mort, c'est Noirtier qui devait mourir.

— Mais alors comment mon père n'a-t-il pas succombé?

— Je vous l'ai déjà dit un soir dans le jardin, après la mort de madame de Saint-Méran, parce que son corps est fait à l'usage de ce poison même; parce que la dose, insignifiante pour lui, était mortelle pour tout autre; parce qu'enfin personne ne sait, et pas même l'assassin, que, depuis un an, je traite avec la brucine la paralysie de M. Noirtier, tandis que l'assassin n'ignore pas, et il s'en est assuré par expérience, que la brucine est un poison violent.

— Mon Dieu! mon Dieu! murmura Villefort en se tordant les bras.

— Suivez la marche du criminel; il tue M. de Saint-Méran.

— Oh! docteur!

— Je le jurerais; ce qu'on m'a dit des symptômes s'accorde trop bien avec ce que j'ai vu de mes yeux.

Villefort cessa de combattre et poussa un gémissement.

— Il tue M. de Saint Méran, répéta le docteur; il tue madame de Saint-Méran; double héritage à recueillir.

Villefort essuya la sueur qui coulait sur son front.

— Écoutez bien.

— Hélas! balbutia Villefort, je ne perds pas un mot, pas un seul.

— M. Noirtier, reprit de sa voix impitoyable M. d'Avrigny, M. Noirtier avait testé naguère contre vous, contre votre famille, en faveur des pauvres, enfin; M. Noirtier est épargné, on n'attend rien de lui. Mais il n'a pas plutôt détruit son premier testament, il n'a pas plutôt fait le second, que, de peur qu'il n'en fasse sans doute un troisième, on le frappe; le testament est d'avant-hier, je crois; vous le voyez, il n'y a pas de temps de perdu.

— Oh! grâce! monsieur d'Avrigny.

— Pas de grâce, monsieur! Le médecin a une mission sacrée sur la terre; c'est pour la remplir qu'il a remonté jusqu'aux sources de la vie et descendu dans les mystérieuses ténèbres de la mort. Quand le crime a été commis, et que Dieu, épouvanté sans doute, détourne son regard du criminel, c'est au médecin de dire : — Le voilà.

— Grâce pour ma fille! monsieur, murmura Villefort.

— Vous voyez bien que c'est vous qui l'avez nommée, vous, son père!

— Grâce pour Valentine! Écoutez, c'est impossible. J'aimerais autant m'accuser moi-même! Valentine, un cœur de diamant, un lis d'innocence!

— Pas de grâce, monsieur le procureur du roi! Le crime est flagrant. Mademoiselle de Villefort a emballé elle-même les médicaments qu'on a envoyés à M. de Saint-Méran, et M. de Saint-Méran est mort.

Mademoiselle de Villefort a préparé les tisanes de madame de Saint-Méran, et madame de Saint-Méran est morte

Mademoiselle de Villefort a pris des mains de Barrois, que l'on a envoyé dehors, le carafon de limonade que le vieillard vide ordinairement dans la matinée, et le vieillard n'a échappé que par miracle.

Mademoiselle de Villefort est la coupable! C'est l'empoisonneuse! Monsieur le procureur du roi, je vous dénonce mademoiselle de Villefort; faites votre devoir!

— Docteur, je ne résiste plus, je ne me défends plus; je vous crois; mais, par pitié, épargnez ma vie, mon honneur!

— Monsieur de Villefort, reprit le docteur avec une force croissante, il est des circonstances où je franchis toutes les limites de la sotte circonspection humaine. Si votre fille avait commis seulement un premier crime, et que je la visse en méditer un second, je vous dirais : — Avertissez-la, punissez-la, qu'elle passe le restant de sa vie dans quelque cloître, dans quelque couvent, à pleurer, à prier. Si elle avait commis un second crime, je vous dirais : —Tenez, monsieur de Villefort, voici un poison qui n'a pas d'antidote connu, prompt par la pensée, rapide comme l'éclair, mortel comme la foudre; donnez-lui ce poison en recommandant son âme à Dieu, et sauvez ainsi votre honneur et vos jours, car c'est à vous qu'elle en veut; et je la vois s'approcher de votre chevet avec ses sourires hypocrites et ses douces exhortations? Malheur à vous! monsieur de Villefort, si vous ne vous hâtez de frapper le premier! Voilà ce que je vous dirais si elle n'avait tué que deux personnes; mais elle a vu trois agonies, elle a contemplé trois moribonds, s'est agenouillée près de trois cadavres; au bourreau l'empoisonneuse! au bourreau! Vous parlez de votre honneur, faites ce que je vous dis, et c'est l'immortalité qui vous attend!

Villefort tomba à genoux.

— Écoutez, dit-il, je n'ai pas cette force que vous avez ou plutôt que vous n'auriez pas si, au lieu de ma fille Valentine, il s'agissait de votre fille Madeleine.

Le docteur pâlit.

— Docteur, tout homme, fils de la femme, est né pour souffrir et mourir; docteur, je souffrirai et j'attendrai la mort.

— Prenez garde, dit M. d'Avrigny, elle sera lente..... Cette mort, vous la verrez s'approcher après avoir frappé votre père, votre femme, votre fils peut-être.

Villefort, suffoquant, étreignit le bras du docteur.

— Écoutez-moi! s'écria-t-il, plaignez-moi, secourez-moi... Non, ma fille n'est pas coupable... Traînez-nous devant un tribunal; je dirai encore : — Non, ma fille n'est pas coupable... Il n'y a pas de crime dans ma maison... Je ne veux pas, entendez-vous, qu'il y ait un crime dans ma maison; car, lorsque le crime entre quelque part, c'est comme la mort : il n'entre pas seul. Écoutez : — Que vous importe à vous que je meure assassiné? Êtes-vous mon ami? Êtes-vous un homme? Avez-vous un cœur?... Non, vous êtes un médecin!... Eh bien! je vous dis : — Non! ma fille ne sera pas par moi traînée aux mains du bourreau!... Ah! voilà une idée qui me dévore, qui me pousse comme un insensé à creuser ma poitrine avec mes ongles!..... Et si vous vous trompiez, docteur! si c'était un autre que ma fille! Si, un jour, je venais, pâle comme un spectre, vous dire : — Assassin! tu as tué ma fille!... Tenez, si cela arrivait, je suis chrétien, monsieur d'Avrigny, et cependant je me tuerais!

— C'est bien, dit le docteur après un instant de silence, j'attendrai.

Villefort le regarda comme s'il doutait encore de ses paroles.

— Seulement, continua M. d'Avrigny d'une voix lente et solennelle, si quelque personne de votre maison tombe malade, si vous-même vous vous sentez frappé, ne m'appelez pas, car je ne viendrai plus. Je veux bien partager avec vous ce secret terrible, mais je ne veux pas que la honte et le remords aillent chez moi en fructifiant et en grandissant dans ma conscience, comme le crime et le malheur vont grandir et fructifier dans votre maison.

— Ainsi, vous m'abandonnez, docteur?

— Oui, car je ne puis pas vous suivre plus loin, et je ne m'arrête qu'au pied de l'échafaud. Quelque autre révélation viendra qui amènera la fin de cette terrible tragédie. Adieu.

— Docteur, je vous en supplie!

— Toutes les horreurs qui souillent ma pensée font votre maison odieuse et fatale. Adieu, monsieur.

— Un mot, un mot seulement encore, docteur! Vous vous retirez, me laissant toute l'horreur de la situation, horreur que vous avez augmentée par ce que vous m'avez révélé. Mais la mort instantanée, subite, de ce pauvre vieux serviteur, que va-t-on dire?

— C'est juste, dit d'Avrigny, reconduisez-moi.

Le docteur sortit le premier, M. de Villefort le suivit.

Les domestiques, inquiets, étaient dans les corridors et sur les escaliers par où devait passer le médecin.

— Monsieur, dit d'Avrigny à Villefort, en parlant à haute voix, de façon à ce que tout le monde l'entendît, le pauvre Barrois était trop sédentaire depuis quelques années : lui habitué autrefois avec son maître à courir, à cheval ou en voiture, les quatre coins de l'Europe, il s'est tué à ce service monotone autour d'un fauteuil. Le sang est devenu lourd. Il était replet, il avait le cou gros et court, il a été frappé d'une apoplexie foudroyante, et l'on m'est venu avertir trop tard. A propos, ajouta-t-il tout bas, ayez bien soin de jeter cette tasse de violettes dans les cendres.

Et le docteur, sans toucher la main de Villefort, sans revenir un seul instant sur ce qu'il avait dit, sortit escorté par les larmes et les lamentations de tous les gens de la maison.

Le soir même, tous les domestiques de Villefort, qui s'étaient réunis dans la cuisine et qui avaient longuement causé entre eux, vinrent demander à madame de Villefort la permission de se retirer.

Aucune instance, aucune proposition d'augmentation de gages ne les put retenir.

A toutes paroles ils répondaient :

— Nous voulons nous en aller, parce que la mort est dans la maison.

Ils partirent donc, malgré les prières qu'on leur fit, témoignant que leurs regrets étaient vifs de quitter de si bons maîtres, et surtout mademoiselle Valentine, si bonne, si bienfaisante et si douce.

Villefort, à ces mots, regarda Valentine.

Elle pleurait.

Chose étrange ! à travers l'émotion que lui firent éprouver ses larmes, il regarda aussi madame de Villefort, et il lui sembla qu'un sourire fugitif et sombre avait passé sur ses lèvres minces, comme ces météores qu'on voit glisser, sinistres, entre deux nuages au fond d'un ciel orageux

— Nous voulons nous en aller, parce que la mort est dans la maison. — Page 12.

CHAPITRE III.

LA CHAMBRE DU BOULANGER RETIRÉ.

e soir même du jour où le comte de Morcerf était sorti de chez Danglars avec une honte et une fureur que rend concevables la froideur du banquier, M. Andrea Cavalcanti, les cheveux frisés et luisants, les moustaches aiguisées, les gants blancs dessinant les ongles, était entré, presque debout sur son phaéton, dans la cour du banquier de la rue de la Chaussée-d'Antin.

Au bout de dix minutes de conversation au salon, il avait trouvé moyen de conduire Danglars dans une embrasure de fenêtre, et là, après un adroit préambule, il avait exposé les tourments de sa vie depuis le départ de son noble père.

Depuis ce départ, il avait, disait-il, dans la famille du banquier où l'on avait bien voulu le recevoir comme un fils, il avait trouvé toutes les garanties de bonheur qu'un homme doit toujours rechercher avant les caprices de la passion, et, quand à la passion elle-même, il avait eu le bonheur de la rencontrer dans les beaux yeux de mademoiselle Danglars.

Danglars écoutait avec l'attention la plus profonde.

Il y avait déjà deux ou trois jours qu'il attendait cette déclaration, et, lorsqu'elle arriva enfin, son œil se dilata autant qu'il s'était couvert et assombri en écoutant Morcerf.

Cependant il ne voulut pas accueillir ainsi la proposition du jeune homme sans lui faire quelques observations de conscience

— Monsieur Andrea, lui dit-il, n'êtes-vous pas un peu jeune pour songer au mariage?

— Mais non, monsieur, reprit Cavalcanti, je ne trouve pas, du moins : en Italie, les grands seigneurs se marient jeunes en général; c'est une coutume logique. La vie est si chanceuse, que l'on doit saisir le bonheur aussitôt qu'il passe à notre portée.

— Maintenant, monsieur, dit Danglars, en admettant que vos propositions, qui m'honorent, soient agréées de ma femme et de ma fille, avec qui débattrions-nous les intérêts? C'est, il me semble, une négociation importante que les pères seuls savent traiter convenablement pour le bonheur de leurs enfants.

— Monsieur, mon père est un homme sage, plein de convenance et de raison. Il a prévu la circonstance probable où j'éprouverais le désir de m'établir en France : il m'a donc laissé en partant, avec tous les papiers qui constatent mon identité, une lettre par laquelle il m'assure, dans le cas où je ferais un choix qui lui soit agréable, cent cinquante mille livres de rentes, à partir du jour de mon mariage. C'est, autant que je puis juger, le quart du revenu de mon père.

— Moi, dit Danglars, j'ai toujours eu l'intention de donner à ma fille cinq cent mille francs en la mariant; c'est, d'ailleurs, ma seule héritière.

— Eh bien! dit Andrea, vous voyez, la chose serait pour le mieux, en supposant que ma demande ne soit pas repoussée par madame la baronne Danglars et par mademoiselle Eugénie. Nous voilà à la tête de cent soixante-quinze mille livres de rentes. Supposons une chose, que j'obtienne du marquis qu'au lieu de me payer la rente, il me donne le capital (ce ne sera pas facile, je le sais bien, mais enfin cela se peut), vous nous feriez valoir ces deux ou trois millions, et deux ou trois millions entre des mains habiles peuvent toujours rapporter dix pour cent.

— Je ne prends jamais qu'à quatre, dit le banquier, et même à trois et demi. Mais à mon gendre je prendrais à cinq et nous partagerions les bénéfices.

— Eh bien! à merveille, beau-père, dit Cavalcanti, se laissant entraîner à la nature quelque peu vulgaire, qui, de temps en temps, malgré ses efforts, faisait éclater le vernis d'aristocratie dont il essayait de les couvrir.

Mais, aussitôt, se reprenant :

— Oh! pardon, monsieur, dit-il, vous voyez, l'espérance seule me rend presque fou; que serait-ce donc de la réalité?

— Mais, dit Danglars, qui, de son côté, ne s'apercevait pas combien cette conversation, désintéressée d'abord, tournait promptement à l'agence d'affaires, il y a sans doute une portion de votre fortune que votre père ne peut vous refuser?

— Laquelle? demanda le jeune homme.

— Celle qui vient de votre mère.

— Eh! certainement, celle qui vient de ma mère, Léonora Corsinari.

— Et à combien peut monter cette portion de fortune?

— Ma foi, dit Andrea, je vous assure, monsieur, que je n'ai jamais arrêté mon esprit sur ce sujet, mais je l'estime à deux millions pour le moins.

Danglars ressentit cette espèce d'étouffement joyeux que ressentent ou l'avare qui a retrouvé un trésor perdu, ou l'homme prêt à se noyer, qui rencontre sous ses pieds la terre solide au lieu du vide dans lequel il allait s'engloutir.

— Eh bien! monsieur, dit Andrea en saluant le banquier avec un tendre respect, puis-je espérer?...

— Monsieur Andrea, dit Danglars, espérez, et croyez bien que, si nul obstacle de votre part n'arrête la marche de cette affaire, elle est conclue.

— Ah! vous me pénétrez de joie! monsieur, dit Andrea.

— Mais, dit Danglars réfléchissant, comment se fait-il que M. le comte de Monte-Christo, votre patron en ce monde parisien, ne soit pas venu avec vous nous faire cette demande?

Andrea rougit imperceptiblement.

— Je viens de chez le comte, monsieur, dit-il; c'est incontestablement un homme charmant, mais d'une originalité inconcevable; il m'a fort approuvé; il m'a dit même qu'il ne croyait pas que mon père hésitât un instant à me donner le capital au lieu de la rente; il m'a promis son influence pour m'aider à obtenir cela de lui; mais il m'a déclaré que, personnellement, il n'avait jamais pris et ne prendrait jamais sur lui cette responsabilité de faire une demande en mariage. Mais, je dois lui rendre cette justice, il a daigné ajouter que, s'il avait jamais déploré cette répugnance, c'était à mon sujet, puisqu'il pensait que l'union projetée serait heureuse et assortie. Du reste, s'il ne veut rien faire officiellement, il se réserve de vous répondre, m'a-t-il dit, quand vous lui parlerez.

— Ah ! fort bien.

— Maintenant, dit Andrea avec son plus charmant sourire, j'ai fini de parler au beau-père et je m'adresse au banquier.

— Que lui voulez-vous, voyons? dit en riant Danglars à son tour.

— C'est après-demain que j'ai quelque chose comme quatre mille francs à toucher chez vous; mais le comte a compris que le mois dans lequel j'allais entrer amènerait peut-être un surcroît de dépenses auquel mon petit revenu de garçon ne saurait suffire, et voici un bon de vingt mille francs qu'il m'a, je ne dirai pas donné, mais offert. Il est signé de sa main, comme vous voyez; cela vous convient-il?

— Apportez-m'en comme celui-là pour un million, et je vous les prends, dit Danglars en mettant le bon dans sa poche. Dites-moi votre heure pour demain, et mon garçon de caisse passera chez vous avec un reçu de vingt-quatre mille francs.

— Mais à dix heures du matin, si vous voulez bien; le plus tôt sera le mieux : je voudrais aller demain à la campagne.

— Soit, à dix heures, à l'hôtel des Princes, toujours?

— Oui

Le lendemain, avec une exactitude qui faisait honneur à la ponctualité du banquier, les vingt-quatre mille francs étaient chez le jeune homme, qui sortait effectivement, laissant deux cents francs pour Caderousse.

Cette sortie avait, de la part d'Andrea, pour but principal d'éviter son dangereux ami; aussi rentra-t-il le soir le plus tard possible.

Mais à peine eut-il mis le pied sur le pavé de la cour, qu'il trouva devant lui le concierge de l'hôtel qui l'attendait la casquette à la main.

— Monsieur, dit-il, cet homme est venu.

— Quel homme? demanda négligemment Andrea, comme s'il eût oublié celui dont au contraire il se souvenait trop bien.

— Celui à qui Votre Excellence fait cette petite rente.

— Ah! oui, dit Andrea, cet ancien serviteur de mon père. Eh bien ! vous lui avez donné les deux cents francs que j'avais laissés pour lui?

— Oui, Excellence, précisément.

Andrea se faisait appeler Excellence.

— Mais, continua le concierge, il n'a pas voulu les prendre.

Andrea pâlit.

Seulement, comme il faisait nuit, personne ne le vit pâlir.

— Comment ! il n'a pas voulu les prendre? dit-il d'une voix légèrement émue.

— Non ! il voulait parler à Votre Excellence. J'ai répondu que vous étiez sorti; il a insisté. Mais, enfin, il a paru se laisser convaincre, et m'a donné cette lettre qu'il avait apportée toute cachetée.

— Voyons, dit Andrea.

Il lut à la lanterne de son phaéton :

« Tu sais où je demeure; je t'attends demain à neuf heures du matin. »

Andrea interrogea le cachet pour voir s'il avait été forcé et si des regards indiscrets avaient pu pénétrer dans l'intérieur de la lettre ; mais elle était pliée de telle sorte, avec un tel luxe de losanges et d'angles, que, pour la lire, il eût fallu rompre le cachet : or, le cachet était parfaitement intact.

— Très-bien ! dit-il. Pauvre homme ! c'est une bien excellente créature.

Et il laissa le concierge édifié par ces paroles et ne sachant pas lequel il devait le plus admirer, du jeune maître ou du vieux serviteur.

— Dételez vite et montez chez moi, dit Andrea à son groom.

En deux bonds le jeune homme fut dans sa chambre et eut brûlé la lettre de Caderousse, dont il fit disparaître jusqu'aux cendres.

Il achevait cette opération lorsque le domestique entra.

— Tu es de la même taille que moi, Pierre, lui dit-il.

— J'ai cet honneur-là, Excellence, répondit le valet.

— Tu dois avoir une livrée neuve qu'on t'a apportée hier?

— Oui, monsieur.

— J'ai affaire à une petite grisette à qui je ne veux dire ni mon titre ni ma condition. Prête-moi ta livrée, et apporte-moi tes papiers, afin que je puisse, si besoin est, coucher dans une auberge.

Pierre obéit.

Cinq minutes après, Andrea, complétement déguisé, sortait de l'hôtel sans être reconnu, prenait un cabriolet, et se faisait conduire à l'auberge du Cheval-Rouge, à Picpus.

Le lendemain, il sortit de l'auberge du Cheval-Rouge comme il était sorti de l'hôtel des Princes, c'est-à-dire sans être remarqué, descendit le faubourg Saint-Antoine, prit le boulevard jusqu'à la rue Ménilmontant, et, s'arrêtant à la porte de la troisième maison à gauche, chercha à qui il pouvait, en l'absence du concierge, demander des renseignements

— M. Pailletin, s'il vous plaît, ma grosse maman.

— Que cherchez-vous, mon joli garçon? demanda la fruitière en face.

— M. Pailletin, s'il vous plaît, ma grosse maman, répondit Andrea.

— Un boulanger retiré? demanda la fruitière.

— Justement, c'est cela.

— Au fond de la cour, à gauche, au troisième.

Andrea prit le chemin indiqué, et, au troisième, trouva une patte de lièvre qu'il agita avec un sentiment de mauvaise humeur dont le mouvement précipité de la sonnette se ressentit.

Une seconde après, la figure de Caderousse apparut au grillage pratiqué dans la porte.

— Ah! tu es exact, lui dit-il.

Et il tira les verrous

— Parbleu! dit Andrea en entrant.

Et il lança devant lui sa casquette de livrée, qui, manquant la chaise, tomba à terre et fit le tour de la chambre en roulant sur sa circonférence.

— Allons, allons, dit Caderousse ne te fâche

— Allons, allons, ne te fâche pas, le petit.

pas, le petit. Voyons, tiens, j'ai pensé à toi ; regarde un peu le bon déjeuner que nous aurons; rien que des choses que tu aimes, tron-de-l'air!

Andrea sentit en effet, en respirant, une odeur de cuisine dont les aromes grossiers ne manquaient pas d'un certain charme pour un estomac affamé.

C'était ce mélange de graisse fraîche et d'ail qui signale la cuisine provençale d'un ordre inférieur.

C'était, en outre, un goût de poisson gratiné, puis, par-dessus tout, l'âpre parfum de la muscade et de la girofle.

Tout cela s'exhalait de deux plats creux et couverts, posés sur deux fourneaux, et d'une casserole qui bruissait dans le four d'un poêle de fonte.

Dans la chambre voisine, Andrea vit en outre une table assez propre ornée de deux couverts, de deux bouteilles de vin cachetées, l'une de vert, l'autre de jaune, d'une bonne mesure d'eau-de-vie dans un carafon et d'une macédoine de fruits dans une large feuille de chou posée avec art sur une assiette de faïence.

— Que t'en semble, le petit? dit Caderousse, hein! comme cela embaume! Ah! dame! tu sais, j'étais bon cuisinier, là-bas; te rappelles-tu comme on se léchait les doigts de ma cuisine? Et toi tout le premier tu en as goûté de mes sauces, et tu ne les méprisais pas, que je crois.

Et Caderousse se mit à éplucher un supplément d'oignons.

— C'est bon, c'est bon, dit Andrea avec humeur; pardieu! si c'est pour déjeuner avec toi que tu m'as dérangé, que le diable t'emporte!

— Mon fils, dit sentencieusement Caderousse, en mangeant, l'on cause; et puis, ingrat que tu es, tu n'as donc pas de plaisir à voir un peu ton ami? moi, j'en pleure de joie.

Caderoussse, en effet, pleurait réellement

Seulement, il eût été difficile de dire si c'était la joie ou les oignons qui opéraient sur la glande lacrymale de l'ancien aubergiste du pont du Gard.

— Tais-toi donc, hypocrite! dit Andrea; tu m'aimes, toi?

— Oui, je t'aime, ou le diable m'emporte! c'est une faiblesse, dit Caderousse, je le sais bien, mais c'est plus fort que moi.

— Ce qui ne t'empêche pas de m'avoir fait venir pour quelque perfidie.

— Allons donc! dit Caderousse en essuyant son large couteau à son tablier, si je ne t'aimais pas, est-ce que je supporterais la vie misérable que tu me fais? Regarde un peu, tu as sur le dos l'habit de ton domestique, donc tu as un domestique; moi je n'en ai pas, et je suis forcé d'éplucher mes légumes moi-même: tu fais fi de ma cuisine, parce que tu dînes à la table d'hôte de l'hôtel des Princes ou au Café de Paris. Eh bien! moi aussi je pourrais avoir un domestique, moi aussi je pourrais avoir un tilbury; moi aussi je pourrais dîner où je voudrais: eh bien! pourquoi est-ce que je m'en prive? pour ne pas faire de peine à mon petit Benedetto. Voyons, avoue seulement que je le pourrais, hein?

Et un regard parfaitement clair de Caderousse termina le sens de la phrase.

— Allons, dit Andrea, mettons que tu m'aimes: alors, pourquoi exiges-tu que je vienne déjeuner avec toi?

— Mais pour te voir, le petit.

— Pour me voir, à quoi bon? puisque nous avons fait d'avance toutes nos conditions.

— Eh! cher ami! dit Caderousse, est-ce qu'il y a des testaments sans codicilles? Mais tu es venu pour déjeuner d'abord, n'est-ce pas? Eh bien! voyons, assieds-toi, et commençons par ces sardines et ce beurre frais, que j'ai mis sur des feuilles de vigne à ton intention, méchant. Ah! oui, tu regardes ma chambre, mes quatre chaises de paille, mes images à trois francs le cadre. Dame! que veux-tu, ça n'est pas l'hôtel des Princes.

— Allons, te voilà dégoûté à présent, tu n'es plus heureux, toi qui ne demandais qu'à avoir l'air d'un boulanger retiré.

Caderousse poussa un soupir.

— Eh bien! qu'as-tu à dire? tu as vu ton rêve réalisé.

— J'ai à dire que c'est un rêve; un boulanger retiré, mon pauvre Benedetto, c'est riche, cela a des rentes.

— Pardieu, tu en a des rentes.

— Moi?

— Oui, toi, puisque je t'apporte tes deux cents francs.

Caderousse haussa les épaules.

— C'est humiliant, dit-il, de recevoir ainsi de l'argent donné à contre-cœur, de l'argent éphémère, qui peut me manquer du jour au lendemain. Tu vois bien que je suis obligé de faire des économies pour le cas où la prospérité ne durerait pas. Eh! mon ami! la fortune est inconstante, comme disait l'aumônier du... régiment. Je sais bien qu'elle est immense, ta prospérité, scélérat; tu vas épouser la fille de Danglars.

— Comment! de Danglars?

— Et certainement de Danglars! Ne faut-il pas que je dise du baron Danglars? C'est comme si je disais du comte Benedetto. C'est un ami, Danglars, et, s'il n'avait pas la mémoire si mauvaise, il devrait m'inviter à ta noce... attendu qu'il est venu à la mienne... Oui, oui, oui, à la mienne! Dame! il n'était pas si fier dans ce temps-là; il était petit commis chez ce bon M. Morrel. J'ai dîné plus d'une fois avec lui et le comte de Morcerf..... va. Tu vois que j'ai de belles connaissances, et que, si je voulais les cultiver un petit peu, nous nous rencontrerions dans les mêmes salons.

— Allons donc! ta jalousie te fait voir des arcs-en-ciel, Caderousse.

— C'est bon, Benedetto mio, on sait ce que l'on dit. Peut-être qu'un jour aussi l'on mettra son habit des dimanches, et qu'on ira dire à une porte cochère: — « Le cordon, s'il vous plaît. » En attendant, assieds-toi et mangeons.

Caderousse donna l'exemple et se mit à déjeuner de bon appétit, et en faisant l'éloge de tous les mets qu'il servait à son hôte.

Celui-ci sembla prendre son parti, déboucha bravement les bouteilles et attaqua la bouillabaisse et la morue gratinée à l'ail et à l'huile.

— Ah! compère, dit Caderousse, il paraît que tu te raccommodes avec ton ancien maître d'hôtel?

— Ma foi oui, répondit Andrea, chez lequel, jeune et vigoureux qu'il était, l'appétit l'emportait pour le moment sur toute autre chose.

— Et tu trouves cela bon, coquin?

— Si bon, que je ne comprends pas comment un homme qui fricasse et qui mange de si bonnes choses peut trouver que la vie est mauvaise.

— Vois-tu, dit Caderousse, c'est que tout mon bonheur est gâté par une seule pensée.

— Laquelle?

— C'est que je vis aux dépens d'un ami, moi qui ai toujours gagné bravement ma vie moi-même.

— Oh! oh! qu'à cela ne tienne, dit Andrea, j'ai assez pour deux, ne te gêne pas.

— Non, vraiment : tu me croiras si tu veux, à la fin de chaque mois j'ai des remords.

— Bon Caderousse!

— C'est au point qu'hier je n'ai pas voulu prendre les deux cents francs.

— Oui, tu voulais me parler; mais est-ce bien le remords, voyons?

— Le vrai remords, et puis il m'était venu une idée.

Andrea frémit; il frémissait toujours aux idées de Caderousse.

— C'est misérable, vois-tu, continua celui-ci, d'être toujours à attendre la fin d'un mois

— Eh! dit philosophiquement Andrea. décidé à voir venir son compagnon, la vie ne se passe-t-elle pas à attendre? Moi, par exemple, est-ce que je fais autre chose? Eh bien! je prends patience, n'est-ce pas?

— Oui, parce qu'au lieu d'attendre deux cents misérables francs, tu en attends cinq ou six mille, peut-être dix, peut-être douze même; car tu es un cachotier : là-bas, tu avais toujours des boursicots, des tirelires que tu essayais de soustraire à ce pauvre ami Caderousse. Heureusement qu'il avait le nez fin, l'ami Caderouse en question!

— Allons, voilà que tu vas te remettre à divaguer, dit Andrea, à parler et à reparler du passé toujours! Mais à quoi bon rabâcher comme cela, je te le demande?

— Ah! c'est que tu as vingt et un ans, toi, et que tu peux oublier le passé; j'en ai cinquante, et je suis bien forcé de m'en souvenir. Mais n'importe, revenons aux affaires.

— Oui.

— Je voulais dire que si j'étais à ta place..

— Eh bien?

— Je réaliserais...

— Comment! tu réaliserais...

— Oui, je demanderais un semestre d'avance, sous prétexte que je veux devenir éligible, et que je vais acheter une ferme; puis avec mon semestre je décamperais.

— Tiens, tiens, tiens, fit Andrea, ce n'est pas si mal pensé cela, peut-être!

— Mon cher ami, dit Caderousse, mange de ma cuisine et suis mes conseils, tu ne t'en trouveras pas plus mal, physiquement et moralement.

— Eh bien! mais, dit Andrea, pourquoi ne suis-tu pas toi-même le conseil que tu donnes? Pourquoi ne réalises-tu pas un semestre, une année même, et ne te retires-tu pas à Bruxelles? Au lieu d'avoir l'air d'un boulanger retiré, tu aurais l'air d'un banqueroutier dans l'exercice de ses fonctions : cela est bien porté.

— Mais comment diable veux-tu que je me retire avec douze cents francs?

— Ah! Caderousse, dit Andrea, comme tu te fais exigeant! Il y a deux mois, tu mourais de faim.

— L'appétit vient en mangeant, dit Caderousse en montrant ses dents comme un singe qui rit ou comme un tigre qui gronde. Aussi, ajouta-t-il en coupant avec ces mêmes dents, si blanches et si aiguës, malgré l'âge, une énorme bouchée de pain, j'ai fait un plan.

Les plans de Caderousse épouvantaient Andrea encore plus que ses idées, les idées n'étaient que le germe.

Le plan, c'était la réalisation.

— Voyons ce plan, dit-il; ce doit être joli!

— Pourquoi pas? Le plan grâce auquel nous avons quitté l'établissement de M. Chose, de qui venait-il, hein? De moi, je présuppose; il n'en était pas plus mauvais, ce me semble, puisque nous voilà ici?

— Je ne dis pas, répondit Andrea, tu as quelquefois du bon; mais enfin, voyons ton plan.

— Voyons, poursuivit Caderousse, peux-tu, toi, sans débourser un sou, me faire avoir une quinzaine de mille francs?... Non, ce n'est pas assez de quinze mille francs, je ne veux pas revenir honnête homme à moins de trente mille francs.

— Non, répondit sèchement Andrea, non, je ne le puis pas.

— Tu ne m'as pas compris, à ce qu'il paraît, répondit froidement Caderousse d'un air calme; je t'ai dit : — Sans débourser un sou.

— Ne veux-tu pas que je vole pour gâter toute mon affaire, et la tienne avec la mienne, et qu'on nous reconduise là bas?

— Oh! moi, dit Caderousse, ça m'est bien égal qu'on me reprenne; je suis un drôle de corps, sais-tu : je m'ennuie parfois des camarades; ce n'est pas comme toi, sans-cœur, qui voudrais ne jamais les revoir!

Andrea fit plus que frémir cette fois, il pâlit.

— Voyons, Caderousse, pas de bêtises, dit-il.

— Eh! non, sois donc tranquille, mon petit Benedetto; mais indique-moi donc un petit moyen de gagner ces trente mille francs sans te mêler de rien; tu me laisseras faire, voilà tout!

— Eh bien! je verrai, je chercherai, dit Andrea.

— Mais, en attendant, tu pousseras mon mois à cinq cents francs, n'est-ce pas? J'ai une manie, je voudrais prendre une bonne!

— Eh bien! tu auras tes cinq cents francs, dit

Andrea; mais c'est lourd pour moi, mon pauvre Caderousse... tu abuses...

— Bah! dit Caderousse, puisque tu puises dans des coffres qui n'ont point de fond.

On eût dit qu'Andrea attendait là son compagnon, tant son œil brilla d'un rapide éclair, qui, il est vrai, s'éteignit aussitôt.

— Ça, c'est la vérité, répondit Andrea, et mon protecteur est excellent pour moi.

— Ce cher protecteur! dit Caderousse; ainsi donc, il te fait par mois?...

— Cinq mille francs, dit Andrea.

— Autant de mille que tu me fais de cents, reprit Caderousse; en vérité, il n'y a que les bâtards pour avoir du bonheur. Cinq mille francs par mois!... Que diable peut-on faire de tout cela?

— Eh! mon Dieu! c'est bien vite dépensé; aussi, je suis comme toi, je voudrais bien avoir un capital.

— Un capital... oui... je comprends; tout le monde voudrait bien avoir un capital.

— Eh bien! moi, j'en aurai un.

— Et qui est-ce qui te le fera? ton prince?

— Oui, mon prince; malheureusement il faut que j'attende.

— Que tu attendes quoi? demanda Caderousse.

— Sa mort!

— La mort de ton prince?

— Oui.

— Comment cela?

— Parce qu'il m'a porté sur son testament

— Vrai?

— Parole d'honneur!

— Pour combien?

— Pour cinq cent mille!

— Rien que cela, merci du peu.

— C'est comme je te le dis.

— Allons donc, pas possible!

— Caderousse, tu es mon ami?

— Comment donc! à la vie! à la mort!

— Eh bien! je vais te dire un secret.

— Dis.

— Mais, écoute...

— Oh! pardieu! muet comme une carpe.

— Eh bien! je crois...

Andrea s'arrêta en regardant autour de lui.

— Tu crois?... N'aie pas peur, pardieu! nous sommes seuls.

— Je crois que j'ai retrouvé mon père.

— Ton vrai père?

— Oui.

— Pas le père Cavalcanti?

— Non, puisque celui-là est reparti; le vrai, comme tu dis.

— Et ce père, c'est?...

— Eh bien! Caderousse, c'est le comte de Monte-Christo.

— Bah!

— Oui; tu comprends; alors tout s'explique. Il ne peut pas m'avouer tout haut, à ce qu'il paraît, mais il me fait reconnaître par M. Cavalcanti, à qui il donne cinquante mille francs pour ça.

— Cinquante mille francs pour être ton père! Moi, j'aurais accepté pour moitié prix, pour vingt mille, pour quinze mille; comment n'as-tu pas pensé à moi, ingrat?

— Est-ce que savais cela? puisque tout s'est fait tandis que nous étions là-bas.

— Ah! c'est vrai. Et tu dis que, par son testament?....

— Il me laisse cinq cent mille livres.

— Tu en es sûr?

— Il me l'a montré; mais ce n'est pas le tout.

— Il y a un codicille, comme je disais tout à l'heure?

— Probablement.

— Et dans ce codicille?...

— Il me reconnaît.

— Oh! le bon homme de père! le brave homme de père! l'honnêtissime homme de père! dit Caderousse en faisant tourner en l'air une assiette qu'il retint entre ses deux mains.

— Voilà! dis encore que j'ai des secrets pour toi!

— Non, et ta confiance t'honore à mes yeux. Et ton prince de père, il est donc riche, richissime?

— Je crois bien. Il ne connaît pas sa fortune.

— Est-ce possible?

— Dame! je le vois bien, moi qui suis reçu chez lui à toute heure. L'autre jour, c'était un garçon de banque qui lui apportait cinquante mille francs dans un portefeuille gros comme ta serviette; hier, c'est un banquier qui lui apportait cent mille francs en or.

Caderousse était abasourdi.

Il lui semblait que les paroles du jeune homme avaient le son du métal, et qu'il entendait rouler des cascades de louis.

— Et tu vas dans cette maison-là? s'écria-t-il avec naïveté.

— Quand je veux.

Caderousse demeura pensif un instant.

Il était facile de voir qu'il retournait dans son esprit quelque profonde pensée.

Puis soudain :

— Que j'aimerais à voir tout cela! s'écria-t-il, et comme tout cela doit être beau!

— Le fait est, dit Andrea, que c'est magnifique!

— Et ne demeure-t-il pas avenue des Champs-Élysées?

— Numéro trente.

— Ah! dit Caderousse, numéro trente.

Andrea prit la plume et commença. — Page 22.

— Oui, une belle maison isolée, entre cour et jardin, tu ne connais que cela.

— C'est possible ; mais ce n'est pas l'extérieur qui m'occupe, c'est l'intérieur : les beaux meubles, hein, qu'il doit y avoir là-dedans !

— As-tu vu quelquefois les Tuileries ?

— Non.

— Eh bien ! c'est plus beau.

— Dis donc, Andrea, il doit faire bon à se baisser quand ce bon M. Monte-Christo laisse tomber sa bourse ?

— Oh ! mon Dieu ! ce n'est pas la peine d'attendre ce moment-là, dit Andrea, l'argent traîne dans cette maison-là comme les fruits dans un verger.

— Dis donc, tu devrais m'y conduire un jour avec toi.

— Et-ce que c'est possible, et à quel titre ?

— Tu as raison; mais tu m'as fait venir l'eau à la bouche; faut absolument que je voie cela ; je trouverai un moyen.

— Pas de bêtise, Caderousse.

— Je me présenterai comme frotteur.

— Il y a des tapis partout.

— Ah ! pécaïre ! Alors il faut que je me contente de voir cela en imagination.

— C'est ce qu'il y a de mieux, crois-moi.

— Tâche au moins de me faire comprendre ce que cela peut être.

— Comment veux-tu?

— Rien de plus facile. Est-ce grand ?

— Ni trop grand ni trop petit.

— Mais comment est-ce distribué?

— Dame ! il me faudrait de l'encre et du papier pour faire un plan

— En voilà ! dit vivement Caderousse

Et il alla chercher sur un vieux secrétaire une feuille de papier blanc, de l'encre et une plume.

— Tiens, dit Caderousse, trace-moi tout cela sur le papier, mon fils.

Andrea prit la plume avec un imperceptible sourire et commença.

— La maison, comme je te l'ai dit, est entre cour et jardin ; vois-tu, comme cela.

Et Andrea fit le tracé du jardin, de la cour et de la maison.

— De grands murs?

— Non, huit ou dix pieds tout au plus.

— Ce n'est pas prudent, dit Caderousse.

— Dans la cour, des caisses d'orangers, des pelouses, des massifs de fleurs.

— Et pas de piéges à loups?

— Non.

— Les écuries?

— Aux deux côtés de la grille, où tu vois, là.

Et Andrea continua son plan.

— Voyons le rez-de-chaussée, dit Caderousse.

— Au rez-de-chaussée, salle à manger, deux salons, salle de billard, escalier dans le vestibule et petit escalier dérobé.

— Des fenêtres?

— Des fenêtres magnifiques, si belles, si larges, que, ma foi, où je crois qu'un homme de ta taille passerait par chaque carreau.

— Pourquoi diable a-t-on des escaliers, quand on a des fenêtres pareilles?

— Que veux-tu ? le luxe.

— Mais des volets?

— Oui, des volets, mais dont on ne se sert jamais. Un original, ce comte de Monte-Christo, qui aime à voir le ciel même pendant la nuit.

— Et les domestiques, où couchent-ils?

— Oh ! ils ont leur maison à eux. Figure-toi un joli hangar à droite en entrant, où l'on serre les échelles. Eh bien ! il y a sur ce hangar une collection de chambres pour les domestiques, avec des sonnettes correspondant aux chambres.

— Ah ! diable ! des sonnettes!

— Tu dis?...

— Moi, rien. Je dis que cela coûte très-cher à poser, ces sonnettes ; et à quoi cela sert-il, je te le demande?

— Autrefois, il y avait un chien qui se promenait la nuit dans la cour, mais on l'a fait conduire à la maison d'Auteuil, tu sais, à celle où tu es venu.

— Oui.

— Moi, je le lui disais encore hier : C'est imprudent de votre part, monsieur le comte, car, lorsque vous allez à Auteuil et que vous emmenez vos domestiques, la maison reste seule.

— Eh bien ! a-t-il demandé, après?

— Eh bien ! après ; quelque beau jour, on vous volera.

— Qu'a-t-il répondu?

— Ce qu'il a répondu?

— Oui.

— Il a répondu : Eh bien ! qu'est-ce que cela me fait qu'on me vole?

— Andrea, il y a quelque secrétaire à mécanique.

— Comment cela?

— Oui, qui prend le voleur dans une grille et qui joue un air On m'a dit qu'il y en avait comme cela à la dernière exposition.

— Il a tout bonnement un secrétaire en acajou, auquel j'ai toujours vu la clef.

— Et on ne le vole pas?

— Non, les gens qui le servent lui sont tout dévoués.

— Il doit y en avoir dans ce secrétaire-là, hein, de la monnaie?

— Il y a peut-être... on ne peut pas savoir ce qu'il y a.

— Et, où est-il?

— Au premier.

— Fais-moi donc un peu le plan du premier, le petit, comme tu m'as fait le plan du rez-de-chaussée?

— C'est facile.

Et Andrea reprit la plume.

— Au premier, vois-tu, il y a antichambre, salon; à droite du salon, bibliothèque et cabinet de travail ; à gauche du salon, une chambre à coucher et un cabinet de toilette. C'est dans le cabinet de toilette qu'est le fameux secrétaire.

— Et une fenêtre au cabinet de toilette?

— Deux, là et là.

Et Andrea dessina deux fenêtres à la pièce, qui, sur le plan, faisait l'angle et figurait comme un carré moins grand ajouté au carré long de la chambre à coucher.

Caderousse devint rêveur.

— Et va-t-il souvent à Auteuil? demanda-t-il.

— Deux ou trois fois par semaine ; demain, par exemple, il doit y aller passer la journée et la nuit.

— Tu en es sûr?

— Il m'a invité à y aller dîner.

— A la bonne heure, voilà une existence ! dit

Caderousse; maison à la ville, maison à la campagne.

— Voilà ce que c'est que d'être riche.

— Et iras-tu dîner?

— Probablement.

— Quand tu y dînes, y couches-tu?

— Quand cela me fait plaisir. Je suis chez le comte comme chez moi.

Caderousse regarda le jeune homme comme pour arracher la vérité du fond de son cœur. Mais Andrea tira une boîte à cigares de sa poche, y prit un havane, l'alluma tranquillement et commença à fumer sans affectation.

— Quand veux-tu les cinq cents francs? demanda-t-il à Caderousse.

— Mais, tout de suite, si tu les as.

Andrea tira vingt-cinq louis de sa poche.

— Des jaunets, dit Caderousse, non, merci!

— Eh bien! tu les méprises?

— Je les estime, au contraire; mais je n'en veux pas.

— Tu gagneras le change, imbécile : l'or vaut cinq sous.

— C'est ça! et puis le changeur fera suivre l'ami Caderousse, et puis on lui mettra la main dessus, et puis il faudra qu'il dise quels sont les fermiers qui lui payent ses redevances en or. Pas de bêtises, le petit : de l'argent tout simplement, des pièces rondes à l'effigie d'un monarque quelconque. Tout le monde peut atteindre à une pièce de cinq francs.

— Tu comprends bien que je n'ai pas cinq cents francs avec moi; il m'aurait fallu prendre un commissionnaire.

— Eh bien! laisse-les chez toi, à ton concierge, c'est un brave homme; j'irai les prendre.

— Aujourd'hui?

— Non, demain; aujourd'hui je n'ai pas le temps.

— Eh bien! soit; demain, en partant pour Auteuil, je les laisserai.

— Je peux compter dessus?

— Parfaitement.

— C'est que je vais arrêter d'avance ma bonne, vois-tu.

— Arrête. Mais ce sera fini, hein? tu ne me tourmenteras plus?

— Jamais.

Caderousse était devenu si sombre, qu'Andrea craignit d'être forcé de s'apercevoir de ce changement.

Il redoubla donc de gaieté et d'insouciance.

— Comme tu es guilleret, dit Caderousse; on dirait que tu tiens déjà ton héritage!

— Non pas, malheureusement!... Mais le jour où je le tiendrai...

— Eh bien?

— Eh bien! on se souviendra des amis; je ne te dis que ça.

— Oui, comme tu as bonne mémoire, justement!

— Que veux-tu? je croyais que tu voulais me rançonner.

— Moi! oh! quelle idée! Moi, qui au contraire vais encore te donner un conseil d'ami.

— Lequel?

— C'est de laisser ici le diamant que tu as à ton doigt. Ah çà! mais tu veux donc nous faire prendre? tu veux donc nous perdre tous les deux, que tu fais de pareilles bêtises?

— Pourquoi cela? dit Andrea.

— Comment! tu prends une livrée, tu te déguises en domestique, et tu gardes à ton doigt un diamant de quatre à cinq mille francs!

— Peste! tu estimes juste! Pourquoi ne te fais-tu pas commissaire-priseur?

— C'est que je m'y connais en diamant; j'en ai eu.

— Je te conseille de t'en vanter! dit Andrea, qui, sans se courroucer comme le craignait Caderousse, de cette nouvelle extorsion, livra complaisamment la bague.

Caderousse le regarda de si près, qu'il fut clair pour Andrea qu'il examinait si les arêtes de la coupe étaient bien vives.

— C'est un faux diamant, dit Caderousse.

— Allons donc, fit Andrea, plaisantes-tu?

— Oh! ne te fâche pas; on peut voir.

Et Caderousse alla à la fenêtre, fit glisser le diamant sur le carreau.

On entendit crier la vitre.

— *Confiteor!* dit Caderousse en passant le diamant à son petit doigt, je me trompais; mais ces voleurs de joailliers imitent si bien les pierres, qu'on n'ose plus aller voler dans les boutiques de bijouterie. C'est encore une branche d'industrie paralysée.

— Eh bien! dit Andrea, est-ce fini? as-tu encore quelque chose à me demander? Te faut-il ma veste? veux-tu ma casquette? Ne te gêne pas pendant que tu y es.

— Non, tu es un bon compagnon au fond. Je ne te retiens plus et je tâcherai de me guérir de mon ambition.

— Mais prends garde qu'en vendant ce diamant il ne t'arrive ce que tu craignais qu'il t'arrivât pour l'or.

— Je ne le vendrai pas, sois tranquille.

— Non, pas d'ici à après-demain, du moins, pensa le jeune homme.

— Heureux coquin! dit Caderousse, tu t'en vas retrouver tes laquais, tes chevaux, ta voiture et ta fiancée.

— Mais oui, dit Andrea.

Caderousse fit glisser le diamant sur le carreau. — Page 23.

— Dis donc, j'espère que tu me feras un joli cadeau de noces le jour que tu épouseras la fille de mon ami Danglars ?

— Je t'ai déjà dit que c'était une imagination que tu t'étais mise en tête.

— Combien de dot?

— Mais, je te dis...

— Un million?

Andrea haussa les épaules.

— Va pour un million, dit Caderousse ; tu n'en auras jamais autant que je t'en désire.

— Merci, dit le jeune homme.

— Oh ! c'est de bon cœur, ajouta Caderousse en riant de son gros rire. Attends que je te reconduise.

— Ce n'est pas la peine.

— Si fait.

— Pourquoi cela ?

— Oh ! parce qu'il y a un petit secret à la porte : c'est une mesure de précaution que j'ai cru devoir adopter ; serrure Huret et Fichet, revue et corrigée par Gaspard Caderousse. Je t'en con-

La fenêtre tourna sur ses gonds, et un homme entra. — Page 28.

fectionnerai une pareille quand tu seras capitaliste.

— Merci, dit Andrea; je te ferai prévenir huit jours d'avance.

Ils se séparèrent.

Caderousse resta sur le palier jusqu'à ce qu'il eût vu Andrea non-seulement descendre les trois étages, mais encore traverser la cour.

Alors il rentra précipitamment, ferma la porte avec soin et se mit à étudier, en profond architecte, le plan que lui avait laissé Andrea.

— Ce cher Benedetto, dit-il, je crois qu'il ne serait pas fâché d'hériter, et que celui qui avancera le jour où il doit palper ses cinq cent mille francs ne sera pas son plus méchant ami.

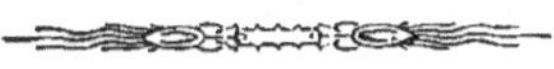

 Paris. — Imp. de Édouard Blot, rue St-Louis, 46

CHAPITRE IV.

L'EFFRACTION.

Le lendemain du jour où avait eu lieu la conversation que nous venons de rapporter, le comte de Monte-Christo était en effet parti pour Auteuil avec Ali, plusieurs domestiques et des chevaux qu'il voulait essayer.

Ce qui avait surtout déterminé ce départ, auquel il ne songeait même pas la veille, et auquel Andrea ne songeait pas plus que lui, c'était l'arrivée de Bertuccio, qui, revenu de Normandie, rapportait des nouvelles de la maison et de la corvette.

La maison était prête, et la corvette, arrivée depuis huit jours et à l'ancre dans une petite anse où elle se tenait avec son équipage de six hommes, après avoir rempli toutes les formalités exigées, était déjà en état de reprendre la mer.

Le comte loua le zèle de Bertuccio et l'invita à se préparer à un prompt départ, son séjour en France ne devant plus se prolonger au delà d'un mois.

— Maintenant, lui dit-il, je puis avoir besoin d'aller en une nuit de Paris au Tréport; je veux huit relais échelonnés sur la route, qui me permettent de faire cinquante lieues en dix heures.

— Votre Excellence avait déjà manifesté ce désir, répondit Bertuccio, et les chevaux sont tout prêts. Je les ai achetés et cantonnés moi-même aux endroits les plus commodes, c'est-à-dire dans des villages où personne ne s'arrête ordinairement.

— C'est bien, dit Monte-Christo, je reste ici un jour ou deux; arrangez-vous en conséquence.

Comme Bertuccio allait sortir pour ordonner tout ce qui avait rapport à ce séjour, Baptistin ouvrit la porte, il tenait une lettre sur un plateau de vermeil.

— Que venez-vous faire ici? demanda le comte en le voyant tout couvert de poussière, je ne vous ai pas demandé, ce me semble.

Baptistin, sans répondre, s'approcha du comte et lui présenta la lettre.

— Importante et pressée, dit-il.

Le comte ouvrit la lettre et lut :

« M. de Monte-Christo est prévenu que, cette nuit même, un homme s'introduira dans sa maison des Champs-Élysées pour soustraire des papiers qu'il croit enfermés dans le secrétaire du cabinet de toilette

« On sait M. le comte de Monte-Christo assez brave pour ne pas recourir à l'intervention de la police, intervention qui pourrait compromettre fortement celui qui lui donne cet avis.

« M. le comte, soit par une ouverture qui donnera de la chambre à coucher dans le cabinet, soit en s'embusquant dans le cabinet, pourra se faire justice lui-même.

« Beaucoup de gens et de précautions apparentes éloigneraient certainement le malfaiteur et feraient perdre à M. de Monte-Christo cette occasion de connaître un ennemi que le hasard a fait découvrir à la personne qui donne cet avis au comte, avis qu'elle n'aurait peut-être pas l'occasion de renouveler, si, cette première entreprise échouant, le malfaiteur en renouvelait une autre. »

Le premier mouvement du comte fut de croire à une ruse de voleurs, piége grossier qui lui signalait un danger médiocre pour l'exposer à un danger plus grave.

Il allait donc faire porter la lettre à un commissaire de police, malgré la recommandation, et peut-être même à cause de la recommandation de l'ami anonyme, quand tout à coup l'idée lui vint que ce pouvait être, en effet, quelque ennemi particulier à lui, que lui seul pouvait reconnaître, et dont, le cas échéant, lui seul pouvait tirer parti, comme avait fait Fiesque du Maure qui avait voulu l'assassiner

On connaît le comte.

Nous n'avons donc pas besoin de dire que c'était un esprit plein d'audace et de vigueur, qui se roidissait contre l'impossibilité avec cette énergie qui fait seule les hommes supérieurs.

Par la vie qu'il avait menée, par la décision qu'il avait prise et qu'il avait tenue de ne reculer devant rien, le comte en était venu à savourer des jouissances inconnues dans les luttes qu'il entreprenait parfois contre la nature, qui est Dieu, et contre le monde, qui peut bien passer pour le diable.

— Ils ne veulent pas me voler mes papiers, dit Monte-Christo, ils veulent me tuer; ce ne sont pas des voleurs, ce sont des assassins. Je ne veux pas que M. le préfet de police se mêle de mes affaires particulières. Je suis assez riche, ma foi, pour dégrever, en ceci, le budget de son administration.

Le comte rappela Baptistin, qui était sorti de la chambre après avoir apporté la lettre.

— Vous allez retourner à Paris, dit-il, vous ramènerez ici tous les domestiques qui restent. J'ai besoin de tout mon monde à Auteuil.

— Mais ne restera-t-il donc personne à la maison, monsieur le comte? demanda Baptistin.

— Si fait; le concierge.

— Monsieur le comte réfléchira qu'il y a loin de la loge à la maison.

— Eh bien?

— Eh bien! on pourrait dévaliser tout le logis sans qu'il entendît le moindre bruit.

— Qui cela?

— Mais des voleurs.

— Vous êtes un niais, monsieur Baptistin, les voleurs, dévalisassent-ils tout le logement, ne m'occasionneront jamais le désagrément que m'occasionnerait un service mal fait.

Baptistin s'inclina.

— Vous m'entendez, dit le comte, ramenez vos camarades, depuis le premier jusqu'au dernier; mais que tout reste dans l'état habituel; vous fermerez les volets du rez-de-chaussée, voilà tout.

— Et ceux du premier?

— Vous savez qu'on ne les ferme jamais. Allez.

Le comte fit dire qu'il dînerait chez lui, et ne voulait être servi que par Ali.

Il dîna avec sa tranquillité et sa sobriété habituelles, et, après le dîner, faisant signe à Ali de le suivre, il sortit par la petite porte, gagna le bois de Boulogne comme s'il se promenait, prit sans affectation le chemin de Paris, et, à la nuit tombante, se trouva en face de sa maison des Champs-Élysées.

Tout était sombre.

Seule une faible lumière brûlait dans la loge du concierge, distante d'une quarantaine de pas de la maison, comme l'avait dit Baptistin.

Monte-Christo s'adossa à un arbre, et, de cet œil qui se trompait si rarement, sonda la double allée, examina les passants, et plongea son regard dans les rues voisines, afin de voir si quelqu'un n'était point embusqué.

Au bout de dix minutes, il fut convaincu que personne ne le guettait.

Il courut aussitôt à la petite porte avec Ali, entra précipitamment, et, par l'escalier de service dont il avait la clef, rentra dans sa chambre à coucher, sans ouvrir ou déranger un seul rideau, sans que le concierge lui-même pût se douter que la maison qu'il croyait vide avait retrouvé son principal habitant.

Arrivé dans la chambre à coucher, le comte fit signe à Ali de s'arrêter, puis il passa dans le cabinet, qu'il examina.

Tout était dans l'état habituel.

Le précieux secrétaire à sa place et la clef au secrétaire.

Il le ferma à double tour, prit la clef, revint à la porte de la chambre à coucher, enleva la double gâche du verrou et rentra.

Pendant ce temps, Ali apportait sur une table les armes que le comte lui avait demandées, c'est-à-dire une carabine courte et une paire de pistolets doubles, dont les canons superposés permettaient de viser aussi sûrement qu'avec des pistolets de tir.

Armé ainsi, le comte tenait la vie de cinq hommes entre ses mains.

Il était neuf heures et demie à peu près.

Le comte et Ali mangèrent à la hâte un morceau de pain et burent un verre de vin d'Espagne; puis Monte-Christo fit glisser un de ces panneaux mobiles qui lui permettaient de voir d'une pièce dans l'autre.

Il avait à sa portée ses pistolets et sa carabine, et Ali, debout près de lui, tenait à la main une de ces petites haches arabes qui n'ont pas changé de forme depuis les croisades.

Par une des fenêtres de la chambre à coucher, parallèle à celle du cabinet, le comte pouvait voir dans la rue.

Deux heures se passèrent ainsi.

Il faisait l'obscurité la plus profonde, et cependant Ali, grâce à sa nature sauvage, et cependant le comte, grâce sans doute à une qualité acquise, distinguaient dans cette nuit jusqu'aux plus faibles oscillations des arbres de la cour.

Depuis longtemps la petite lumière de la loge du concierge s'était éteinte.

Il était à présumer que l'attaque, si réellement il y avait une attaque projetée, aurait lieu par l'escalier du rez-de chaussée et non par une fenêtre.

Dans les idées de Monte-Christo, les malfaiteurs en voulaient à sa vie et non à son argent.

C'était donc à sa chambre à coucher qu'ils s'attaqueraient, et ils parviendraient à sa chambre à coucher soit par l'escalier dérobé, soit par la fenêtre du cabinet.

Il plaça Ali devant la porte de l'escalier, et continua de surveiller le cabinet.

Onze heures trois quarts sonnèrent à l'horloge des Invalides.

Le vent d'ouest apportait sur ses humides bouffées la lugubre vibration des trois coups.

Comme le dernier coup s'éteignait, le comte crut entendre un léger bruit du côté du cabinet.

Ce premier bruit, ou plutôt ce premier grincement, fut suivi d'un second, puis d'un troisième.

Au quatrième, le comte savait à quoi s'en tenir.

Une main ferme et exercée était occupée à couper les quatre côtés d'une vitre avec un diamant.

Le comte sentit battre plus rapidement son cœur.

Si endurcis au danger que soient les hommes, si bien prévenus qu'ils soient du péril, ils comprennent toujours, au frémissement de leur cœur et au frissonnement de leur chair, la différence énorme qui existe entre le rêve et la réalité, entre le projet et l'exécution.

Cependant Monte-Christo ne fit qu'un signe pour prévenir Ali.

Celui-ci, comprenant que le danger était du côté du cabinet, fit un pas pour se rapprocher de son maître.

Monte-Christo était avide de savoir à quels ennemis et à combien d'ennemis il avait affaire.

La fenêtre où l'on travaillait était en face de l'ouverture par laquelle le comte plongeait son regard dans le cabinet.

Ses yeux se fixèrent donc vers cette fenêtre

Il vit une ombre se dessiner plus épaisse sur l'obscurité.

Puis un des carreaux devint tout à fait opaque, comme si l'on y collait du dehors une feuille de papier, puis le carreau craqua sans tomber.

Par l'ouverture pratiquée, un bras passa qui chercha l'espagnolette.

Une seconde après, la fenêtre tourna sur ses gonds, et un homme entra

L'homme était seul.

— Voilà un hardi coquin ! murmura le comte.

En ce moment il sentit qu'Ali lui touchait doucement l'épaule.

Il se retourna.

Ali lui montrait la fenêtre de la chambre où ils étaient et qui donnait sur la rue.

Monte-Christo fit trois pas vers cette fenêtre.

Il connaissait l'exquise délicatesse des sens du fidèle serviteur.

En effet, il vit un autre homme qui se détachait d'une porte, et, montant sur une borne, semblait chercher à voir ce qui se passait chez le comte.

— Bon ! dit-il, ils sont deux, l'un agit, l'autre guette.

Il fit signe à Ali de ne pas perdre des yeux l'homme de la rue, et revint à celui du cabinet.

Le coupeur de vitres était entré et s'orientait les bras tendus en avant.

Enfin il parut s'être rendu compte de toutes choses.

Il y avait deux portes dans le cabinet, il alla pousser les verrous de toutes deux.

Lorsqu'il s'approcha de celle de la chambre à coucher, Monte-Christo crut qu'il venait pour entrer, et prépara un de ses pistolets ; mais il entendit simplement le bruit des verrous glissant dans leurs anneaux de cuivre.

C'était une précaution, voilà tout.

Le nocturne visiteur, ignorant le soin qu'avait pris le comte d'enlever les gâches, pouvait désormais se croire chez lui et agir en toute tranquillité.

Seul et libre de tous ses mouvements, l'homme alors tira de sa large poche quelque chose que le comte ne put distinguer, posa ce quelque chose sur un guéridon, puis il alla droit au secrétaire, le palpa à l'endroit de la serrure, et s'aperçut que, contre son attente, la clef manquait.

Mais le casseur de vitres était un homme de précaution et qui avait tout prévu.

Le comte entendit bientôt ce froissement du fer contre le fer que produit, quand on le remue, ce trousseau de clefs informes qu'apportent les serruriers quand on les envoie chercher pour ouvrir une porte, et auxquelles les voleurs ont donné le nom de rossignols, sans doute à cause du plaisir qu'ils éprouvent à entendre leur chant nocturne lorsqu'ils grincent contre le pêne de la serrure.

— Ah ! ah ! murmura Monte-Christo avec un sourire de désappointement, ce n'est qu'un voleur.

Mais l'homme, dans l'obscurité, ne pouvait choisir l'instrument convenable.

Il eut alors recours à l'objet qu'il avait posé sur le guéridon.

Il fit jouer un ressort, et aussitôt une lumière pâle, mais assez vive cependant pour qu'on pût voir, envoya son reflet doré sur les mains et sur le visage de cet homme.

— Tiens ! fit tout à coup Monte-Christo en se reculant avec un mouvement de surprise, c'est..

Ali leva sa hache.

— Ne bouge pas, lui dit Monte-Christo tout bas. et laisse là ta hache, nous n'avons plus besoin d'armes ici.

Puis il ajouta quelques mots en baissant encore la voix, car l'exclamation, si faible qu'elle fût, que la surprise avait arrachée au comte, avait suffi pour faire tressaillir l'homme, qui était resté dans la pose du rémouleur antique.

La place de Grève. — Page 30.

C'était un ordre que venait de donner le comte, car aussitôt Ali s'éloigna sur la pointe du pied, détacha de la muraille de l'alcôve un vêtement noir et un chapeau triangulaire.

Pendant ce temps, Monte-Christo ôtait rapidement sa redingote, son gilet et sa chemise, et l'on pouvait, grâce au rayon de lumière filtrant par la fente du panneau, reconnaître sur la poitrine du comte une de ces souples et fines tuniques de mailles d'acier, dont la dernière, dans cette France où l'on ne craint plus les poignards, fut peut-être portée par le roi Louis XVI, qui craignait le couteau pour sa poitrine, et qui fut frappé d'une hache à la tête.

Cette tunique disparut bientôt sous une longue soutane, comme les cheveux du comte sous une perruque à tonsure.

Le chapeau triangulaire, placé sur la perruque, acheva de changer le comte en abbé.

Cependant l'homme, n'entendant plus rien, s'était relevé, et, pendant le temps que Monte-Christo opérait sa métamorphose, était allé droit au secrétaire, dont la serrure commençait à craquer sous son *rossignol*.

— Bon! murmura le comte, lequel se reposait sans doute sur quelque secret de serrurerie qui devait être inconnu au crocheteur de portes, si habile qu'il fût : bon! tu en as pour quelques minutes.

Et il alla à la fenêtre.

L'homme qu'il avait vu monté sur une borne en était descendu, et se promenait toujours dans la rue; mais, chose singulière, au lieu de s'inquiéter de ceux qui pouvaient venir, soit par l'avenue des Champs-Élysées, soit par le faubourg Saint-Honoré, il ne paraissait préoccupé que de ce qui se passait chez le comte, et tous ses mouvements avaient pour but de voir ce qui se passait dans le cabinet.

Monte-Christo, tout à coup, se frappa le front et laissa errer sur ses lèvres entr'ouvertes un rire silencieux.

Puis, se rapprochant d'Ali :

— Demeure ici, lui dit-il tout bas, caché dans l'obscurité, et, quel que soit le bruit que tu entendes, quelque chose qui se passe, n'entre et ne te montre que si je t'appelle par ton nom.

Ali fit signe de la tête qu'il avait compris et qu'il obéirait.

Alors Monte-Christo tira d'une armoire une bougie tout allumée, et, au moment où le voleur était le plus occupé à sa serrure, il ouvrit doucement la porte, ayant soin que la lumière qu'il tenait à la main donnât tout entière sur son visage.

La porte tourna si doucement, que le voleur n'entendit pas le bruit

Mais, à son grand étonnement, il vit tout à coup la chambre s'éclairer.

Il se retourna.

— Eh! bonsoir, cher monsieur Caderousse! dit Monte-Christo; que diable venez-vous donc faire ici à une pareille heure?

— L'abbé Busoni! s'écria Caderousse.

Et, ne sachant comment cette étrange apparition était venue jusqu'à lui, puisqu'il avait fermé les portes, il laissa tomber son trousseau de fausses clefs, et resta immobile et comme frappé de stupeur.

Le comte alla se placer entre Caderousse et la fenêtre, coupant ainsi au voleur terrifié son seul moyen de retraite.

— L'abbé Busoni! répéta Caderousse en fixant sur le comte des yeux hagards.

— Eh bien! sans doute, l'abbé Busoni! reprit Monte-Christo, lui-même, en personne, et je suis bien aise que vous me reconnaissiez, mon cher monsieur Caderousse; cela prouve que nous avons bonne mémoire, car, si je ne me trompe, voilà tantôt dix ans que nous ne nous sommes vus.

Ce calme, cette ironie, cette puissance, frappèrent l'esprit de Caderousse d'une terreur vertigineuse.

— L'abbé! l'abbé! murmura-t-il en crispant ses poings et en faisant claquer ses dents.

— Nous voulons donc voler le comte de Monte-Christo? continua le prétendu abbé.

— Monsieur l'abbé... murmura Caderousse cherchant à gagner la fenêtre que lui interceptait impitoyablement le comte, monsieur l'abbé, je ne sais... je vous prie de croire... je vous jure...

— Un carreau coupé, continua le comte, une lanterne sourde, un trousseau de rossignols, un secrétaire à demi forcé, c'est clair, cependant.

Caderousse s'étranglait avec sa cravate, il cherchait un angle où se cacher, un trou par où disparaître.

— Allons, dit le comte, je vois que vous êtes toujours le même, monsieur l'assassin.

— Monsieur l'abbé, puisque vous savez tout, vous savez que ce n'est pas moi, que c'est la Carconte; ça été reconnu au procès, puisqu'ils ne m'ont condamné qu'aux galères.

— Vous avez donc fini votre temps, que je vous retrouve en train de vous y faire ramener?

— Non, monsieur l'abbé, j'ai été délivré par quelqu'un.

— Ce quelqu'un-là a rendu un charmant service à la société.

— Ah! dit Caderousse, j'avais cependant bien promis...

— Ainsi, vous êtes en rupture de ban? interrompit Monte-Christo.

— Hélas! oui, fit Caderousse très-inquiet.

— Mauvaise récidive... Cela vous conduira, si je ne me trompe, à la place de Grève. Tant pis, tant pis, diavolo! comme disent les mondains de mon pays.

— Monsieur l'abbé, je cède à un entraînement.

— Tous les criminels disent cela.

— Le besoin...

— Laissez donc, dit dédaigneusement Busoni, le besoin peut conduire à demander l'aumône, à voler un pain à la porte d'un boulanger, mais non à venir forcer un secrétaire dans une maison que l'on croit inhabitée. Et lorsque le bijoutier Joannès venait de vous compter quarante-cinq mille francs en échange du diamant que je vous avais donné, et que vous l'avez tué pour avoir le diamant et l'argent, était-ce aussi le besoin?

— Pardon, monsieur l'abbé, dit Caderousse; vous m'avez déjà sauvé une fois, sauvez-moi encore une seconde

— Cela ne m'encourage pas.

— Êtes-vous seul, monsieur l'abbé? demanda Caderousse en joignant les mains, ou bien avez-vous là des gendarmes tout prêts à me prendre?

— Je suis tout seul, dit l'abbé, et j'aurai encore pitié de vous, et je vous laisserai aller au risque des nouveaux malheurs que peut amener ma faiblesse, si vous me dites toute la vérité.

— Ah! monsieur l'abbé, s'écria Caderousse en joignant les mains et en se rapprochant d'un pas de Monte-Christo, je puis bien dire que vous êtes mon sauveur, vous.

— Vous prétendez qu'on vous a délivré du bagne?

— Oh! ça, foi de Caderousse, monsieur l'abbé!

— Qui cela?

— Un Anglais.

— Comment s'appelait-il?

— Lord Wilmore.

— Je le connais; je saurai donc si vous mentez.

— Monsieur l'abbé, je vous dis la vérité pure.

— Cet Anglais vous protégeait donc?

— Non pas moi, mais un jeune Corse, qui était mon compagnon de chaîne.

— Comment se nommait ce jeune Corse?

— Benedetto.

— C'est un nom de baptême!

— Il n'en avait pas d'autre; c'était un enfant trouvé.

— Alors ce jeune homme s'est évadé avec vous?

— Oui.

— Comment cela?

— Nous travaillions à Saint-Mandrier, près de Toulon. Connaissez-vous Saint-Mandrier?

— Je le connais.

— Eh bien! pendant qu'on dormait, de midi à une heure...

— Des forçats qui font la sieste! plaignez donc ces gaillard-là! dit l'abbé.

— Dame! fit Caderousse, on ne peut pas toujours travailler, on n'est pas des chiens.

— Heureusement pour les chiens, dit Monte-Christo.

— Pendant que les autres faisaient donc la sieste, nous nous sommes éloignés un petit peu, nous avons scié nos fers avec une lime que nous avait fait parvenir l'Anglais, et nous nous sommes sauvés à la nage.

— Et qu'est devenu ce Benedetto?

— Je n'en sais rien.

— Vous devez le savoir cependant.

— Non, en vérité. Nous nous sommes séparés à Hyères.

Et, pour donner plus de poids à sa protestation, Caderousse fit encore un pas vers l'abbé, qui demeura immobile à sa place, toujours calme et interrogateur.

— Vous mentez! dit l'abbé Busoni avec un accent d'irrésistible autorité.

— Monsieur l'abbé!..

— Vous mentez! cet homme est encore votre ami, et vous vous servez de lui comme un complice peut-être!

— Oh! monsieur l'abbé!

— Depuis que vous avez quitté Toulon, comment avez-vous vécu? Répondez.

— Comme j'ai pu.

— Vous mentez! reprit une troisième fois l'abbé avec un accent plus impératif encore.

Caderousse, terrifié, regarda le comte.

— Vous avez vécu, reprit celui-ci, de l'argent qu'il vous a donné.

— Eh bien! c'est vrai, dit Caderousse, Benedetto est devenu un fils de grand seigneur.

— Comment peut-il être fils d'un grand seigneur?

— Fils naturel.

— Et comment nommez-vous ce grand seigneur?

— Le comte de Monte-Christo, celui-là même chez qui nous sommes

— Benedetto, le fils du comte? reprit Monte-Christo étonné à son tour.

— Dame! il faut bien croire, puisque le comte lui a trouvé un faux père, puisque le comte lui fait quatre mille francs par mois, puisque le comte lui laisse cinq cent mille francs par son testament.

— Ah! ah! fit le faux abbé, qui commençait à comprendre, et quel nom porte en attendant ce jeune homme?

— Il s'appelle Andrea Cavalcanti.

— Alors c'est ce jeune homme que mon ami le comte de Monte-Christo reçoit chez lui, et qui va épouser mademoiselle Danglars?

— Justement.

— Et vous souffrez cela, misérable! vous qui connaissez sa vie et sa flétrissure?

— Pourquoi voulez-vous que j'empêche un camarade de réussir? dit Caderousse.

— C'est juste, ce n'est pas à vous de prévenir M. Danglars, c'est à moi.

— Ne faites pas cela, monsieur l'abbé!...

— Et pourquoi?

— Parce que c'est notre pain que vous nous feriez perdre!

— Et vous croyez que, pour conserver le pain à des misérables comme vous, je me ferai le fauteur de leur ruse, le complice de leurs crimes?

— Monsieur l'abbé! dit Caderousse en se rapprochant encore.

— Je dirai tout.

— A qui?

— A M. Danglars.

— Tron-de-l'air! s'écria Caderousse en tirant un couteau tout ouvert de son gilet et en frappant le comte au milieu de la poitrine, tu ne diras rien, l'abbé!

Vue des îles d'Hyères. — Page 30.

Au grand étonnement de Caderousse, le poignard, au lieu de pénétrer dans la poitrine du comte, rebroussa émoussé.

En même temps, le comte saisit de la main gauche le poignet de l'assassin, et le tordit avec une telle force, que le couteau tomba de ses doigts roidis et que Caderousse poussa un cri de douleur.

Mais le comte, sans s'arrêter à ce cri, continua de tordre le poignet du bandit jusqu'à ce que, le bras disloqué, il tombât d'abord à genoux, puis ensuite la face contre terre.

Le comte appuya le pied contre sa tête et dit :

— Je ne sais ce qui me retient de te briser le crâne, scélérat !

— Ah ! grâce ! grâce ! cria Caderousse.

Le comte retira son pied.

— Relève-toi ! dit-il.

Caderousse se releva.

— Tudieu ! quel poignet vous avez, monsieur l'abbé ! dit Caderousse caressant son bras tout meurtri par les tenailles de chair qui l'avaient étreint ; tudieu ! quel poignet !

— Je ne sais ce qui me retient de te briser le crâne, scélérat! — PAGE 32.

— Silence! Dieu me donne la force de dompter une bête féroce comme toi: c'est au nom de ce Dieu que j'agis; souviens-toi de cela, misérable! et, t'épargner en ce moment, c'est encore servir les desseins de Dieu.

— Ouf! fit Caderousse tout endolori.

— Prends cette plume et ce papier, et écris ce que je vais te dicter.

— Je ne sais pas écrire, monsieur l'abbé.

— Tu mens! prends cette plume et écris!

Caderousse, subjugué par cette puissance supérieure, s'assit et écrivit.

« Monsieur, l'homme que vous recevez chez vous, et à qui vous destinez votre fille, est un ancien forçat, échappé avec moi du bagne de Toulon.

« Il portait le n° 59 et moi le n° 58.

« Il se nommait Benedetto; mais il ignore lui-même son véritable nom, n'ayant jamais connu ses parents. »

— Signe, continua le comte.

— Mais vous voulez donc me perdre?

— Si je voulais te perdre, imbécile, je te traînerais jusqu'au premier corps de garde; d'ailleurs, à l'heure où le billet sera rendu à son adresse, il est probable que tu n'auras plus rien à craindre ; signe donc.

Caderousse signa.

— L'adresse : *A monsieur le baron Danglars, banquier, rue de la Chaussée-d'Antin.*

Caderousse écrivit l'adresse.

L'abbé prit le billet.

— Maintenant, dit-il, c'est bien, va-t'en.

— Par où?

— Par où tu es venu.

— Vous voulez que je sorte par cette fenêtre?

— Tu y es bien entré.

— Vous méditez quelque chose contre moi, monsieur l'abbé?

— Imbécile, que veux-tu que je médite?

— Pourquoi ne pas m'ouvrir la porte?

— A quoi bon réveiller le concierge?

— Monsieur l'abbé, dites-moi que vous ne voulez pas ma mort.

— Je veux ce que Dieu veut.

— Mais jurez-moi que vous ne me frapperez pas tandis que je descendrai.

— Sot et lâche que tu es!

— Que voulez-vous faire de moi?

— Je te le demande. J'ai essayé d'en faire un homme heureux, et je n'en ai fait qu'un assassin!

— Monsieur l'abbé, dit Caderousse, tentez une dernière épreuve.

— Soit! dit le comte. Écoute, tu sais que je suis homme de parole?

— Oui, dit Caderousse.

— Si tu rentres chez toi sain et sauf...

— A moins que ce ne soit de vous, qu'ai-je à craindre?

— Si tu rentres chez toi sain et sauf, quitte Paris, quitte la France, et, partout où tu seras, tant que tu te conduiras honnêtement, je te ferai passer une petite pension; car, si tu rentres chez toi sain et sauf, eh bien!...

— Eh bien? demande Caderousse en frémissant.

— Eh bien! je croirai que Dieu t'a pardonné, et je te pardonnerai aussi.

— Vrai comme je suis chrétien, balbutia Caderousse en reculant, vous me faites mourir de peur!

— Allons, va-t'en! dit le comte en montrant du doigt la fenêtre à Caderousse.

Caderousse, encore mal rassuré par cette promesse, enjamba la fenêtre et mit le pied sur l'échelle.

Là, il s'arrêta tremblant.

— Maintenant, descends, dit l'abbé en se croisant les bras.

Caderousse commença de comprendre qu'il n'avait rien à craindre de ce côté, et descendit.

Alors le comte s'approcha avec la bougie, de sorte qu'on pût distinguer des Champs-Élysées cet homme qui descendait d'une fenêtre éclairé par un autre homme.

— Que faites-vous donc, monsieur l'abbé? dit Caderousse; s'il passait une patrouille...

Et il souffla la bougie.

Puis il continua de descendre : mais ce ne fut que lorsqu'il sentit le sol du jardin sous son pied qu'il fut suffisamment rassuré.

Monte-Christo rentra dans sa chambre à coucher, et, jetant un coup d'œil rapide du jardin à la rue, il vit d'abord Caderousse, qui, après être descendu, faisait un détour dans le jardin et allait planter son échelle à l'extrémité de la muraille, afin de sortir à une autre place que celle par laquelle il était entré.

Puis, passant du jardin à la rue, il vit l'homme qui semblait attendre courir parallèlement dans la rue et se placer derrière l'angle même près duquel Caderousse allait descendre.

Caderousse monta lentement sur l'échelle, et, arrivé aux derniers échelons, passa sa tête par-dessus le chaperon pour s'assurer que la rue était bien solitaire.

On ne voyait personne, on n'entendait aucun bruit.

Une heure sonna aux Invalides.

Alors Caderousse se mit à cheval sur le chaperon, et, tirant à lui son échelle, la passa par-dessus le mur, puis il se mit en devoir de descendre, ou plutôt de se laisser glisser le long des deux montants, manœuvre qu'il opéra avec une adresse qui prouva l'habitude qu'il avait de cet exercice.

Mais, une fois lancé sur la pente, il ne put s'arrêter. Vainement il vit un homme s'élancer dans l'ombre au moment où il était à moitié chemin; vainement il vit un bras se lever au moment où il touchait la terre.

Avant qu'il n'eût pu se mettre en défense, ce bras le frappa si furieusement dans le dos, qu'il lâcha l'échelle en criant :

— Au secours!

Un second coup lui arriva presque aussitôt dans le flanc, et il tomba en criant :

— Au meurtre!

Enfin, comme il se roulait sur la terre, son adversaire le saisit aux cheveux et lui porta un troisième coup dans la poitrine.

Cette fois Caderousse voulut crier encore, mais il ne put pousser qu'un gémissement et laissa couler en gémissant les trois ruisseaux de sang qui sortaient de ses trois blessures.

L'assassin, voyant qu'il ne criait plus, lui souleva la tête par les cheveux.

Caderousse avait les yeux fermés et la bouche tordue.

L'assassin le crut mort, laissa retomber la tête et disparut.

Alors Caderousse, le sentant s'éloigner, se redressa sur son coude, et d'une voix mourante cria dans un suprême effort :

— A l'assassin ! je meurs ! à moi, monsieur l'abbé ! à moi !

Ce lugubre appel perça l'ombre de la nuit.

La porte de l'escalier dérobé s'ouvrit, puis la petite porte du jardin, et Ali et son maître accoururent avec des lumières.

CHAPITRE V.

LA MAIN DE DIEU.

Caderousse continuait de crier d'une voix lamentable :

— Monsieur l'abbé, au secours ! au secours !

— Qu'y a-t-il ? demanda Monte-Christo.

— A mon secours ! répéta Caderousse ; on m'a assassiné !

— Nous voici ! du courage.

— Ah ! c'est fini. Vous arrivez trop tard ; vous arrivez pour me voir mourir. Quels coups ! que de sang !

Et il s'évanouit.

Ali et son maître prirent le blessé et le transportèrent dans une chambre.

Là, Monte-Christo fit signe à Ali de le déshabiller, et il reconnut les trois terribles blessures dont il était atteint.

— Mon Dieu ! dit-il, votre vengeance se fait parfois attendre; mais je crois qu'alors elle ne descend du ciel que plus complète.

Ali regarda son maître comme pour lui demander ce qu'il y avait à faire.

— Va chercher M. le procureur du roi Villefort, qui demeure faubourg Saint-Honoré, et amène-le ici. En passant, tu réveilleras le concierge, et tu lui diras d'aller chercher un médecin.

Ali obéit et laissa le faux abbé seul avec Caderousse toujours évanoui.

Lorsque le malheureux rouvrit les yeux, le comte, assis à quelques pas de lui, le regardait avec une sombre expression de pitié, et ses lèvres, qui s'agitaient, semblaient murmurer une prière.

— Un chirurgien! monsieur l'abbé, un chirurgien! dit Caderousse.

— On est allé en chercher un, répondit l'abbé.

— Je sais bien que c'est inutile quant à la vie, mais il pourra me donner des forces peut-être, et je veux avoir le temps de faire ma déclaration.

— Sur quoi?

— Sur mon assassin.

— Vous le connaissez donc?

— Si je le connais! oui, je le connais, c'est Benedetto.

— Ce jeune Corse?

— Lui-même.

— Votre compagnon?

— Oui. Après m'avoir donné le plan de la maison du comte, espérant sans doute que je le tuerais, et qu'il deviendrait ainsi son héritier, ou qu'il me tuerait, et qu'il serait ainsi débarrassé de moi, il m'a attendu dans la rue et m'a assassiné.

— En même temps que j'ai envoyé chercher le médecin, j'ai envoyé chercher le procureur du roi.

— Il arrivera trop tard! il arrivera trop tard! dit Caderousse, je sens tout mon sang qui s'en va.

— Attendez, dit Monte-Christo.

Il sortit et rentra cinq minutes après avec un flacon.

Les yeux du moribond, effrayants de fixité, n'avaient point en son absence quitté cette porte par laquelle il devinait instinctivement qu'un secours allait lui venir.

— Dépêchez-vous! monsieur l'abbé, dépêchez-vous! dit-il, je sens que je m'évanouis encore.

Monte-Christo s'approcha et versa sur les lèvres violettes du blessé trois ou quatre gouttes de la liqueur que contenait le flacon.

Caderousse poussa un soupir.

— Oh! dit-il, c'est la vie que vous me versez là; encore... encore...

— Deux gouttes de plus vous tueraient, répondit l'abbé.

— Oh! qu'il vienne donc quelqu'un à qui je puisse dénoncer le misérable!

— Voulez-vous que j'écrive votre déposition? vous la signerez.

— Oui... oui... dit Caderousse, dont les yeux brillaient à l'idée de cette vengeance posthume.

Monte-Christo écrivit :

« Je meurs assassiné par le Corse Benedetto, mon compagnon de chaîne à Toulon, sous le numéro 59. »

— Dépêchez-vous! dépêchez-vous! dit Caderousse, je ne pourrais plus signer.

Monte-Christo présenta la plume à Caderousse, qui rassembla ses forces, signa et retomba sur son lit en disant :

— Vous raconterez le reste, monsieur l'abbé, vous direz qu'il se fait appeler Andrea Cavalcanti, qu'il loge à l'hôtel des Princes, que... Ah! ah! mon Dieu! mon Dieu! voilà que je meurs!

Et Caderousse s'évanouit pour la seconde fois.

L'abbé lui fit respirer l'odeur du flacon; le blessé rouvrit les yeux.

Son désir de vengeance ne l'avait pas abandonné pendant son évanouissement.

— Ah! vous direz tout cela, n'est-ce pas? monsieur l'abbé?

— Tout cela, oui, et bien d'autres choses encore

— Que direz-vous?

— Je dirai qu'il vous avait sans doute donné le plan de cette maison dans l'espérance que le comte vous tuerait. Je dirai qu'il avait prévenu le comte par un billet; je dirai que le comte étant absent, c'est moi qui ai reçu ce billet, et qui ai veillé pour vous attendre.

— Et il sera guillotiné, n'est-ce pas? dit Caderousse; il sera guillotiné, vous me le promettez? Je meurs avec cet espoir-là, cela va m'aider à mourir.

— Je dirai, continua le comte, qu'il est arrivé derrière vous, qu'il vous a guetté tout le temps, que, lorsqu'il vous a vu sortir, il a couru à l'angle du mur, et s'est caché.

— Vous avez donc vu tout cela, vous?

— Rappelez-vous mes paroles : — « Si tu rentres chez toi sain et sauf, je croirai que Dieu t'a pardonné, et je te pardonnerai aussi. »

— Et vous ne m'avez pas averti? s'écria Caderousse en essayant de se soulever sur son coude; vous saviez que j'allais être tué en sortant d'ici, et vous ne m'avez pas averti?

— Non, car dans la main de Benedetto je voyais la justice de Dieu, et j'aurais cru commettre un sacrilége en m'opposant aux intentions de la Providence.

— La justice de Dieu! ne m'en parlez pas, monsieur l'abbé; s'il y avait une justice de Dieu, vous savez mieux que personne qu'il y a des gens qui seraient punis et qui ne le sont pas.

Caderousse leva ses poings crispés au ciel.

— Patience! dit l'abbé d'un ton qui fit frémir le moribond; patience!

Caderousse le regarda avec étonnement.

— Et puis, dit l'abbé, Dieu est plein de miséricorde pour tous, comme il a été pour toi : il est père avant d'être juge.

— Ah! vous croyez donc à Dieu, vous? dit Caderousse.

— Si j'avais le malheur de n'y avoir pas cru jusqu'à présent, dit Monte-Christo, j'y croirais en te voyant.

Caderousse leva ses poings crispés au ciel.

— Écoute, dit l'abbé en étendant ses mains sur le blessé comme pour lui commander la foi, voilà ce qu'il a fait pour toi, ce Dieu que tu refuses de reconnaître à ton dernier moment : il t'avait donné la santé, la force, un travail assuré, des amis même, la vie enfin telle qu'elle doit se présenter à l'homme pour être douce avec le calme de la conscience et la satisfaction des désirs naturels; au lieu d'exploiter ces dons du Seigneur, si rarement accordés par lui dans leur plénitude, voilà ce que tu as fait, toi : tu t'es donné à la fantaisie, à l'ivresse, et, dans l'ivresse, tu as trahi un de tes meilleurs amis.

— Au secours! s'écria Caderousse, je n'ai pas besoin d'un prêtre, mais d'un médecin; peut-être que je ne suis pas blessé à mort, peut-être que je ne vais pas encore mourir, peut-être qu'on peut me sauver!

— Tu es si bien blessé à mort, que, sans les trois gouttes de liqueur que je t'ai données tout à l'heure, tu serais déjà expiré. Écoute donc

— Ah! quel étrange prêtre vous faites, qui désespérez les mourants au lieu de les consoler!

— Écoute, continua l'abbé : quand tu as eu trahi ton ami, Dieu a commencé, non pas de te frapper, mais de t'avertir; tu es tombé dans la misère et tu as eu faim; tu avais passé à envier la moitié d'une vie que tu pouvais passer à acquérir, et déjà tu songeais au crime en te donnant à toi-même l'excuse de la nécessité, quand Dieu fit pour toi un miracle; quand Dieu, par mes mains, t'envoya au sein de ta misère une fortune, brillante pour toi, malheureux, qui n'avais jamais rien possédé. Mais cette fortune inattendue, inespérée, inouïe, ne te suffit plus du moment où tu la possèdes; tu veux la doubler : par quel moyen? par un meurtre. Tu la doubles, et alors Dieu te l'arrache en te conduisant devant la justice humaine.

— Ce n'est pas moi, dit Caderousse, qui ai voulu tuer le juif, c'est la Carconte.

— Oui, dit Monte-Christo. Aussi Dieu, toujours, je ne dirai pas juste cette fois, car sa justice t'eût donné la mort, mais Dieu, toujours miséricordieux, permit que tes juges fussent touchés à tes paroles et te laissassent la vie.

— Pardieu! pour m'envoyer au bagne à perpétuité; la belle grâce!

— Cette grâce, misérable! tu la regardas cependant comme une grâce quand elle te fut faite; ton lâche cœur, qui tremblait devant la mort, bondit de joie à l'annonce d'une honte perpétuelle, car tu t'es dit comme tous les forçats : « Il y a une porte au bagne, il n'y en a pas à la tombe. » Et tu avais raison, car cette porte du bagne s'est ouverte pour toi d'une manière inespérée : un Anglais visite Toulon, il avait fait vœu de tirer deux hommes de l'infamie, son choix tombe sur toi et sur ton compagnon, une seconde fortune descend pour toi du ciel, tu retrouves à la fois l'argent et la tranquillité, tu peux recommencer à vivre de la vie de tous les hommes, toi qui avais été condamné à vivre de celle des forçats; alors, misérable, alors tu te mets à tenter Dieu une troisième fois. Je n'ai pas assez, dis-tu quand tu avais plus que tu n'avais possédé jamais, et tu commets un troisième crime, sans raison, sans excuse. Dieu s'est fatigué, Dieu t'a puni.

Caderousse s'affaiblissait à vue d'œil.

— A boire, dit-il; j'ai soif... je brûle!

Monte-Christo lui donna un verre d'eau.

— Scélérat de Benedetto! dit Caderousse en rendant le verre : il s'échappera cependant, lui!

— Personne n'échappera, c'est moi qui te le dis, Caderousse... Benedetto sera puni!

— Alors vous serez puni, vous aussi, dit Caderousse; car vous n'avez pas fait votre devoir de prêtre... vous deviez empêcher Benedetto de me tuer.

— Moi, dit le comte avec un sourire qui glaça d'effroi le mourant, moi empêcher Benedetto de te tuer, au moment où tu venais de briser ton couteau contre la cotte de mailles qui me couvrait la poitrine!... Oui, peut-être si je t'eusse trouvé humble et repentant, j'eusse empêché Benedetto de te tuer, mais je t'ai trouvé orgueilleux et sanguinaire, et j'ai laissé s'accomplir la volonté de Dieu!

— Je ne crois pas à Dieu! hurla Caderousse; tu n'y crois pas non plus... tu mens!... tu mens!...

— Tais-toi, dit l'abbé, car tu fais jaillir hors de ton corps les dernières gouttes de ton sang... Ah! tu ne crois pas à Dieu, et tu meurs frappé par Dieu!... Ah! tu ne crois pas à Dieu, et Dieu qui cependant ne demande qu'une prière, qu'un mot, qu'une larme pour pardonner... Dieu qui pouvait diriger le poignard de l'assassin de manière à ce que tu expirasses sur le coup... Dieu t'a donné un quart d'heure pour te repentir... Rentre donc en toi-même, malheureux, et repens-toi!

— Non! dit Caderousse, non! je ne me repens pas; il n'y a pas de Dieu, il n'y a pas de Providence, il n'y a que du hasard.

— Il y a une Providence, il y a un Dieu, dit Monte-Christo, et la preuve, c'est que tu es là gisant, désespéré, reniant Dieu, et que moi je suis debout devant toi, riche, heureux, sain et sauf, et joignant les mains devant ce Dieu auquel tu essayes de ne pas croire, et auquel cependant tu crois au fond du cœur.

— Mais qui donc êtes-vous, alors? demanda Caderousse en fixant ses yeux mourants sur le comte.

— Regarde-moi bien! dit Monte-Christo en prenant la bougie et en l'approchant de son visage.

— Eh bien! l'abbé... l'abbé Busoni...

Monte-Christo enleva la perruque qui le défigurait, et laissa retomber les beaux cheveux noirs qui encadraient si harmonieusement son pâle visage.

— Oh! dit Caderousse épouvanté, si ce n'étaient ces cheveux noirs, je dirais que vous êtes l'Anglais, je dirais que vous êtes lord Wilmore.

— Je ne suis ni l'abbé Busoni ni lord Wilmore, dit Monte-Christo; regarde mieux, regarde plus loin, regarde dans tes premiers souvenirs.

Il y avait dans ces paroles du comte une vibration magnétique dont les sens épuisés du misérable furent ravivés une dernière fois.

— Oh ! en effet, dit-il, il me semble que je vous ai vu, que je vous ai connu autrefois.

— Oui, Caderousse, oui, tu m'as vu, oui, tu m'as connu.

— Mais qui donc êtes-vous alors ? et pourquoi, si vous m'avez vu, si vous m'avez connu, pourquoi me laissez-vous mourir ?

— Parce que rien ne peut te sauver, Caderousse, parce que tes blessures sont mortelles. Si tu avais pu être sauvé, j'aurais vu là une dernière miséricorde du Seigneur, et j'eusse encore, je te le jure par la tombe de mon père, essayé de te rendre à la vie et au repentir.

— Par la tombe de ton père ! dit Caderousse, ranimé par une suprême étincelle et se soulevant pour voir de plus près l'homme qui venait de lui faire ce serment sacré à tous les hommes : — Eh ! qui es-tu donc ?

Le comte n'avait cessé de suivre les progrès de l'agonie.

Il comprit que cet élan de vie était le dernier.

Il s'approcha du moribond, et le couvrant d'un regard calme et triste à la fois :

— Je suis... lui dit-il à l'oreille, je suis...

Et ses lèvres, à peine ouvertes, donnèrent passage à un nom prononcé si bas, que le comte semblait craindre de l'entendre lui-même.

Caderousse, qui s'était soulevé sur ses genoux, étendit les bras, fit un effort pour se reculer, puis, joignant les mains et les levant avec un suprême effort :

— Oh ! mon Dieu ! mon Dieu ! dit-il, pardon de vous avoir renié ; vous existez bien, vous êtes bien le père des hommes au ciel et le juge des hommes sur la terre. Mon Dieu, Seigneur, je vous ai longtemps méconnu ! Mon Dieu, Seigneur, pardonnez-moi ! Mon Dieu, Seigneur, recevez-moi !

Et Caderousse, fermant les yeux, tomba renversé en arrière, avec un dernier cri et avec un dernier soupir.

Le sang s'arrêta aussitôt aux lèvres de ses larges blessures.

Il était mort !

— *Un !* dit mystérieusement le comte, les yeux fixés sur le cadavre déjà défiguré par cette terrible mort.

Dix minutes après, le médecin et le procureur du roi arrivèrent, amenés, l'un par le concierge, l'autre par Ali, et furent reçus par l'abbé Busoni, qui priait près du mort.

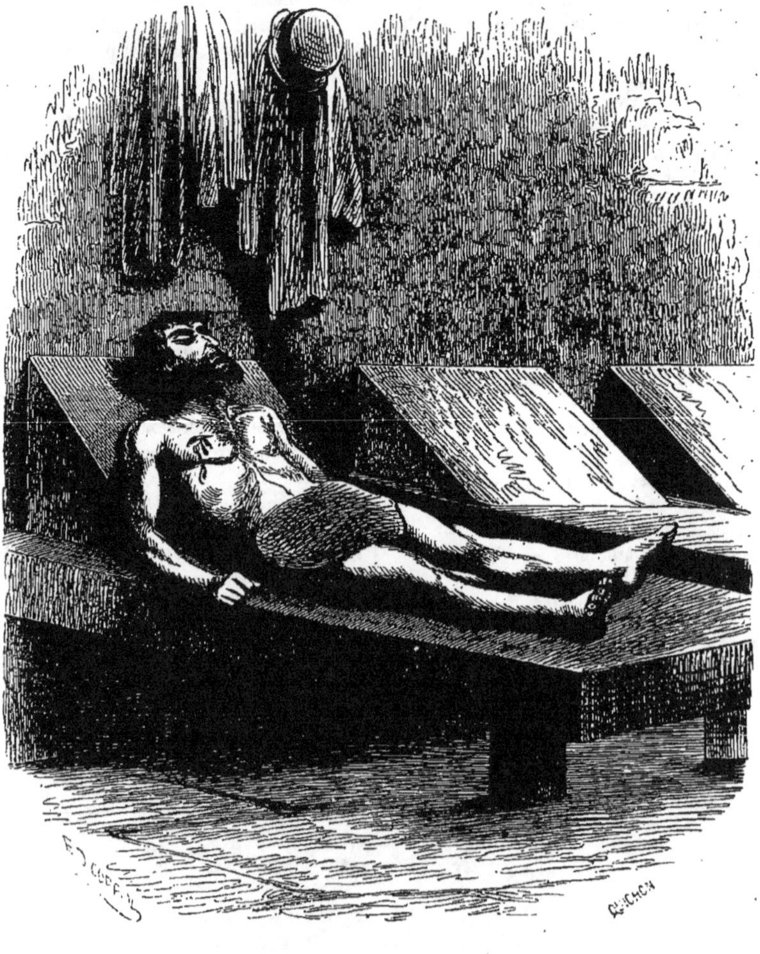

La Morgue.

CHAPITRE VI.

BEAUCHAMP.

endant quinze jours, il ne fut bruit dans Paris que de cette tentative de vol faite si audacieusement chez le comte. Le mourant avait signé une déclaration qui indiquait Benedetto comme son assassin. La police fut invitée à lancer tous ses agents sur les traces du meurtrier. Le couteau de Caderousse, la lanterne sourde, le trousseau de clefs et les habits, moins le gilet qui ne put se retrouver, furent déposés au greffe; le corps fut emporté à la Morgue.

A tout le monde le comte répondit que cette aventure s'était passée tandis qu'il était à sa maison d'Auteuil, et qu'il n'en savait par conséquent que ce que lui en avait dit l'abbé Busoni, qui, ce soir-là, par le plus grand hasard, lui avait demandé

Vue de Milan. — Page 42.

à passer la nuit chez lui pour faire des recherches dans quelques livres précieux que contenait sa bibliothèque.

Bertuccio seul pâlissait toutes les fois que ce nom de Benedetto était prononcé en sa présence ; mais il n'y avait aucun motif pour que quelqu'un s'aperçût de la pâleur de Bertuccio.

Villefort, appelé à constater le crime, avait réclamé l'affaire et conduisait l'instruction avec cette ardeur passionnée qu'il mettait à toutes les causes criminelles où il était appelé à porter la parole.

Mais trois semaines s'étaient déjà passées sans que les recherches les plus actives eussent amené aucun résultat, et l'on commençait à oublier dans le monde la tentative de vol faite chez le comte et l'assassinat du voleur par son complice, pour s'occuper du prochain mariage de mademoiselle Danglars avec le comte Andrea Cavalcanti.

Ce mariage était à peu près déclaré, et le jeune homme était reçu chez le banquier à titre de fiancé.

On avait écrit à M. Cavalcanti père, qui avait approuvé le mariage, et qui, en exprimant tous ses regrets de ce que son service l'empêchait absolument de quitter Parme où il était, déclarait consentir à donner le capital de cent cinquante mille livres de rente.

Il était convenu que les trois millions seraient placés chez Danglars, qui les ferait valoir; quelques personnes avaient bien essayé de donner au jeune homme des doutes sur la solidité de la position de son futur beau-père, qui, depuis quelque temps, éprouvait à la Bourse des pertes réitérées; mais le jeune homme, avec un désintéressement et une confiance sublimes, repoussa tous ces vains propos, dont il eut la délicatesse de ne pas dire une seule parole au baron.

Aussi le baron adorait-il le comte Andrea Cavalcanti.

Il n'en était pas de même de mademoiselle Eugénie Danglars.

Dans sa haine instinctive contre le mariage, elle avait accueilli Andrea comme un moyen d'éloigner Morcerf; mais, maintenant que Andrea se rapprochait trop, elle commençait à éprouver pour Andrea une visible répulsion.

Peut-être le baron s'en était aperçu; mais, comme il ne pouvait attribuer cette répulsion qu'à un caprice, il avait fait semblant de ne pas s'en apercevoir.

Cependant le délai demandé par Beauchamp était presque écoulé.

Au reste, Morcerf avait pu apprécier la valeur du conseil de Monte-Christo quand celui-ci lui avait dit de laisser tomber les choses d'elles-mêmes.

Personne n'avait relevé la note sur le général, et nul ne s'était avisé de reconnaître, dans l'officier qui avait livré le château de Janina, le noble comte siégeant à la Chambre des pairs.

Albert ne s'en trouvait pas moins insulté, car l'intention de l'offense était bien certainement dans les quelques lignes qui l'avaient blessé.

En outre, la façon dont Beauchamp avait terminé la conférence avait laissé un amer souvenir dans son cœur.

Il caressait donc dans son esprit l'idée de ce duel, dont il espérait, si Beauchamp voulait bien s'y prêter, dérober la cause réelle, même à ses témoins.

Quant à Beauchamp, on ne l'avait pas revu depuis le jour de la visite qu'Albert lui avait faite, et à tous ceux qui le demandaient on répondait qu'il était absent pour un voyage de quelques jours.

Où était-il? personne n'en savait rien.

Un matin, Albert fut réveillé par son valet de chambre, qui lui annonça Beauchamp.

Albert se frotta les yeux, ordonna que l'on fît attendre Beauchamp dans le petit salon fumoir du rez-de-chaussée, s'habilla vivement et descendit.

Il trouva Beauchamp se promenant de long en large.

En l'apercevant, Beauchamp s'arrêta.

— La démarche que vous tentez en vous présentant chez moi de vous-même, et sans attendre la visite que je comptais vous faire aujourd'hui, me semble d'un bon augure, monsieur, dit Albert : voyons, dites vite, faut-il que je vous tende la main en disant : Beauchamp, avouez un tort et conservez-moi un ami? ou faut-il que tout simplement je vous demande : Quelles sont vos armes?

— Albert, dit Beauchamp avec une tristesse qui frappa le jeune homme de stupeur, asseyons-nous d'abord, et causons.

— Mais il me semble, au contraire, monsieur, qu'avant de nous asseoir vous avez à me répondre.

— Albert, dit le journaliste, il y a des circonstances où la difficulté est justement dans la réponse.

— Je vais vous la rendre facile, monsieur, en vous répétant la demande : Voulez-vous vous rétracter, oui ou non?

— Morcerf, on ne se contente pas de répondre oui ou non aux questions qui intéressent l'honneur, la position sociale, la vie d'un homme comme M. le lieutenant général comte de Morcerf, pair de France.

— Que fait-on alors?

— On fait ce que j'ai fait, Albert, on dit : L'argent, le temps et la fatigue ne sont rien lorsqu'il s'agit de la réputation et des intérêts de toute une famille; on dit : Il faut plus que des probabilités, il faut des certitudes pour accepter un duel à mort avec un ami; on dit : Si je croise l'épée, ou si je lâche la détente d'un pistolet sur un homme dont j'ai, pendant trois ans, serré la main, il faut que je sache au moins pourquoi je fais une pareille chose, afin que j'arrive sur le terrain avec le cœur en repos et cette conscience tranquille dont un homme a besoin quand il faut que son bras sauve sa vie.

— Eh bien! eh bien! demanda Morcerf avec impatience, que veut dire cela?

— Cela veut dire que j'arrive de Janina.

— De Janina? vous!

— Oui, moi.

— Impossible!

— Mon cher Albert, voici mon passe-port, voyez les *visa :* Genève, Milan, Venise, Trieste, Delvino, Janina. En croirez-vous la police d'une république, d'un royaume et d'un empire?

Albert jeta les yeux sur le passe-port, et les releva étonnés sur Beauchamp.

— Vous avez été à Janina? dit-il.

— Albert, si vous aviez été un étranger, un inconnu, un simple lord comme cet Anglais qui est venu me demander raison il y a trois ou quatre mois, et que j'ai tué pour m'en débarrasser, vous comprenez que je ne me serais pas donné une pareille peine ; mais j'ai cru que je vous devais cette marque de considération. J'ai mis huit jours à aller, huit jours à revenir, plus, quatre jours de quarantaine, et quarante-huit heures de séjour ; cela fait bien mes trois semaines. Je suis arrivé cette nuit, et me voilà.

— Mon Dieu ! mon Dieu ! que de circonvolutions, Beauchamp, et que vous tardez à me dire ce que j'attends de vous !

— C'est qu'en vérité, Albert...

— On dirait que vous hésitez.

— Oui, j'ai peur.

— Vous avez peur d'avouer que votre correspondant vous avait trompé ! Oh ! pas d'amour-propre, Beauchamp, avouez ; Beauchamp, votre courage ne peut être mis en doute.

— Oh ! ce n'est point cela, murmura le journaliste ; au contraire...

Albert pâlit affreusement.

Il essaya de parler, mais la parole expira sur ses lèvres.

— Mon ami, dit Beauchamp du ton le plus affectueux, croyez que je serais heureux de vous faire mes excuses, et que ces excuses, je vous les ferais de tout mon cœur ; mais hélas !...

— Mais quoi ?

— La note avait raison, mon ami.

— Comment ! cet officier français. .

— Oui.

— Ce Fernand ?

— Oui.

— Ce traître qui a livré les châteaux de l'homme au service duquel il était...

— Pardonnez-moi de vous dire ce que je vous dis, mon ami : cet homme, c'est votre père !

Albert fit un mouvement furieux pour s'élancer sur Beauchamp ; mais celui-ci le retint bien plus encore avec un doux regard qu'avec sa main étendue.

— Tenez, mon ami, dit-il en tirant un papier de sa poche, voici la preuve.

Albert ouvrit le papier.

C'était une attestation de quatre habitants notables de Janina, constatant que le colonel Fernand Mondego, colonel instructeur au service du vizir Ali-Tebelin, avait livré le château de Janina, moyennant deux mille bourses.

Les signatures étaient légalisées par le consul.

Albert chancela et tomba écrasé sur un fauteuil.

Il n'y avait point à en douter cette fois, le nom de famille y était en toutes lettres.

Aussi, après un moment de silence muet et douloureux, son cœur se gonfla, les veines de son cou s'enflèrent, un torrent de larmes jaillit de ses yeux.

Beauchamp, qui avait regardé avec une profonde pitié le jeune homme, cédant au paroxysme de la douleur, s'approcha de lui.

— Albert, lui dit-il, vous me comprenez maintenant, n'est-ce pas ? J'ai voulu tout voir, tout juger par moi-même, espérant que l'explication serait favorable à votre père, et que je pourrais lui rendre toute justice. Mais, au contraire, les renseignements pris constatent que cet officier instructeur, que ce Fernand Mondego, élevé par Ali-Pacha au titre de gouverneur général, n'est autre que le comte Fernand de Morcerf : alors je suis revenu, me rappelant l'honneur que vous m'aviez fait de m'admettre à votre amitié, et je suis accouru à vous.

Albert, toujours étendu sur son fauteuil, tenait ses deux mains sur ses yeux, comme s'il eût voulu empêcher le jour d'arriver jusqu'à lui.

— Je suis accouru à vous, continua Beauchamp, pour vous dire : Albert, les fautes de nos pères, dans ces temps d'action et de réaction, ne peuvent atteindre les enfants. Albert, bien peu ont traversé ces révolutions, au milieu desquelles nous sommes nés, sans que quelque tache de boue ou de sang ait souillé leur uniforme de soldat ou leur robe de juge. Albert, personne au monde, maintenant que j'ai toutes les preuves, maintenant que je suis maître de votre secret, ne peut me forcer à un combat que votre conscience, j'en suis certain, vous reprocherait comme un crime ; mais ce que vous ne pouvez plus exiger de moi, je viens vous l'offrir. Ces preuves, ces révélations, ces attestations que je possède seul, voulez-vous qu'elles disparaissent ? ce secret affreux, voulez-vous qu'il reste entre vous et moi ? Confié à ma parole d'honneur, il ne sortira jamais de ma bouche ; dites, le voulez-vous, Albert ? dites, le voulez-vous, mon ami ?

Albert s'élança au cou de Beauchamp.

— Ah ! noble cœur ! s'écria-t-il.

— Tenez, dit Beauchamp en présentant les papiers à Albert.

Albert les saisit d'une main convulsive, les étreignit, les froissa, songea à les déchirer ; mais, tremblant que la moindre parcelle enlevée par le vent ne le revînt un jour frapper au front, il alla à la bougie toujours allumée pour les cigares, et en consuma jusqu'au dernier fragment.

— Cher ami ! excellent ami ! murmurait Albert tout en brûlant les papiers.

— Que tout cela s'oublie comme un mauvais rêve, dit Beauchamp, s'efface comme ces dernières étincelles qui courent sur le papier noirci, que tout cela s'évanouisse comme cette dernière fumée qui s'échappe de ces cendres muettes.

— Oui, oui, dit Albert, et qu'il n'en reste que l'éternelle amitié que je voue à mon sauveur, amitié que mes enfants transmettront aux vôtres, amitié qui me rappellera toujours que le sang de mes veines, la vie de mon corps, l'honneur de mon nom, je vous les dois; car, si une pareille chose eût été connue, oh! Beauchamp, je vous le déclare, je me brûlais la cervelle; ou, non, pauvre mère! car je n'eusse pas voulu la tuer du même coup, ou je m'expatriais.

— Cher Albert! dit Beauchamp.

Mais le jeune homme sortit bientôt de cette joie inopinée et pour ainsi dire factice, et retomba plus profondément dans sa tristesse.

— Eh bien! demanda Beauchamp, voyons, qu'y a-t-il encore, mon ami?

— Il y a, dit Albert, que j'ai quelque chose de brisé dans le cœur. Écoutez, Beauchamp, on ne se sépare pas ainsi en une seconde de ce respect, de cette confiance et de cet orgueil qu'inspire à un fils le nom sans tache de son père. Oh! Beauchamp, Beauchamp! comment à présent vais-je aborder le mien?... Reculerai-je donc mon front dont il approchera ses lèvres, ma main dont il approchera sa main? Tenez, Beauchamp, je suis le plus malheureux des hommes. Ah! ma mère, ma pauvre mère! dit Albert en regardant à travers ses yeux noyés de larmes le portrait de sa mère; si vous avez su cela, combien vous avez dû souffrir!

— Voyons, dit Beauchamp en lui prenant les deux mains, du courage, ami!

— Mais d'où venait cette première note insérée dans votre journal? s'écria Albert; il y a derrière tout cela une haine inconnue, un ennemi invisible.

— Eh bien! dit Beauchamp, raison de plus. Du courage, Albert! pas de traces d'émotion sur votre visage; portez cette douleur en vous comme le nuage porte en soi la ruine et la mort, secret fatal que l'on ne comprend qu'au moment où la tempête éclate. Allez, ami, réservez vos forces pour le moment où l'éclat se ferait.

— Oh! mais vous croyez donc que nous ne sommes pas au bout? dit Albert épouvanté.

— Moi, je ne crois rien, mon ami, mais enfin tout est possible. A propos.

— Quoi? demanda Albert en voyant que Beauchamp hésitait.

— Épousez-vous toujours mademoiselle Danglars?

— A quel propos me demandez-vous cela dans un pareil moment, Beauchamp?

— Parce que, dans mon esprit, la rupture ou l'accomplissement de ce mariage se rattache à l'objet qui nous occupe en ce moment.

— Comment! dit Albert dont le front s'enflamma, vous croyez que M. Danglars...

— Je vous demande seulement où en est votre mariage. Que diable! ne voyez pas dans mes paroles autre chose que je ne veux y mettre, et ne leur donnez pas plus de portée qu'elles n'en ont.

— Non, dit Albert, le mariage est rompu.

— Bien, dit Beauchamp.

Puis, voyant que le jeune homme allait retomber dans sa mélancolie :

— Tenez, Albert, lui dit-il, si vous m'en croyez, nous allons sortir; un tour au bois en phaéton ou à cheval vous distraira; puis nous reviendrons déjeuner quelque part, et vous irez à vos affaires et moi aux miennes.

— Volontiers, dit Albert, mais sortons à pied, il me semble qu'un peu de fatigue me ferait du bien.

— Soit, dit Beauchamp.

Et les deux amis, sortant à pied, suivirent le boulevard. Arrivés à la Madeleine :

— Tenez, dit Beauchamp, puisque nous voilà sur la route, allons un peu voir M. de Monte-Christo, il vous distraira; c'est un homme admirable pour remettre les esprits, en ce qu'il ne questionne jamais; or, à mon avis, les gens qui ne questionnent pas sont les plus habiles consolateurs.

— Soit, dit Albert, allons chez lui, je l'aime.

Vue de Venise. — PAGE 42.

CHAPITRE VII.

LE VOYAGE.

Monte-Christo poussa un cri de joie en voyant les deux jeunes gens ensemble.

— Ah! ah! dit-il. Eh bien! j'espère que tout est fini, éclairci, arrangé?

— Oui, dit Beauchamp. Des bruits absurdes, qui sont tombés d'eux-mêmes, et qui maintenant, s'ils se renouvelaient, m'auraient pour premier antagoniste. Ainsi donc, ne parlons plus de cela.

— Albert vous dira, reprit le comte, que c'est le conseil que je lui avais donné. Tenez, ajouta-t-il, vous me voyez, au reste, achevant la plus exécrable matinée que j'aie jamais passée, je crois.

— Que faites-vous? dit Albert. vous mettez de l'ordre dans vos papiers, ce me semble?

— Dans mes papiers, Dieu merci, non ! Il y a toujours dans mes papiers un ordre merveilleux, attendu que je n'ai pas de papiers, mais dans les papiers de M. Cavalcanti.

— De M. Cavalcanti ? demanda Beauchamp.

— Eh oui ! ne savez-vous pas que c'est un jeune homme que lance le comte ? dit Morcerf.

— Non pas, entendons-nous bien, répondit Monte-Christo ; je ne lance personne, et M. Cavalcanti moins que tout autre.

— Et qui va épouser mademoiselle Danglars en mon lieu et place ; ce qui, continua Albert en essayant de sourire, comme vous pouvez bien vous en douter, mon cher Beauchamp, m'affecte cruellement.

— Comment ? Cavalcanti épouse mademoiselle Danglars ? demanda Beauchamp.

— Ah çà ! mais vous venez donc du bout du monde ? dit Monte-Christo ; vous, un journaliste, le mari de la Renommée ! Tout Paris ne parle que de cela.

— Et c'est vous, comte, qui avez fait ce mariage ? demanda Beauchamp.

— Moi ? Oh ! silence, monsieur le nouvelliste, n'allez pas dire de pareilles choses ; moi ! bon Dieu ! faire un mariage ? Non, vous ne me connaissez pas ; je m'y suis, au contraire, opposé de tout mon pouvoir, j'ai refusé de faire la demande.

— Ah ! je comprends, dit Beauchamp, à cause de notre ami Albert ?

— A cause de moi ? dit le jeune homme ; oh ! non, par ma foi ! Le comte me rendra la justice d'attester que je l'ai toujours prié, au contraire, de rompre ce projet, qui heureusement est rompu. Le comte prétend que ce n'est pas lui que je dois remercier ; soit, j'élèverai, comme les anciens, un autel *Deo ignoto*.

— Écoutez, dit Monte-Christo, c'est si peu moi, que je suis en froid avec le beau-père et avec le jeune homme ; il n'y a que mademoiselle Eugénie, laquelle ne me paraît pas avoir une profonde vocation pour le mariage, qui, en voyant à quel point j'étais peu disposé à la faire renoncer à sa chère liberté, m'ait conservé son affection. Oh ! mon Dieu ! oui, malgré tout ce que j'ai pu dire, moi, je ne connais pas ce jeune homme, on le prétend riche et de bonne famille ; mais, pour moi, ces choses sont de simples *on dit*. J'ai répété tout cela à satiété à M. Danglars, mais il est entiché de son Lucquois. J'ai été jusqu'à lui faire part d'une circonstance qui, pour moi, était plus grave : le jeune homme a été changé en nourrice, enlevé par des bohémiens ou égaré par son précepteur, je ne sais pas trop. Mais, ce que je sais, c'est que son père l'a perdu de vue pendant plus de dix années ; ce qu'il a fait pendant ces dix années de vie errante, Dieu seul le sait. Eh bien ! rien de tout cela n'y a fait. On m'a chargé d'écrire au major, de lui demander des papiers ; ces papiers, les voilà. Je les leur envoie, mais, comme Pilate, en me lavant les mains.

— Et mademoiselle d'Armilly, demanda Beauchamp, quelle mine vous fait-elle à vous, qui lui enlevez son élève ?

— Dame ! je ne sais pas trop ; mais il paraît qu'elle part pour l'Italie. Madame Danglars m'a parlé d'elle et m'a demandé des lettres de recommandation pour les impresari ; je lui ai donné un mot pour le directeur du théâtre Valle, qui m'a quelques obligations. Mais qu'avez-vous donc, Albert, vous avez l'air tout attristé ; est-ce que, sans vous en douter, vous êtes amoureux de mademoiselle Danglars, par exemple ?

— Pas que je sache, dit Albert en souriant tristement.

Beauchamp se mit à regarder les tableaux.

— Mais enfin, continua Monte-Christo, vous n'êtes pas dans votre état ordinaire. Voyons, qu'avez-vous ? dites.

— J'ai la migraine, dit Albert.

— Eh bien ! mon cher vicomte, dit Monte-Christo, j'ai en ce cas un remède infaillible à vous proposer ; remède qui m'a réussi à moi chaque fois que j'ai éprouvé quelque contrariété.

— Lequel ? demanda le jeune homme.

— Le déplacement.

— En vérité ? dit Albert.

— Oui ; et tenez, comme en ce moment-ci je suis excessivement contrarié, je me déplace. Voulez-vous que nous nous déplacions ensemble ?

— Vous, contrarié, comte ! dit Beauchamp ; et de quoi donc ?

— Pardieu ! vous en parlez fort à votre aise, vous ; je voudrais bien vous voir avec une instruction se poursuivant dans votre maison !

— Une instruction ! quelle instruction ?

— Eh ! celle que M. de Villefort dresse contre mon aimable assassin, donc ! une espèce de brigand échappé du bagne, à ce qu'il paraît.

— Ah ! c'est vrai, dit Beauchamp, j'ai lu le fait dans les journaux. Qu'est-ce que c'est que ce Caderousse ?

— Eh bien !... mais il paraît que c'est un Provençal. M. de Villefort en a entendu parler quand il était à Marseille, et M. Danglars se rappelle l'avoir vu. Il en résulte que M. le procureur du roi prend l'affaire fort à cœur, qu'elle a, à ce qu'il paraît, intéressé au plus haut degré le préfet de police, et que, grâce à cet intérêt dont je suis on ne peut plus reconnaissant, en m'envoie ici depuis quinze jours tous les bandits qu'on peut se procurer dans Paris et dans la banlieue, sous prétexte que ce sont les assassins de M. Caderousse ; d'où il résulte que, dans trois mois, si cela continue, il n'y aura pas un voleur ni un assassin dans ce beau royaume de France qui ne connaisse le plan de ma maison sur le bout de son doigt ; aussi je prends le parti de leur abandonner tout entière, et de m'en aller aussi loin que la terre pourra me porter. Venez avec moi, vicomte, je vous emmène.

— Volontiers.

— Alors, c'est convenu?

— Oui, mais où cela?

— Je vous l'ai dit, où l'air est pur, où le bruit endort, où, si orgueilleux que l'on soit, on se sent humble et l'on se trouve petit. J'aime cet abaissement, moi que l'on dit maître de l'univers comme Auguste.

— Où allez-vous enfin?

— A la mer, vicomte, à la mer. Je suis un marin, voyez-vous; tout enfant, j'ai été bercé dans les bras du vieil Océan et sur le sein de la belle Amphitrite; j'ai joué avec le manteau vert de l'un et la robe azurée de l'autre; j'aime la mer comme on aime une maîtresse, et, quand il y a longtemps que je ne l'ai vue, je m'ennuie d'elle.

— Allons, comte, allons!

— A la mer?

— Oui!

— Vous acceptez?

— J'accepte.

— Eh bien! vicomte, il y aura ce soir dans ma cour un briska de voyage dans lequel on peut s'étendre comme dans son lit; ce briska sera attelé de quatre chevaux de poste. Monsieur Beauchamp, on y tient quatre très-facilement. Voulez-vous venir avec nous, je vous emmène?

— Merci, je viens de la mer.

— Comment! vous venez de la mer?

— Oui, ou à peu près. Je viens de faire un petit voyage aux îles Borromées.

— Qu'importe, venez toujours! dit Albert.

— Non, cher Morcerf, vous devez comprendre que, du moment où je refuse, c'est que la chose est impossible. D'ailleurs, il est important, ajouta-t-il en baissant la voix, que je reste à Paris, ne fût-ce que pour surveiller la boîte du journal.

— Ah! vous êtes un bon et excellent ami, dit Albert; oui, vous avez raison, veillez, surveillez, Beauchamp, et tâchez de découvrir l'ennemi à qui cette révélation a dû le jour.

Albert et Beauchamp se séparèrent.

Leur dernière poignée de main renfermait tout le sens que leurs lèvres ne pouvaient exprimer devant un étranger.

— Excellent garçon que ce Beauchamp! dit Monte-Christo après le départ du journaliste; n'est-ce pas, Albert?

— Oh! oui, un homme de cœur, je vous en réponds; aussi je l'aime de toute mon âme. Mais, maintenant que nous voilà seuls, quoique la chose me soit à peu près égale, où allons-nous?

— En Normandie, si vous voulez bien.

— A merveille! Nous sommes tout à fait à la campagne, n'est-ce pas? Point de société, point de voisins?

— Nous sommes tête à tête avec des chevaux pour courir, des chiens pour chasser, et une barque pour pêcher, voilà tout.

— C'est ce qu'il me faut; je préviens ma mère, et je suis à vos ordres.

— Mais, dit Monte-Christo, vous permettra-t-on?

— Quoi?

— De venir en Normandie.

— A moi! Est-ce que je ne suis pas libre?

— D'aller où vous voulez, seul, je le sais bien, puisque je vous ai rencontré échappé par l'Italie.

— Eh bien?

— Mais de venir avec l'homme qu'on appelle le comte de Monte-Christo?

— Vous avez peu de mémoire, comte.

— Comment cela?

— Ne vous ai-je pas dit toute la sympathie que ma mère avait pour vous?

— Souvent femme varie, a dit François Ier; la femme, c'est l'onde, a dit Shakspeare : l'un était un grand roi et l'autre un grand poëte, et chacun d'eux devait connaître la femme.

— Oui, la femme; mais ma mère n'est point la femme, c'est une femme.

— Permettez-vous à un pauvre étranger de ne point comprendre parfaitement toutes les subtilités de votre langue?

— Je veux dire que ma mère est avare de ses sentiments, mais qu'une fois qu'elle les a accordés c'est pour toujours.

— Ah! vraiment! dit en soupirant Monte-Christo, et vous croyez qu'elle me fait l'honneur de m'accorder un sentiment autre que la plus parfaite indifférence?

— Écoutez! je vous l'ai déjà dit et je vous le répète, reprit Morcerf, il faut que vous soyez réellement un homme bien étrange et bien supérieur.

— Oh!

— Oui! car ma mère s'est laissé prendre, je ne dirai pas à la curiosité, mais à l'intérêt que vous inspirez. Quand nous sommes seuls, nous ne causons que de vous.

— Et elle vous dit de vous méfier de ce Manfred?

— Au contraire, elle me dit : — Morcerf, je crois le comte une noble nature; tâche de te faire aimer de lui.

Monte-Christo détourna les yeux et poussa un soupir.

— Ah! vraiment! dit-il.

— De sorte, vous comprenez, continua Albert, qu'au lieu de s'opposer à mon voyage elle l'approuvera de tout son cœur, puisqu'il rentre dans les recommandations qu'elle me fait chaque jour.

— Allez donc, dit Monte-Christo; à ce soir.

— Oh ! noble cœur ! cria-t-il. — Page 43.

Soyez ici à cinq heures; nous arriverons là-bas à minuit ou une heure.

— Comment ! au Tréport?

— Au Tréport ou dans les environs.

— Il ne vous faut que huit heures pour faire quarante huit lieues?

— C'est encore beaucoup, dit Monte-Christo.

— Décidément, vous êtes l'homme des prodiges, et vous arriverez non-seulement à dépasser les chemins de fer, ce qui n'est pas bien difficile en France surtout, mais encore à aller plus vite que le télégraphe.

— En attendant, vicomte, comme il nous faut toujours sept ou huit heures pour arriver là-bas, soyez exact.

— Soyez tranquille, je n'ai rien autre chose à faire d'ici là que de m'apprêter.

— A cinq heures, alors.

— A cinq heures.

Albert sortit

Monte-Christo, après lui avoir, en souriant, fait un signe de la tête, demeura un instant pensif et comme absorbé dans une profonde méditation.

Enfin, passant la main sur son front, comme pour

Autour de la goëlette étaient plusieurs petits chasse-marées. — Page 51.

écarter sa rêverie, il alla au timbre, et frappa deux coups.

Au bruit des deux coups frappés par Monte-Christo sur le timbre, Bertuccio entra.

— Maître Bertuccio, dit-il, ce n'est pas demain, ce n'est pas après demain, comme je l'avais pensé d'abord, c'est ce soir que je pars pour la Normandie; d'ici à cinq heures, c'est plus de temps qu'il ne vous en faut; vous ferez prévenir les palefreniers du premier relais; M. de Morcerf m'accompagne. Allez

Bertuccio obéit, et un piqueur courut à Pontoise annoncer que la chaise de poste passerait à six heures précises.

Le palefrenier de Pontoise envoya au relais suivant un exprès qui en envoya un autre; et, six heures après, tous les relais disposés sur la route étaient prévenus.

Avant de partir, le comte monta chez Haydée, lui annonça son départ, lui dit le lieu où il allait, et mit toute sa maison à ses ordres.

Albert fut exact.

Le voyage, sombre à son commencement, s'éclaircit bientôt par l'effet physique de la rapidité.

Morcerf n'avait pas idée d'une pareille vitesse.

— En effet, dit Monte-Christo, avec votre poste faisant ses deux lieues à l'heure, avec cette loi stupide qui défend à un voyageur de dépasser l'autre sans lui demander la permission, et qui fait qu'un voyageur malade ou quinteux a le droit d'enchaîner à sa suite les voyageurs allègres et bien portants, il n'y a pas de locomotion possible; moi, j'évite cet inconvénient en voyageant avec mon propre postillon et mes propres chevaux; n'est-ce pas, Ali?

Et le comte, passant la tête par la portière, poussait un petit cri d'excitation qui donnait des ailes aux chevaux.

Ils ne couraient plus, ils volaient.

La voiture roulait comme un tonnerre sur ce pavé royal, et chacun se détournait pour voir passer ce météore flamboyant.

Ali, répétant ce cri, souriait montrant ses dents blanches, serrant dans ses mains robustes les rênes écumantes, aiguillonnant les chevaux, dont les belles crinières s'éparpillaient au vent; Ali, l'enfant du désert, se retrouvait dans son élément, et avec son visage noir, ses yeux ardents, son burnous de neige, il semblait, au milieu de la poussière qu'il soulevait, le génie du simoun et le dieu de l'ouragan.

— Voilà, dit Morcerf, une volupté que je ne connaissais pas, c'est la volupté de la vitesse.

Et les derniers nuages de son front se dissipaient, comme si l'air qu'il fendait emportait ces nuages avec lui.

— Mais où diable trouvez-vous de pareils chevaux? demanda Albert. Vous les faites donc faire exprès?

— Justement, dit le comte. Il y a six ans, je trouvai en Hongrie un fameux étalon renommé pour sa vitesse; je l'achetai je ne sais plus combien : ce fut Bertuccio qui paya. Dans la même année, il eut trente-deux enfants. C'est toute cette progéniture du même père que nous allons passer en revue; ils sont tous pareils, noirs, sans une seule tache, excepté une étoile au front, car à ce privilégié du haras on a choisi des juments comme au pacha on choisit des favorites.

— C'est admirable!... Mais, dites-moi, comte, que faites-vous de tous ces chevaux?

— Vous le voyez, je voyage avec eux.

— Mais vous ne voyagerez pas toujours?

— Quand je n'en aurai plus besoin, Bertuccio les vendra, et il prétend qu'il gagnera trente ou quarante mille francs sur eux.

— Mais il n'y aura pas de roi d'Europe assez riche pour vous les acheter.

— Alors il les vendra à quelque simple vizir d'Orient, qui videra son trésor pour les payer et qui remplira son trésor en administrant des coups de bâton sous la plante des pieds de ses sujets.

— Comte, voulez-vous que je vous communique une pensée qui m'est venue?

— Faites.

— C'est qu'après vous M. Bertuccio doit être le plus riche particulier de l'Europe.

— Eh bien! vous vous trompez, vicomte. Je suis sûr que, si vous retourniez les poches de Bertuccio, vous n'y trouveriez pas dix sous vaillant.

— Pourquoi cela? demanda le jeune homme. C'est donc un phénomène que M. Bertuccio? Ah! mon cher comte, ne me poussez pas trop loin dans le merveilleux, ou je ne vous croirai plus, je vous préviens.

— Jamais de merveilleux avec moi, Albert; des chiffres et de la raison, voilà tout. Or, écoutez ce dilemme. Un intendant vole, mais pourquoi vole-t-il?

— Dame! parce que c'est dans sa nature, ce me semble, dit Albert; il vole pour voler.

— Eh bien! non, vous vous trompez; il vole parce qu'il a une femme, des enfants, des désirs ambitieux pour lui et pour sa famille; il vole surtout parce qu'il n'est pas sûr de ne quitter jamais son maître et qu'il veut se faire un avenir. Eh bien! M. Bertuccio est seul au monde; il puise dans ma bourse sans me rendre compte; il est sûr de ne jamais me quitter.

— Pourquoi cela?

— Parce que je n'en trouverais pas un meilleur.

— Vous tournez dans un cercle vicieux, celui des probabilités.

— Oh! non pas; je suis dans les certitudes : le bon serviteur, pour moi, c'est celui sur lequel j'ai droit de vie ou de mort.

— Et vous avez droit de vie ou de mort sur Bertuccio? demanda Albert.

— Oui, répondit froidement le comte.

Il y a des mots qui ferment la conversation comme une porte de fer, le *oui* du comte était un de ces mots-là.

Le reste du voyage s'accomplit avec la même rapidité.

Les trente-deux chevaux, divisés en huit relais, firent leurs quarante-sept lieues en huit heures.

On arriva au milieu de la nuit à la porte d'un beau parc.

Le concierge était debout et tenait la grille ouverte.

Il avait été prévenu par le palefrenier du dernier relais.

Il était deux heures et demie du matin.

On conduisit Morcerf à son appartement.

Il trouva un bain et un souper prêts.

Le domestique qui avait fait la route sur le siége de derrière de la voiture était à ses ordres.

Baptistin, qui avait fait la route sur le siége de devant, était à ceux du comte.

Albert prit son bain, soupa et se coucha.

Toute la nuit il fut bercé par le bruit mélancolique de la houle.

En se levant, il alla droit à sa fenêtre, l'ouvrit et se trouva sur une petite terrasse, où l'on avait devant soit la mer, c'est-à-dire l'immensité, et derrière soi un joli parc donnant sur une petite forêt.

Dans une anse d'une certaine grandeur se balançait une petite corvette à la carène étroite, à la mâture élancée, et portant à la corne un pavillon aux armes de Monte-Christo, armes représentant une montagne d'or, posant sur une mer d'azur, avec une croix de gueules au chef; ce qui pouvait aussi bien être une allusion à son nom rappelant le Calvaire, que la passion de Notre-Seigneur a fait une montagne plus précieuse que l'or, et à la croix infâme que son sang divin a fait sainte, qu'à quelque souvenir personnel de souffrance et de régénération enseveli dans la nuit du passé de cet homme mystérieux.

Autour de la goëlette étaient plusieurs petits chasse-marées appartenant aux pêcheurs des villages voisins, et qui semblaient d'humbles sujets attendant les ordres de leur reine

Là, comme dans tous les endroits où s'arrêtait Monte-Christo, ne fût-ce que pour y passer deux jours, la vie y était organisée au thermomètre du plus haut confortable; aussi la vie, à l'instant même, devenait-elle facile.

Albert trouva dans son antichambre deux fusils et tous les ustensiles nécessaires à un chasseur.

Une pièce plus haute, et placée au rez-de-chaussée, était consacrée à toutes les ingénieuses machines que les Anglais, grands pêcheurs, parce qu'ils sont patients et oisifs, n'ont pas encore pu faire adopter aux routiniers pêcheurs de France

Toute la journée se passa à ces exercices divers, auxquels, d'ailleurs, Monte-Christo excellait

On tua une douzaine de faisans dans le parc, on pêcha autant de truites dans les ruisseaux, on dîna dans un kiosque donnant sur la mer, et l'on servit le thé dans la bibliothèque.

Vers le soir du troisième jour, Albert, brisé de fatigue à l'user de cette vie qui semblait être un jeu pour Monte-Christo, dormait sur un fauteuil près de la fenêtre, tandis que le comte faisait avec son architecte le plan d'une serre qu'il voulait établir dans sa maison, lorsque le bruit d'un cheval écrasant les cailloux de la route fit lever la tête au jeune homme.

Il regarda par la fenêtre, et, avec une surprise des plus désagréables, aperçut dans la cour son valet de chambre, dont il n'avait pas voulu se faire suivre pour moins embarrasser Monte-Christo.

— Florentin ici! s'écria-t-il en bondissant sur son fauteuil; est-ce que ma mère est malade?

Et il se précipita vers la porte de la chambre.

Monte-Christo le suivit des yeux, et le vit aborder le valet, qui, tout essoufflé encore, tira de sa poche un petit paquet cacheté.

Le petit paquet contenait un journal et une lettre.

— De qui cette lettre? demanda vivement Albert.

— De M. Beauchamp, répondit Florentin.

— C'est Beauchamp qui vous envoie alors?

— Oui, monsieur. Il m'a fait venir chez lui, m'a donné l'argent nécessaire à mon voyage, m'a fait venir un cheval de poste, et m'a fait promettre de ne point m'arrêter que je n'aie rejoint monsieur; j'ai fait la route en quinze heures.

Albert ouvrit la lettre en frissonnant.

Aux premières lignes, il poussa un cri, et saisit le journal avec un tremblement visible.

Tout à coup ses yeux s'obscurcirent, ses jambes semblèrent se dérober sous lui, et, prêt à tomber, il s'appuya sur Florentin, qui étendit le bras pour le soutenir.

— Pauvre jeune homme! murmura Monte-Christo si bas, que lui-même n'eût pu entendre le bruit des paroles de compassion qu'il prononçait; il est donc dit que la faute des pères retombera sur les enfants jusqu'à la troisième et quatrième génération!

Pendant ce temps, Albert avait repris sa force, et, continuant de lire, il secoua ses cheveux sur sa tête mouillée de sueur, et froissant lettre et journal :

— Florentin, dit-il, votre cheval est-il en état de reprendre le chemin de Paris?

C'est un mauvais bidet de poste éclopé.

— Oh! mon Dieu! et comment était la maison quand vous l'avez quittée?

— Assez calme, mais, en revenant de chez M. Beauchamp, j'ai trouvé madame dans les larmes; elle m'avait fait demander pour savoir quand vous reviendriez. Alors, je lui ai dit que j'allais vous chercher de la part de M. Beauchamp. Son premier mouvement a été d'étendre le bras comme pour m'arrêter; mais, après un instant de réflexion :

— Oui, allez, Florentin, a-t-elle dit, et qu'il revienne.

— Oui, ma mère, oui, dit Albert, je reviens, sois tranquille, et malheur à l'infâme!... Mais, avant tout, il faut que je parte

Et il reprit le chemin de la chambre où il avait laissé Monte-Christo.

Ce n'était plus le même homme, et cinq minutes avaient suffi pour opérer chez Albert une triste métamorphose.

Il était sorti dans son état ordinaire, il rentrait avec la voix altérée, le visage sillonné de rougeurs fébriles, l'œil étincelant sous des paupières veinées de bleu, et la démarche chancelante comme celle d'un homme ivre.

— Comte, dit-il, merci de votre bonne hospitalité, dont j'aurais voulu jouir plus longtemps, mais il faut que je retourne à Paris.

— Qu'est-il donc arrivé?

— Un grand malheur; mais permettez-moi de partir, il s'agit d'une chose bien autrement précieuse que ma vie. Pas de question, comte, je vous en supplie, mais un cheval!

— Mes écuries sont à votre service, vicomte, dit Monte-Christo; mais vous allez vous tuer de fatigue en courant la poste à cheval; prenez une calèche, un coupé, quelque voiture.

— Non, ce serait trop long, et puis j'ai besoin de cette fatigue que vous craignez pour moi; elle me fera du bien.

Albert fit quelques pas en tournoyant comme un homme frappé d'une balle, et alla tomber sur une chaise près de la porte.

Monte-Christo ne vit pas cette seconde faiblesse; il était à la fenêtre et criait :

— Ali! un cheval pour M. de Morcerf! Qu'on se hâte, il est pressé!

Ces paroles rendirent la vie à Albert.

Il s'élança hors de la chambre, le comte le suivit.

— Merci! murmura le jeune homme en s'élançant en selle. Vous reviendrez aussi vite que vous pourrez, Florentin. Y a-t-il un mot d'ordre pour qu'on me donne des chevaux?

— Pas d'autre que de rendre celui que vous montez; on vous en sellera à l'instant un autre.

Albert allait s'élancer, il s'arrêta.

— Vous trouverez peut-être mon départ étrange, insensé, dit le jeune homme; vous ne comprenez pas comment quelques lignes écrites sur un journal peuvent mettre un homme au désespoir; eh bien! ajouta-t-il en lui jetant le journal, lisez ceci, mais quand je serai parti seulement, afin que vous ne voyiez pas ma rougeur.

Et, tandis que le comte ramassait le journal, il enfonça les éperons qu'on venait d'attacher à ses bottes dans le ventre du cheval, qui, étonné qu'il existât un cavalier qui crût avoir besoin vis-à-vis de lui d'un pareil stimulant, partit comme un trait d'arbalète.

Le comte suivit des yeux avec un sentiment de compassion infinie le jeune homme, et ce ne fut que lorsqu'il eut complétement disparu que, reportant ses regards sur le journal, il lut ce qui suit :

« Cet officier français au service d'Ali, pacha de Janina, dont parlait il y a trois semaines le journal l'*Impartial*, et qui, non-seulement livra les châteaux de Janina, mais encore vendit son bienfaiteur aux Turcs, s'appelait en effet à cette époque Fernand, comme l'a dit notre honorable confrère; mais, depuis, il a ajouté à son nom de baptême un titre de noblesse et un nom de terre.

« Il s'appelle aujourd'hui M. le comte de Morcerf, et fait partie de la Chambre des pairs. »

Ainsi donc, ce secret terrible que Beauchamp avait enseveli avec tant de générosité reparaissait comme un fantôme armé, et un autre journal, cruellement renseigné, avait publié, le surlendemain du départ d'Albert pour la Normandie, les quelques lignes qui avaient failli rendre fou le malheureux jeune homme.

— De qui cette lettre ? demanda vivement Albert. — Page 51.

CHAPITRE VIII.

LE JUGEMENT.

A huit heures du matin, Albert tomba chez Beauchamp comme la foudre.

Le valet de chambre était prévenu.

Il introduisit Morcerf dans la chambre de son maître, qui venait de se mettre au bain.

— Eh bien? lui dit Albert.

— Eh bien! mon pauvre ami, répondit Beauchamp, je vous attendais.

— Me voilà. Je ne vous dirai pas, Beauchamp, que je vous crois trop loyal et trop bon pour avoir parlé de cela à qui que ce soit; non, mon ami. D'ailleurs le message que vous m'avez envoyé m'est un garant de votre affection. Ainsi, ne perdons pas de temps en préambules : vous avez quelque idée de quelle part vient le coup?

— Je vous en dirai deux mots tout à l'heure.

— Oui, mais auparavant, mon ami, vous me devez, dans tous ses détails, l'histoire de cette abominable trahison.

Et Beauchamp raconta au jeune homme, écrasé de honte et de douleur, les faits que nous allons redire dans toute leur simplicité.

Le matin de l'avant-veille, l'article avait paru dans un journal autre que l'*Impartial*, et, ce qui donnait plus de gravité encore à l'affaire, dans un journal bien connu pour appartenir au gouvernement.

Beauchamp déjeunait lorsque la note lui sauta aux yeux

Il envoya aussitôt chercher un cabriolet, et, sans achever son repas, il courut au journal.

Quoique professant des sentiments politiques complétement opposés à ceux du gérant du journal accusateur, Beauchamp, ce qui arrive quelquefois, et nous dirons même souvent, était son intime ami.

Lorsqu'il arriva chez lui, le gérant tenait son propre journal et paraissait se complaire dans un *premier Paris* sur le sucre de betterave, qui, probablement, était de sa façon.

— Ah! parbleu! dit Beauchamp, puisque vous tenez votre journal, mon cher, je n'ai pas besoin de vous dire ce qui m'amène.

— Seriez-vous, par hasard, partisan de la canne à sucre? demanda le gérant du journal ministériel.

— Non, répondit Beauchamp, je suis même parfaitement étranger à la question; aussi viens-je pour autre chose.

— Et pourquoi venez-vous?

— Pour l'article Morcerf.

— Ah! oui, vraiment : n'est-ce pas que c'est curieux?

— Si curieux, que vous risquez diffamation, ce me semble, et que vous risquez un procès fort chanceux.

— Pas du tout; nous avons reçu avec la note toutes les pièces à l'appui, et nous sommes parfaitement convaincus que M. de Morcerf se tiendra tranquille; d'ailleurs, c'est un service à rendre au pays que de lui dénoncer les misérables indignes de l'honneur qu'on leur fait.

Beauchamp demeura interdit.

— Mais qui donc vous a si bien renseigné? demanda-t-il; car mon journal, qui avait donné l'éveil, a été forcé de s'abstenir faute de preuves, et cependant nous sommes plus intéressés que vous à dévoiler M. de Morcerf, puisqu'il est pair de France, et que nous faisons de l'opposition.

— Oh! mon Dieu! c'est bien simple : nous n'avons pas couru après le scandale, il est venu nous trouver. Un homme nous est arrivé hier de Janina, apportant le formidable dossier, et, comme nous hésitions à nous jeter dans la voie de l'accusation, il nous a annoncé qu'à notre refus l'article paraîtrait dans un autre journal. Ma foi, vous savez, Beauchamp, ce que c'est qu'une nouvelle importante, nous n'avons pas voulu laisser perdre celle-là. Maintenant le coup est porté; il est terrible et retentira jusqu'au bout de l'Europe.

Beauchamp comprit qu'il n'y avait plus qu'à baisser la tête, et sortit au désespoir pour envoyer un courrier à Morcerf.

Mais ce qu'il n'avait pas pu écrire à Albert, car les choses que nous allons raconter étaient postérieures au départ de son courrier, c'est que le même jour, à la Chambre des pairs, une grande agitation s'était manifestée et régnait dans les groupes ordinairement si calmes de la haute assemblée.

Chacun était arrivé presque avant l'heure, et s'entretenait du sinistre événement qui allait occuper l'attention publique et la fixer sur un des membres les plus connus de l'illustre corps.

C'étaient des lectures à voix basse de l'article, des commentaires et des échanges de souvenirs qui précisaient encore mieux les faits.

Le comte de Morcerf n'était pas aimé parmi ses collègues.

Comme tous les parvenus, il avait été forcé, pour se maintenir à son rang, d'observer un excès de hauteur.

Les grandes aristocraties riaient de lui.

Les talents le répudiaient.

Les gloires pures le méprisaient instinctivement.

Le comte en était à cette extrémité fâcheuse de la victime expiatoire.

Une fois désignée par le doigt du Seigneur pour le sacrifice, chacun s'apprêtait à crier haro.

Seul le comte de Morcerf ne savait rien.

Il ne recevait pas le journal où se trouvait la nouvelle diffamatoire, et avait passé la matinée à écrire des lettres et à essayer un cheval.

Il arriva donc à son heure accoutumée, la tête haute, l'œil fier, la démarche insolente, descendit de voiture, dépassa les corridors et entra dans la salle sans remarquer les hésitations des huissiers et les demi-saluts de ses collègues.

Lorsque Morcerf entra, la séance était déjà ouverte depuis plus d'une demi-heure.

Quoique le comte, ignorant, comme nous l'avons dit, de tout ce qui s'était passé, n'eût rien changé à son air ni à sa démarche, son air et sa démarche parurent à tous plus orgueilleux que d'habitude, et sa présence dans cette occasion parut tellement agressive à cette assemblée jalouse de son honneur, que tous y virent une inconvenance, plusieurs une bravade, quelques-uns une insulte.

Il était évident que la Chambre tout entière brûlait d'entamer le débat.

On voyait le journal accusateur aux mains de tout le monde.

Mais, comme toujours, chacun hésitait à prendre sur lui la responsabilité de l'attaque.

Enfin, un des honorables pairs, ennemi déclaré du comte de Morcerf, monta à la tribune avec une solennité qui annonçait que le moment attendu était arrivé.

Il se fit un effrayant silence.

Morcerf seul ignorait la cause de l'attention profonde que l'on prêtait cette fois à un orateur qu'on n'avait pas toujours l'habitude d'écouter si complaisamment.

Le comte laissa passer tranquillement le préambule par lequel l'orateur établissait qu'il allait parler d'une chose tellement grave, tellement sacrée, tellement vitale pour la Chambre, qu'il réclamait toute l'attention de ses collègues.

Aux premiers mots de Janina et du colonel Fernand, le comte de Morcerf pâlit si horriblement, qu'il n'y eut qu'un frémissement dans cette assemblée, dont tous les regards convergeaient vers le comte.

Les blessures morales ont cela de particulier qu'elles se cachent, mais ne se referment pas ; toujours douloureuses, toujours prêtes à saigner quand on les touche, elles restent vives et béantes dans le cœur.

La lecture de l'article achevée au milieu de ce même silence, troublé alors par un frémissement qui cessa aussitôt que l'orateur parut disposé à reprendre de nouveau la parole, l'accusateur exposa son scrupule, et se mit à établir combien sa tâche était difficile.

C'était l'honneur de M. de Morcerf, c'était celui de toute la Chambre qu'il prétendait défendre en provoquant un débat qui devait s'attaquer à ces questions personnelles toujours si brûlantes.

Enfin, il conclut en demandant qu'une enquête fût ordonnée, assez rapide pour confondre, avant qu'elle eût eu le temps de grandir, la calomnie, et pour rétablir M. de Morcerf, en le vengeant, dans la position que l'opinion publique lui avait faite depuis longtemps.

Morcerf était si accablé, si tremblant devant cette immense et inattendue calamité, qu'il put à peine balbutier quelques mots en regardant ses confrères d'un œil égaré.

Cette timidité, qui, d'ailleurs, pouvait aussi bien tenir à l'étonnement de l'innocence qu'à la honte du coupable, lui concilia quelques sympathies.

Les hommes vraiment généreux sont toujours prêts à devenir compatissants lorsque le malheur de leur ennemi dépasse les limites de leur haine.

Le président mit l'enquête aux voix.

On vota par assis et levé, et il fut décidé que l'enquête aurait lieu.

On demanda au comte combien il lui fallait de temps pour préparer sa justification.

Le courage était revenu à Morcerf dès qu'il s'était senti vivant encore après cet horrible coup.

— Messieurs les pairs, répondit-il, ce n'est point avec du temps qu'on repousse une attaque comme celle que dirigent en ce moment contre moi des ennemis inconnus et restés dans l'ombre de leur obscurité sans doute ; c'est sur-le-champ, c'est par un coup de foudre qu'il faut que je réponde à l'éclair qui un instant m'a ébloui ; que ne m'est-il donné, au lieu d'une pareille justification, d'avoir à répandre mon sang pour prouver à mes collègues que je suis digne de marcher leur égal.

Ces paroles firent une impression favorable pour l'accusé.

— Je demande donc, dit-il, que l'enquête ait lieu le plus tôt possible, et je fournirai à la Chambre toutes les pièces nécessaires à l'efficacité de cette enquête.

— Quel jour fixez-vous? demanda le président.

— Je me mets dès aujourd'hui à la disposition de la Chambre, répondit le comte.

Le président agita la sonnette.

— La Chambre est-elle d'avis, demanda-t-il, que cette enquête ait lieu aujourd'hui même?

— Oui! fut la réponse unanime de l'assemblée.

On nomma une commission de douze membres pour examiner les pièces à fournir par Morcerf.

L'heure de la première séance de cette commission fut fixée à huit heures du soir, dans les bureaux de la chambre.

Si plusieurs séances étaient nécessaires, elles auraient lieu à la même heure et dans le même endroit.

Cette décision prise, Morcerf demanda la permission de se retirer.

Il avait à recueillir les pièces amassées depuis longtemps par lui pour faire tête à cet orage, prévu par son cauteleux et indomptable caractère.

Beauchamp raconta au jeune homme toutes les choses que nous venons de dire à notre tour : seulement son récit eut sur le nôtre l'avantage de l'animation des choses vivantes sur la froideur des choses mortes.

Albert l'écouta en frémissant tantôt d'espoir, tantôt de colère, parfois de honte ; car, par la confidence de Beauchamp, il savait que son père était coupable, et il se demandait comment, puisqu'il était coupable, il pourrait en arriver à prouver son innocence

Arrivé au point où nous en sommes, Beauchamp s'arrêta.

— Ensuite? demanda Albert.

— Si curieux, que vous risquez . — Page 54.

— Ensuite? répéta Beauchamp.

— Oui.

— Mon ami, ce mot m'entraîne dans une horrible nécessité. Voulez-vous donc savoir la suite?

— Il faut absolument que je la sache, mon ami, et j'aime mieux la connaître de votre bouche que d'aucune autre.

— Eh bien! reprit Beauchamp, apprêtez donc votre courage, Albert; jamais vous n'en aurez eu plus besoin.

Albert passa une main sur son front pour s'assurer de sa propre force, comme un homme qui s'apprête à défendre sa vie essaye sa cuirasse et fait ployer la lame de son épée.

Il se sentait fort, car il prenait sa fièvre pour de l'énergie.

— Allez! dit-il.

— Le soir arriva continua Beauchamp. Tout Paris était dans l'attente de l'événement. Beaucoup prétendaient que votre père n'avait qu'à se montrer pour faire crouler l'accusation; beaucoup aussi disaient que le comte ne se présenterait pas; il y en avait qui assuraient l'avoir vu partir pour Bruxelles, et quelques-uns allèrent à la police demander s'il était

Le palais du Luxembourg.

vrai, comme on le disait, que le comte eût pris ses passe-ports

— Je vous avouerai que je fis tout au monde, continua Beauchamp, pour obtenir d'un des membres de la commission, jeune pair de mes amis, d'être introduit dans une sorte de tribune.

A sept heures, il vint me prendre, et, avant que personne ne fût arrivé, il me recommanda à un huissier qui m'enferma dans une espèce de loge.

J'étais masqué par une colonne et perdu dans une obscurité complète.

Je pus espérer que je verrais et que j'entendrais d'un bout à l'autre la terrible scène qui allait se dérouler.

A huit heures précises tout le monde était arrivé.

M. de Morcerf entra sur le dernier coup de huit heures.

Il tenait à la main quelques papiers, et sa contenance semblait calme.

Contre son habitude, sa démarche était simple, sa mise recherchée et sévère, et, selon l'habitude des anciens militaires, il portait son habit boutonné depuis le bas jusqu'en haut

5 Paris, — Imp. de Edouard Blot, rue St-Louis, 46

Sa présence produisit le meilleur effet.

La commission était loin d'être malveillante, et plusieurs de ses membres vinrent au comte et lui donnèrent la main.

Albert sentit que son cœur se brisait à tous ces détails, et cependant, au milieu de sa douleur, se glissait un sentiment de reconnaissance.

Il eût voulu pouvoir embrasser ces hommes qui avaient donné à son père cette marque d'estime dans un si grand embarras de son honneur.

En ce moment, un huissier entra et remit une lettre au président.

— Vous avez la parole, monsieur de Morcerf, dit le président tout en décachetant la lettre.

— Le comte commença son apologie, et, je vous affirme, Albert, continua Beauchamp, qu'il fut d'une éloquence et d'une habileté extraordinaires.

Il produisit des pièces qui prouvaient que le vizir de Janina l'avait, jusqu'à sa dernière heure, honoré de toute sa confiance, puisqu'il l'avait chargé d'une négociation de vie et de mort avec l'empereur lui-même.

Il montra l'anneau, signe de commandement, et avec lequel Ali-Pacha cachetait d'ordinaire ses lettres, et que celui-ci lui avait donné pour qu'il pût à son retour, à quelque heure du jour ou de la nuit que ce fût, et fût il dans son harem, pénétrer jusqu'à lui.

Malheureusement, dit-il, sa négociation avait échoué, et, quand il était revenu pour défendre son bienfaiteur, il était déjà mort.

Mais, dit le comte, en mourant, Ali-Pacha, tant était grande sa confiance, lui avait confié sa maîtresse favorite et sa fille.

Albert tressaillit à ces mots, car, à mesure que Beauchamp parlait, tout le récit d'Haydée revenait à l'esprit du jeune homme, et il se rappelait ce que la belle Grecque avait dit de ce message, de cet anneau et de la façon dont elle avait été vendue et conduite en esclavage.

— Et quel fut l'effet du discours du comte? demanda avec anxiété Albert.

— J'avoue qu'il m'émut, et qu'en même temps que moi il émut toute la commission, dit Beauchamp.

Cependant le président jeta négligemment les yeux sur la lettre qu'on venait de lui apporter; mais, aux premières lignes, son attention s'éveilla. Il la lut, la relut encore, et, fixant les yeux sur M. de Morcerf :

— Monsieur le comte, dit-il, vous venez de nous dire que le vizir de Janina vous avait confié sa femme et sa fille?

— Oui, monsieur, répondit Morcerf; mais en cela, comme dans tout le reste, le malheur me poursuivait. A mon retour, Vasiliki et sa fille Haydée avaient disparu.

— Vous les connaissiez?

— Mon intimité avec le pacha et la suprême confiance qu'il avait dans ma fidélité m'avaient permis de les voir plus de vingt fois.

— Avez-vous quelque idée de ce qu'elles sont devenues?

— Oui, monsieur. J'ai entendu dire qu'elles avaient succombé à leur chagrin et peut-être à leur misère. Je n'étais pas riche, ma vie courait de grands dangers, je ne pus me mettre à leur recherche, à mon grand regret.

Le président fronça imperceptiblement le sourcil.

— Messieurs, dit-il, vous avez entendu et suivi M. le comte de Morcerf en ses explications. Monsieur le comte, pouvez-vous, à l'appui du récit que vous venez de faire, fournir quelque témoin?

— Hélas! non, monsieur, répondit le comte; tous ceux qui entouraient le vizir et qui m'ont connu à sa cour, sont ou morts ou dispersés; seul, je crois, du moins, seul de mes compatriotes, j'ai survécu à cette affreuse guerre; je n'ai que les lettres d'Ali-Tebelin, et je les ai mises sous vos yeux; je n'ai que l'anneau, gage de sa volonté, et le voici; j'ai enfin la preuve la plus convaincante que je puisse fournir, c'est-à-dire, après une attaque anonyme, l'absence de tout témoignage contre ma parole d'honnête homme et la pureté de toute ma vie militaire.

Un murmure d'approbation courut dans l'assemblée.

En ce moment, Albert, s'il ne fût survenu aucun incident, la cause de votre père était gagnée.

Il ne restait plus qu'à aller aux voix lorsque le président prit la parole :

— Messieurs, dit-il, et vous, monsieur le comte, vous ne seriez point fâchés, je présume, d'entendre un témoin très-important, à ce qu'il assure, et qui vient de se produire de lui-même; ce témoin, nous n'en doutons pas, d'après tout ce que nous a dit le comte, est appelé à prouver la parfaite innocence de notre collègue. Voici la lettre que je viens de recevoir à cet égard; désirez-vous qu'elle vous soit lue, ou décidez-vous qu'il sera passé outre, et qu'on ne s'arrête point à cet incident?

M. de Morcerf pâlit et crispa ses mains sur les papiers qu'il tenait, et qui crièrent entre ses doigts.

La réponse de la commission fut pour la lecture.

Quant au comte, il était pensif et n'avait point d'opinion à émettre.

Le président lut, en conséquence, la lettre suivante

« Monsieur le président,

« Je puis fournir à la commission d'enquête chargé d'examiner la conduite en Epire et en Macédoine de M. le lieutenant général comte de Morcerf, les renseignements les plus positifs. »

Le président fit une courte pause.

Le comte de Morcerf pâlit.

Le président interrogea les auditeurs du regard.

— Continuez, s'écria-t-on de tous côtés.

Le président reprit :

« J'étais sur les lieux à la mort d'Ali-Pacha ; j'assistai à ses derniers moments.

« Je sais ce que devinrent Vasiliki et Haydée.

« Je me tiens à la disposition de la commission, et réclame même l'honneur de me faire entendre.

« Je serai dans le vestibule de la Chambre au moment où l'on vous remettra ce billet. »

— Et quel est ce témoin, ou plutôt cet ennemi? demanda le comte d'une voix dans laquelle il était facile de remarquer une profonde altération.

— Nous allons le savoir, monsieur, répondit le président. La commission est-elle d'avis d'entendre ce témoin?

— Oui ! oui ! dirent en même temps toutes les voix.

On rappela l'huissier.

— Huissier, demanda le président, y a-t-il quelqu'un qui attende dans le vestibule?

— Oui, monsieur le président.

— Qui est-ce que ce quelqu'un?

— Une femme accompagnée d'un serviteur.

Chacun se regarda.

— Faites entrer cette femme, dit le président.

Cinq minutes après, l'huissier reparut.

Tous les yeux étaient fixés sur la porte, et moi-même, dit Beauchamp, je partageais l'attente et l'anxiété générales.

Derrière l'huissier marchait une femme enveloppée d'un grand voile qui la cachait tout entière.

On devinait bien, aux formes que trahissait ce voile et aux parfums qui s'en exhalaient, la présence d'une femme jeune et élégante, mais voilà tout.

Le président pria l'inconnue d'écarter son voile, et l'on put voir alors que cette femme était vêtue à la grecque ; en outre, elle était d'une suprême beauté.

— Ah ! dit Morcerf, c'était elle.

— Comment, elle?

— Oui, Haydée.

— Qui vous l'a dit?

— Hélas ! je le devine. Mais, continuez, Beauchamp, je vous prie. Vous voyez que je suis calme et fort. Et cependant nous devons approcher du dénoûment.

— M. de Morcerf, continua Beauchamp, regardait cette femme avec une surprise mêlée d'effroi. Pour lui, c'était la vie ou la mort qui allait sortir de cette bouche charmante ; pour tous les autres, c'était une aventure si étrange et si pleine de curiosité, que le salut ou la perte de M. de Morcerf n'entrait déjà plus dans cet événement que comme un élément secondaire.

Le président offrit de la main un siége à la jeune femme, mais elle fit signe de la tête qu'elle resterait debout.

Quant au comte, il était retombé sur son fauteuil, et il était évident que ses jambes refusaient de le porter.

— Madame, dit le président, vous avez écrit à la commission pour lui donner des renseignements sur l'affaire de Janina, et vous avez avancé que vous aviez été témoin oculaire des événements.

— Et je le fus, en effet, répondit l'inconnue avec une voix pleine d'une tristesse charmante et empreinte de cette sonorité particulière aux voix orientales.

— Cependant, reprit le président, permettez-moi de vous dire que vous étiez bien jeune alors.

— J'avais quatre ans ; mais, comme les événements avaient pour moi une suprême importance, pas un détail n'est sorti de mon esprit, pas une particularité n'a échappé à ma mémoire.

— Mais quelle importance avaient donc pour vous ces événements, et qui êtes-vous pour que cette grande catastrophe ait produit sur vous une si profonde impression?

— Il s'agissait de la vie ou de la mort de mon père, répondit la jeune fille, et je m'appelle Haydée, fille d'Ali-Tebelin, pacha de Janina, et de Vasiliki, sa femme bien-aimée.

La rougeur modeste et fière tout à la fois qui empourpra les joues de la jeune femme, le feu de son regard et la majesté de sa révélation, produisirent sur l'assemblée un effet inexprimable.

Quant au comte, il n'eût pas été plus anéanti si la foudre, en tombant, eût ouvert un abîme à ses pieds.

— Madame, reprit le président après s'être incliné avec respect, permettez-moi une simple question qui n'est pas un doute, et cette question sera la dernière : pouvez-vous justifier de l'authenticité de ce que vous dites?

— Je le puis, monsieur, dit Haydée en tirant de dessous son voile un sachet de satin parfumé, car voici l'acte de ma naissance, rédigé par mon père et signé par ses principaux officiers ; car voici, avec l'acte de ma naissance, l'acte de mon baptême, mon père ayant consenti à ce que je fusse élevée dans la religion de ma mère, acte que le grand primat de Macédoine et d'Épire a revêtu de son sceau; voici enfin (et ceci est le plus important sans doute) l'acte de la vente qui fut faite de ma personne et de celle de ma mère au marchand arménien El-Kobbir par l'officier franc, qui, dans son infâme marché avec la Porte, s'était réservé, pour sa part de butin, la fille et la femme de son bienfaiteur, qu'il vendit pour la somme de mille bourses, c'est-à-dire pour quatre cent mille francs à peu près.

Une pâleur verdâtre envahit les joues du comte de Morcerf, et ses yeux s'injectèrent de sang à l'énoncé de ces imputations terribles qui furent accueillies de l'assemblée avec un lugubre silence.

Haydée, toujours calme, mais bien plus menaçante dans son calme qu'une autre ne l'eût été dans sa colère, tendit au président l'acte de vente rédigé en langue arabe.

Comme on avait pensé que quelques-unes des pièces produites seraient rédigées en arabe, en romaïque ou en turc, l'interprète de la Chambre avait été prévenu; on l'appela.

Un des nobles pairs, à qui la langue arabe, qu'il avait apprise pendant la sublime campagne d'Égypte, était familière, suivit sur le vélin la lecture que le traducteur en fit à voix haute.

« Moi, El Kobbir, marchand d'esclaves et fournisseur du harem de Sa Hautesse, reconnais avoir reçu, pour la remettre au sublime empereur, du seigneur franc comte de Monte-Christo, une émeraude évaluée deux mille bourses, pour prix d'une jeune esclave chrétienne âgée de onze ans, du nom de Haydée, et fille reconnue du défunt seigneur Ali-Tebelin, pacha de Janina, et de Vasikili, sa favorite, laquelle m'avait été vendue, il y a sept ans, avec sa mère morte en arrivant à Constantinople, par un colonel franc, au service du vizir Ali-Tebelin, nommé Fernand Mondego.

« La susdite vente m'avait été faite pour le compte de Sa Hautesse, dont j'avais mandat, moyennant la somme de mille bourses.

« Fait à Constantinople, avec autorisation de Sa Hautesse, l'année 1247 de l'Hégire.

« Signé El-Kobbir. »

« Le présent acte, pour lui donner toute foi, toute croyance et toute authenticité, sera revêtu du sceau impérial, que le vendeur s'oblige à y faire apposer. »

Près de la signature du marchand on voyait en effet le sceau du sublime empereur.

A cette lecture et à cette vue succéda un silence terrible; le comte n'avait plus que le regard, et ce regard, attaché comme malgré lui sur Haydée, semblait de flamme et de sang.

— Madame, dit le président, ne peut-on interroger le comte de Monte-Christo, lequel est à Paris près de vous, à ce que je crois?

— Monsieur, répondit Haydée, le comte de Monte-Christo, mon autre père, est en Normandie depuis trois jours.

— Mais alors, madame, dit le président, qui vous a conseillé cette démarche, démarche dont la cour vous remercie, et qui, d'ailleurs, est toute naturelle, d'après votre naissance et vos malheurs?

— Monsieur, répondit Haydée, cette démarche m'a été conseillée par mon respect et par ma douleur. Quoique chrétienne, Dieu me pardonne! j'ai toujours songé à venger mon illustre père. Or, quand j'ai mis le pied en France, quand j'ai su que le traître habitait Paris, mes yeux et mes oreilles sont restés constamment ouverts. Je vis retirée dans la maison de mon noble protecteur, mais je vis ainsi parce que j'aime l'ombre et le silence, qui me permettent de vivre dans ma pensée et dans mon recueillement. Mais M. le comte de Monte-Christo m'entoure de soins paternels, et rien de ce qui constitue la vie du monde ne m'est étranger; seulement je n'en accepte que le bruit lointain. Ainsi, je lis tous les journaux, comme on m'envoie tous les albums, comme je reçois toutes les mélodies, et c'est en suivant, sans m'y prêter, la vie des autres que j'ai su ce qui s'était passé ce matin à la Chambre des pairs et ce qui devait s'y passer ce soir... Alors j'ai écrit.

— Ainsi, demanda le président, M. le comte de Monte-Christo n'est pour rien dans votre démarche?

— Il l'ignore complétement, monsieur, et même je n'ai qu'une crainte, c'est qu'il la désapprouve quand il l'apprendra; cependant c'est un beau jour pour moi, continua la jeune fille en levant au ciel un regard tout ardent de flammes, que celui où je trouve enfin l'occasion de venger mon père!

Le comte, pendant tout ce temps, n'avait point prononcé une seule parole; ses collègues le regardaient, et sans doute plaignaient cette fortune brisée sous le souffle parfumé d'une femme; son malheur s'écrivait peu à peu en traits sinistres sur son visage.

— Monsieur de Morcerf, dit le président, reconnaissez-vous madame pour la fille d'Ali-Tebelin, pacha de Janina?

— Non, dit Morcerf en faisant un effort pour se lever, et c'est une trame ourdie par mes ennemis.

Haydée, qui tenait ses yeux fixés vers la porte comme si elle attendait quelqu'un, se retourna brusquement, et, retrouvant le comte debout, elle poussa un cri terrible :

— Tu ne me reconnais pas! dit-elle; eh bien! moi, heureusement je te reconnais! Tu es Fernand Mondego, l'officier franc qui instruisais les troupes de mon noble père. C'est toi qui as livré

Vue de Constantinople.

les châteaux de Janina! C'est toi qui, envoyé par lui à Constantinople pour traiter directement avec l'empereur de la vie ou de la mort de ton bienfaiteur, as rapporté un faux firman qui accordait grâce entière! C'est toi qui, avec ce firman, as obtenu la bague du pacha qui devait te faire obéir par Sélim, le gardien du feu! C'est toi qui as poignardé Sélim! C'est toi qui nous a vendues, ma mère et moi, au marchand El-Kobbir! Assassin! assassin! assassin! tu as encore au front le sang de ton maître! Regardez tous.

Ces paroles avaient été prononcées avec un tel enthousiasme de vérité, que tous les yeux se tournèrent vers le front du comte, et que lui-même y porta la main comme s'il eût senti, tiède encore, le sang d'Ali.

— Vous reconnaissez donc positivement M. de Morcerf pour être le même que l'officier Fernand Mondego?

— Si je le reconnais! s'écria Haydée. O ma mère! tu m'as dit : — Tu étais libre, tu avais un père que tu aimais, tu étais destinée à être presque une reine! Regarde bien cet homme, c'est lui qui t'a faite esclave, c'est lui qui a levé au bout d'une pique la tête de ton père, c'est lui qui nous a vendues, c'est lui qui nous a livrées! Regarde bien sa main droite, celle qui a une large cicatrice; si tu oubliais son visage, tu le reconnaîtrais à cette main, dans laquelle sont tombées une à une les pièces d'or du marchand El-Kobbir! Si je le reconnais! Oh! qu'il dise maintenant lui-même s'il ne me reconnaît pas!

Chaque mot tombait comme un coutelas sur Morcerf et retranchait une parcelle de son énergie.

Aux derniers mots, il cacha vivement et malgré lui sa main mutilée en effet par une blessure, dans sa poitrine, et retomba sur son fauteuil, abîmé dans un morne désespoir.

Cette scène avait fait tourbillonner les esprits de l'assemblée comme on voit courir les feuilles détachées du tronc sous le vent puissant du nord.

— Monsieur le comte de Morcerf, dit le président, ne vous laissez pas abattre, répondez : la justice de la cour est suprême et égale pour tous comme celle de Dieu; elle ne vous laissera pas écraser par vos ennemis sans vous donner les moyens de les combattre. Voulez-vous des enquêtes nouvelles? Voulez-vous que j'ordonne un voyage de deux membres de la Chambre à Janina? Parlez.

Morcerf ne répondit rien.

Alors tous les membres de la commission se regardèrent avec une sorte de terreur.

On connaissait le caractère énergique et violent du comte.

Il fallait une bien terrible prostration pour annihiler la défense de cet homme.

Il fallait enfin penser qu'à ce silence, qui ressemblait au sommeil, succéderait un réveil qui ressemblerait à la foudre.

— Eh bien! lui demanda le président, que décidez-vous?

— Rien! dit en se levant le comte avec une voix sourde.

— La fille d'Ali-Tebelin, dit le président, a donc déclaré bien réellement la vérité? Elle est donc bien réellement le témoin terrible auquel il arrive toujours que le coupable n'ose répondre : — NON. Vous avez donc fait bien réellement toutes les choses dont on vous accuse?

Le comte jeta autour de lui un regard dont l'expression désespérée eût touché des tigres, mais ne pouvait désarmer des juges.

Puis il leva les yeux vers la voûte, mais il les détourna aussitôt, comme s'il eût craint que cette voûte, en s'ouvrant, ne fît resplendir ce second tribunal qui se nomme le ciel, cet autre juge qui s'appelle Dieu.

Alors, avec un brusque mouvement, il arracha les boutons de cet habit fermé qui l'étouffait et sortit de la salle comme un sombre insensé.

Un instant son pas retentit lugubrement sous la voûte sonore, puis bientôt le roulement de la voiture qui l'emportait au galop ébranla le portique de l'édifice florentin.

— Messieurs, dit le président, quand le silence fut rétabli, M. le comte de Morcerf est-il convaincu de félonie, de trahison et d'indignité?

— Oui! répondirent d'une voix unanime tous les membres de la commission d'enquête.

Haydée avait assisté jusqu'à la fin de la séance.

Elle entendit prononcer la sentence du comte sans qu'un seul des traits de son visage exprimât ou la joie ou la pitié.

Alors, ramenant son voile sur son visage, elle salua majestueusement les conseillers, et sortit de ce pas dont Virgile voyait marcher les déesses.

CHAPITRE IX.

LA PROVOCATION.

lors, continua Beauchamp, je profitai du silence et de l'obscurité de la salle pour sortir sans être vu. L'huissier qui m'avait introduit m'attendait à la porte. Il me conduisit à travers les corridors jusqu'à une petite porte donnant sur la rue de Vaugirard. Je sortis l'âme brisée et ravie tout à la fois, pardonnez-moi cette expression, Albert, brisée par rapport à vous, ravie de la noblesse de cette jeune fille poursuivant la vengeance paternelle. Oui, je vous le jure, Albert, de quelque part que vienne cette révélation, je dis, moi, qu'elle peut venir d'un ennemi, mais que cet ennemi n'est que l'agent de la Providence.

Albert tenait sa tête entre ses deux mains; il releva son visage, rouge de honte et baigné de larmes, et saisissant le bras de Beauchamp.

— Ami, lui dit-il, ma vie est finie : il me reste non pas à dire comme vous que la Providence m'a porté le coup, mais à chercher quel homme me poursuit de son inimitié ; puis, quand je le connaîtrai, je tuerai cet homme, ou cet homme me tuera ; or, je compte sur votre amitié pour m'aider, Beauchamp, si toutefois le mépris ne l'a pas tuée dans votre cœur.

— Le mépris, mon ami? Et en quoi ce malheur vous touche-t-il? Non! Dieu merci! nous n'en sommes plus au temps où un injuste préjugé rendait les fils responsables des actions des pères. Repassez toute votre vie, Albert ; elle date d'hier, il est vrai, mais jamais aurore d'un beau jour fut-elle plus pure que votre orient? Non, Albert, croyez-moi, vous êtes jeune, vous êtes riche ; quittez la France, tout s'oublie vite dans cette grande Babylone à l'existence agitée et aux goûts changeants; vous reviendrez dans trois ou quatre ans, vous aurez épousé quelque princesse russe, et personne ne songera plus à ce qui s'est passé hier, à plus forte raison à ce qui s'est passé il y a seize ans.

—Merci, mon cher Beauchamp, merci de l'excellente intention qui vous dicte vos paroles, mais cela ne peut être ainsi : je vous ai dit mon désir, et maintenant, s'il le faut, je changerai le mot de désir en celui de volonté. Vous comprenez qu'intéressé comme je le suis dans cette affaire, je ne puis voir la chose du même point de vue que vous. Ce qui vous semble venir à vous d'une source céleste, me semble à moi venir d'une source moins pure. La Providence me paraît, je vous l'avoue, fort étrangère à tout ceci, et cela heureusement, car au lieu de l'invisible et de l'impalpable messagère des récompenses et des punitions célestes, je trouverai un être palpable et visible sur lequel je me vengerai, oh! oui, je vous le jure, de tout ce que je souffre depuis un mois. Maintenant, je vous le répète, Beauchamp, je tiens à rentrer dans la vie humaine et matérielle, et, si vous êtes encore mon ami comme vous le dites, aidez-moi à retrouver la main qui a porté le coup.

— Alors, soit, dit Beauchamp ; et, si vous tenez absolument à ce que je descende sur la terre, je le ferai ; si vous tenez à vous mettre à la recherche d'un ennemi, je m'y mettrai avec vous. Et je le trouverai, car mon honneur est presque aussi intéressé que le vôtre à ce que nous le retrouvions.

— Eh bien! alors, Beauchamp, vous comprenez, à l'instant même, sans retard, commençons nos investigations. Chaque minute de retard est une éternité pour moi ; le dénonciateur n'est pas encore puni, il peut donc espérer qu'il ne le sera pas ; et, sur mon honneur, s'il l'espère, il se trompe.

— Eh bien! écoutez-moi, Morcerf.

— Ah! Beauchamp, je vois que vous savez quelque chose ; tenez, vous me rendez la vie!

— Je ne dis pas que ce soit la réalité, Albert, mais c'est au moins quelque lumière dans la nuit : en suivant cette lumière, peut-être nous conduira-t-elle au but.

— Dites, vous voyez bien que je bous d'impatience.

— Eh bien! je vais vous raconter ce que je n'ai pas voulu vous dire en revenant de Janina.

— Parlez

— Voilà ce qui s'est passé, Albert ; j'ai été tout naturellement chez le premier banquier de la ville pour prendre des informations : au premier mot

Il sortit de la salle comme un sombre insensé. — PAGE 92.

que j'ai dit de l'affaire, avant même que le nom de votre père eût été prononcé

— Ah ! dit-il, très-bien, je devine ce qui vous amène.

— Comment cela, et pourquoi?

— Parce qu'il y a quinze jours à peine j'ai été interrogé sur le même sujet.

— Par qui?

— Par un banquier de Paris, mon correspondant.

— Que vous nommez?

— M. Danglars

— Lui ! s'écria Albert; en effet, c'est bien lui qui depuis si longtemps poursuit mon pauvre père de sa haine jalouse; lui, l'homme prétendu populaire, qui ne peut pardonner au comte de Morcerf d'être pair de France. Et, tenez, cette rupture de mariage sans raison donnée, oui, c'est bien cela.

— Informez-vous, Albert (mais ne vous emportez pas d'avance), informez-vous, vous dis-je, et si la chose est vraie...

— Oh! oui! si la chose est vraie, s'écria le jeune homme, il me payera tout ce que j'ai souffert.

— Oui, misérable, s'écria Morcerf, c'est ta faute! — PAGE 66.

— Prenez garde, Morcerf, c'est un homme déjà vieux.

— J'aurai égard à son âge comme il a eu égard à l'honneur de ma famille; s'il en voulait à mon père, que ne frappait-il mon père? Oh! non, il a eu peur de se trouver en face d'un homme!

— Albert, je ne vous condamne pas, je ne fais que vous retenir; Albert, agissez prudemment.

— Oh! n'ayez pas peur; d'ailleurs, vous m'accompagnerez, Beauchamp : les choses solennelles doivent être traitées devant témoin. Avant la fin de cette journée, si M. Danglars est le coupable, M. Danglars aura cessé de vivre ou je serai mort. Pardieu, Beauchamp, je veux faire de belles funérailles à mon honneur

— Eh bien! alors, quand de pareilles résolutions sont prises, Albert, il faut les mettre à exécution à l'instant même. Vous voulez aller chez M. Danglars? partons.

On envoya chercher un cabriolet de place.

En entrant dans l'hôtel du banquier, on aperçut le phaéton et le domestique de M. Andrea Cavalcanti à la porte.

5 Paris. — Imp. de Édouard Blot, rue St-Louis, 6

— Ah! parbleu! voilà qui va bien! dit Albert avec une voix sombre. Si M. Danglars ne veut pas se battre avec moi, je lui tuerai son gendre. Cela doit se battre, un Cavalcanti!

On annonça le jeune homme au banquier, qui, au nom d'Albert, sachant ce qui s'était passé la veille, fit défendre sa porte.

Mais il était trop tard, il avait suivi le laquais.

Il entendit l'ordre donné, força la porte et pénétra, suivi de Beauchamp, jusque dans le cabinet du banquier.

— Mais, monsieur, s'écria celui-ci, n'est-on plus maître de recevoir chez soi qui l'on veut, ou qui l'on ne veut pas? Il me semble que vous vous oubliez étrangement.

— Non, monsieur, dit froidement Albert; il y a des circonstances, et vous êtes dans une de celles-là, où il faut, sauf lâcheté, je vous offre ce refuge, être chez soi, pour certaines personnes du moins.

— Alors, que me voulez-vous donc, monsieur?

— Je veux, dit Morcerf, s'approchant sans paraître faire attention à Cavalcanti, qui était adossé à la cheminée; je veux vous proposer un rendez-vous dans un coin écarté, où personne ne vous dérangera pendant dix minutes, je ne vous en demande pas davantage; où, de deux hommes qui se seront rencontrés, il en restera un dans les feuilles.

Danglars pâlit.

Cavalcanti fit un mouvement.

Albert se retourna vers le jeune homme.

— Oh! mon Dieu, dit-il, venez si vous voulez, monsieur le comte, vous avez le droit d'y être, vous êtes presque de la famille, et je donne de ces sortes de rendez-vous à autant de gens qu'il s'en trouvera pour les accepter.

Cavalcanti regarda d'un air stupéfait Danglars, lequel, faisant un effort, se leva et s'avança entre les deux jeunes gens.

L'attaque d'Albert à Andrea venait de le placer sur un autre terrain; et il espérait que la visite d'Albert avait une autre cause que celle qu'il lui avait supposée d'abord.

— Ah çà! monsieur, dit-il à Albert, si vous venez ici chercher querelle à monsieur, parce que je l'ai préféré à vous, je vous préviens que je ferai de cela une affaire de procureur du roi.

— Vous vous trompez, monsieur, dit Morcerf avec un sombre sourire, je ne parle pas de mariage le moins du monde, et je ne m'adresse à M. Cavalcanti que parce qu'il m'a semblé avoir eu un instant l'intention d'intervenir dans notre discussion. Et puis, tenez, au reste, vous avez raison, dit-il, je cherche aujourd'hui querelle à tout le monde; mais, soyez tranquille, monsieur Danglars, la priorité vous appartient.

— Monsieur, répondit Danglars, pâle de colère et de peur, je vous avertis que, lorsque j'ai le malheur de rencontrer sur mon chemin un dogue enragé, je le tue, et que, loin de me croire coupable, je pense avoir rendu un service à la société. Or, si vous êtes enragé, et que vous tentiez de me mordre, je vous en préviens, je vous tuerai sans pitié. Tiens! est-ce ma faute, à moi, si votre père est déshonoré?

— Oui, misérable! s'écria Morcerf, c'est ta faute!

Danglars fit un pas en arrière.

— Ma faute! à moi! dit-il; mais vous êtes fou! Est-ce que je sais l'histoire grecque, moi? Est-ce que j'ai voyagé dans tous ces pays-là? Est-ce que c'est moi qui ai conseillé à votre père de vendre les châteaux de Janina? de trahir...

— Silence! dit Albert d'une voix sourde. Non, ce n'est pas vous qui directement avez fait cet éclat et causé ce malheur, mais c'est vous qui l'avez hypocritement provoqué.

— Moi!

— Oui, vous! D'où vient la révélation?

— Mais il me semble que le journal vous l'a dit, de Janina, parbleu!

— Qui a écrit à Janina?

— A Janina?

— Oui. Qui a écrit pour demander des renseignements sur mon père?

— Il me semble que tout le monde peut écrire à Janina.

— Une seule personne a écrit, cependant.

— Une seule?

— Oui! et cette personne, c'est vous!

— J'ai écrit, sans doute; il me semble que, lorsqu'on marie sa fille à un jeune homme, on peut prendre des renseignements sur la famille de ce jeune homme; c'est non-seulement un droit, mais un devoir.

— Vous avez écrit, monsieur, dit Albert, sachant parfaitement la réponse qui vous viendrait.

— Moi? Ah! je vous jure bien, s'écria Danglars avec une confiance et une sécurité qui venaient encore moins de sa peur peut-être que de l'intérêt qu'il ressentait au fond pour le malheureux jeune homme; je vous jure que jamais je n'eusse pensé à écrire à Janina. Est-ce que je connaissais la catastrophe d'Ali-Pacha, moi?

— Alors quelqu'un vous a poussé à écrire?

— Certainement.

— On vous a poussé?

— Oui.

— Qui cela?... achevez... dites..

— Pardieu! rien de plus simple; je parlais du passé de votre père; je disais que la source de sa fortune était toujours restée obscure. La personne m'a demandé où votre père avait fait cette fortune

J'ai répondu : En Grèce. Alors elle m'a dit : Eh bien! écrivez à Janina.

— Et qui vous a donné ce conseil?

— Parbleu ! le comte de Monte-Christo, votre ami.

— Le comte de Monte-Christo vous a dit d'écrire à Janina ?

— Oui, et j'ai écrit. Voulez-vous voir ma correspondance ? je vous la montrerai.

Albert et Beauchamp se regardèrent.

— Monsieur, dit alors Beauchamp qui n'avait point encore pris la parole, il me semble que vous accusez le comte, qui est absent de Paris, et qui ne peut se justifier en ce moment ?

— Je n'accuse personne, monsieur, dit Danglars, je raconte, et je répéterai devant M. le comte de Monte-Christo ce que je viens de dire devant vous.

— Et le comte sait quelle réponse vous avez reçue ?

— Je la lui ai montrée.

— Savait-il que le nom de baptême de mon père était Fernand, et que son nom de famille était Mondego ?

— Oui, je le lui avais dit depuis longtemps; au surplus, je n'ai fait là-dedans que ce que tout autre eût fait à ma place, et même peut-être beaucoup moins. Quand, le lendemain de cette réponse, poussé par M. de Monte-Christo, votre père est venu me demander ma fille officiellement, comme cela se fait quand on veut en finir, j'ai refusé, j'ai refusé net, c'est vrai ; mais sans explication, sans éclat. En effet, pourquoi aurais-je fait un éclat, moi? En quoi l'honneur ou le déshonneur de M. de Morcerf m'importe-t-il ? Cela ne faisait ni hausser ni baisser la rente.

Albert sentit la rougeur lui monter au front ; il n'y avait plus de doute, Danglars se défendait avec la bassesse, mais avec l'assurance d'un homme qui dit, sinon toute la vérité, du moins une partie de la vérité, non point par conscience il est vrai, mais par terreur.

D'ailleurs, que cherchait Morcerf?

Ce n'était pas le plus ou moins de culpabilité de Danglars ou de Monte-Christo, c'était un homme qui répondît de l'offense légère ou grave, c'était un homme qui se battît, et il était évident que Danglars ne se battrait pas.

Et puis chacune des choses oubliées ou inaperçues redevenait visible à ses yeux ou présente à son souvenir.

Monte-Christo savait tout, puisqu'il avait acheté la fille d'Ali-Pacha.

Or, sachant tout, il avait conseillé à Danglars d'écrire à Janina.

Cette réponse connue, il avait accédé au désir manifesté par Albert d'être présenté à Haydée ; une fois devant elle, il avait laissé l'entretien tomber sur la mort d'Ali, ne s'opposant pas au récit d'Haydée (mais ayant sans doute donné à la jeune fille, dans les quelques mots romaïques qu'il avait prononcés, des instructions qui n'avaient point permis à Morcerf de reconnaître son père) ; d'ailleurs n'avait-il pas prié Morcerf de ne pas prononcer le nom de son père devant Haydée?

Enfin, il avait mené Albert en Normandie au moment où il savait que le grand éclat devait se faire.

Il n'y avait pas à en douter, tout cela était un calcul, et, sans aucun doute, Monte-Christo s'entendait avec les ennemis de son père.

Albert prit Beauchamp dans un coin et lui communiqua toutes ces idées.

— Vous avez raison, dit celui-ci; M. Danglars n'est, dans ce qui est arrivé, que pour la partie brutale et matérielle : c'est à M. de Monte-Christo que vous devez demander une explication.

Albert se retourna.

— Monsieur, dit-il à Danglars, vous comprenez que je ne prends pas encore de vous un congé définitif ; il me reste à savoir si vos inculpations sont justes, et je vais de ce pas m'en assurer chez M. le comte de Monte-Christo.

Et, saluant le banquier, il sortit avec Beauchamp sans paraître autrement s'occuper de Cavalcanti.

Danglars les reconduisit jusqu'à la porte, et, à la porte, renouvela à Albert l'assurance qu'aucun motif de haine personnelle ne l'animait contre M. le comte de Morcerf.

CHAPITRE X.

L'INSULTE.

A la porte du banquier, Beauchamp arrêta Morcerf.

— Écoutez, lui dit-il, tout à l'heure je vous ai dit, chez M. Danglars, que c'était à M. de Monte-Christo que vous deviez demander une explication?

— Oui, et nous allons chez lui.

— Un instant, Morcerf; avant d'aller chez le comte, réfléchissez.

— A quoi voulez-vous que je réfléchisse ?

— A la gravité de la démarche.

— Est-elle plus grave que d'aller chez M. Danglars?

— Oui; M. Danglars était un homme d'argent, et, vous le savez, les hommes d'argent savent trop le capital qu'ils risquent pour se battre facilement. L'autre, au contraire, est un gentilhomme, en apparence du moins; mais ne craignez-vous pas, sous le gentilhomme, de rencontrer le bravo ?

— Je ne crains qu'une chose, c'est de trouver un homme qui ne se batte pas.

— Oh ! soyez tranquille, dit Beauchamp, celui-là se battra. J'ai même peur d'une chose, c'est qu'il ne se batte trop bien; prenez garde!

— Ami, dit Morcerf avec un beau sourire, c'est ce que je demande; et ce qui peut m'arriver de plus heureux, c'est d'être tué pour mon père; cela nous sauvera tous

— Votre mère en mourra !

— Pauvre mère! dit Albert en passant la main sur ses yeux, je le sais bien, mais mieux vaut qu'elle meure de cela que de mourir de honte.

— Vous êtes bien décidé, Albert?

— Oui.

— Allez donc! Mais croyez-vous que nous le trouvions !

— Il devait revenir quelques heures après moi, et, certainement, il sera revenu.

Ils montèrent et se firent conduire avenue des Champs-Élysées, n° 30.

Beauchamp voulait descendre seul, mais Albert lui fit observer que cette affaire, sortant des règles ordinaires, lui permettait de s'écarter de l'étiquette du duel.

Le jeune homme agissait dans tout ceci pour une cause si sainte, que Beauchamp n'avait autre chose à faire qu'à se prêter à toutes ses volontés.

Il céda donc à Morcerf et se contenta de le suivre.

Albert ne fit qu'un bond de la loge du concierge au perron.

Ce fut Baptistin qui le reçut.

Le comte venait d'arriver effectivement, mais il était au bain, et avait défendu de recevoir qui que ce fût au monde.

— Mais après le bain? demanda Morcerf.

— Monsieur dînera.

— Et après le dîner?

— Monsieur dormira une heure.

— Ensuite?

— Ensuite il ira à l'Opéra.

— Vous en êtes sûr? demanda Albert.

— Parfaitement sûr; monsieur a commandé ses chevaux pour huit heures précises.

— Fort bien ! répliqua Albert; voilà tout ce que je voulais savoir

Puis se retournant vers Beauchamp :

— Si vous avez quelque chose à faire, Beauchamp, faites tout de suite; si vous aviez rendez-vous ce soir, remettez-le à demain. Vous comprenez que je compte sur vous pour aller à l'Opéra. Si vous le pouvez, amenez-moi Château-Renaud.

Beauchamp profita de la permission et quitta Albert après lui avoir promis de le venir prendre à huit heures moins un quart.

Rentré chez lui, Albert prévint Franz, Debray et Morrel du désir qu'il avait de les voir le soir même à l'Opéra.

Puis il alla visiter sa mère, qui, depuis les événements de la veille, avait fait défendre sa porte et gardait la chambre.

Il la trouva au lit, écrasée par la douleur de cette humiliation publique.

La vue d'Albert produisit sur Mercédès l'effet qu'on en pouvait attendre.

Elle serra la main de son fils et éclata en sanglots.

Elle serra la main de son fils et éclata en sanglots. — Page 68.

Cependant ces larmes la soulagèrent.

Albert demeura un instant debout et muet près du visage de sa mère.

On voyait, à son visage pâle et à ses sourcils froncés, que sa résolution de vengeance s'émoussait de plus en plus dans son cœur.

— Ma mère, répondit Albert, est-ce que vous connaissez quelque ennemi à M. de Morcerf?

Mercédès tressaillit

Elle avait remarqué que le jeune homme n'avait pas dit : — A mon père.

— Mon ami, dit-elle, les gens dans la position du comte ont beaucoup d'ennemis qu'ils ne connaissent point. D'ailleurs, les ennemis qu'on connaît ne sont point, vous le savez, les plus dangereux.

— Oui, je sais cela; aussi j'en appelle à toute votre perspicacité. Ma mère, vous êtes une femme si supérieure, que rien ne vous échappe, à vous!

— Pourquoi me dites-vous cela?

— Parce que vous aviez remarqué, par exemple, que, le soir du bal que nous avons donné, M. de Monte-Christo n'avait rien voulu prendre chez nous.

Mercédès, se soulevant toute tremblante sur son bras brûlé par la fièvre :

— M. de Monte-Christo ! s'écria-t-elle, et quel rapport cela aurait-il avec la question que vous me faites?

— Vous le savez, ma mère, M. de Monte-Christo est presque un homme d'Orient, et les Orientaux, pour conserver toute liberté de vengeance, ne mangent ni ne boivent jamais chez leurs ennemis.

— M. de Monte-Christo, notre ennemi, dites-vous, Albert? reprit Mercédès en devenant plus pâle que le drap qui la couvrait. Qui vous a dit cela? Pourquoi? Vous êtes fou, Albert. M. de Monte-Christo n'a eu pour nous que des politesses. M. de Monte-Christo vous a sauvé la vie; c'est vous-même qui nous l'avez présenté. Oh! je vous en prie, mon fils! si vous aviez une pareille idée, écartez-la, et, si j'ai une recommandation à vous faire, je dirai plus, si j'ai une prière à vous adresser, tenez-vous bien avec lui.

— Ma mère, répliqua le jeune homme avec un sombre regard, vous avez vos raisons pour me dire de ménager cet homme.

— Moi! s'écria Mercédès, rougissant avec la même rapidité qu'elle avait pâli et redevenant presque aussitôt plus pâle encore qu'auparavant.

— Oui, sans doute, et cette raison, n'est-ce pas, reprit Albert, est que cet homme ne peut nous faire du mal?

Mercédès frissonna, et attachant sur son fils un regard scrutateur :

— Vous me parlez étrangement, dit-elle à Albert, et vous avez de singulières préventions, ce me semble. Que vous a donc fait le comte? Il y a trois jours, vous étiez avec lui en Normandie; il y a trois jours, je le regardais et vous le regardiez vous-même comme votre meilleur ami.

Un sourire ironique effleura les lèvres d'Albert.

Mercédès vit ce sourire, et, avec son double instinct de femme et de mère, elle devina tout; mais, prudente et forte, elle cacha son trouble et ses frémissements.

Albert laissa tomber la conversation, au bout d'un instant, la comtesse la renoua.

— Vous veniez me demander comment j'allais, dit-elle, je vous répondrai franchement, mon ami, que je ne me sens pas bien. Vous devriez vous installer ici, Albert, vous me tiendriez compagnie; j'ai bien besoin ne n'être pas seule.

— Ma mère, dit le jeune homme, je serais à vos ordres, et vous savez avec quel bonheur, si une affaire pressée et importante ne me forçait à vous quitter toute la soirée.

— Ah! fort bien, répondit Mercédès avec un soupir; allez, Albert, je ne veux point vous rendre esclave de votre piété filiale.

Albert fit semblant de ne point entendre, salua sa mère et sortit.

A peine le jeune homme eut-il refermé la porte, que Mercédès fit appeler un domestique de confiance et lui ordonna de suivre Albert partout où il irait dans la soirée, et de lui en venir rendre compte à l'instant même.

Puis elle sonna sa femme de chambre, et, si faible qu'elle fût, se fit habiller pour être prête à tout événement.

La mission donnée au laquais n'était pas difficile à exécuter.

Albert rentra chez lui et s'habilla avec une sorte de recherche sévère.

A huit heures moins dix minutes, Beauchamp arriva.

Il avait vu Château-Renaud, lequel avait promis de se trouver à l'orchestre avant le lever du rideau.

Tous deux montèrent dans le coupé d'Albert, qui, n'ayant aucune raison de cacher où il allait, dit tout haut

— A l'Opéra.

Dans son impatience, il avait devancé le lever du rideau.

Château-Renaud était à sa stalle.

Prévenu de tout par Beauchamp, Albert n'avait aucune explication à lui donner.

La conduite de ce fils cherchant à venger son père était si simple, que Château-Renaud ne tenta en rien de le dissuader, et se contenta de lui renouveler l'assurance qu'il était à sa disposition.

Debray n'était pas encore arrivé, mais Albert savait qu'il manquait rarement une représentation de l'Opéra.

Albert erra dans le théâtre jusqu'au lever du rideau.

Il espérait rencontrer Monte-Christo, soit dans le couloir, soit dans l'escalier.

La sonnette l'appela à sa place, et il vint s'asseoir à l'orchestre entre Château-Renaud et Beauchamp.

Mais ses yeux ne quittaient pas cette loge d'entre-colonnes, qui, pendant tout le premier acte, semblait s'obstiner à rester fermée.

Enfin, comme Albert, pour la centième fois, interrogeait sa montre, au commencement du deuxième acte, la porte de la loge s'ouvrit, et Monte-Christo, vêtu de noir, entra et s'appuya à la rampe pour regarder dans la salle.

Morrel le suivait, cherchant des yeux sa sœur et son beau-frère.

Il les aperçut dans une loge du second rang, et leur fit signe.

Le comte, en jetant son coup d'œil circulaire dans la salle, aperçut une tête pâle et des yeux étincelants qui semblaient attirer avidement ses regards.

Il reconnut bien Albert, mais l'expression qu'il remarqua sur ce visage bouleversé lui conseilla sans doute de ne point l'avoir remarqué.

Sans faire donc aucun mouvement qui décelât sa pensée, il s'assit, tira son binocle de son étui, et lorgna d'un autre côté.

Mais, sans paraître voir Albert, le comte ne le perdait pas de vue, et, lorsque la toile tomba sur la fin du second acte, son coup d'œil infaillible et sûr suivit le jeune homme sortant de l'orchestre et accompagné de ses deux amis.

Puis, la même tête reparut aux carreaux d'une première loge, en face de la sienne.

Le comte sentait venir à lui la tempête, et, lorsqu'il entendit la clef tourner dans la serrure de sa loge, quoiqu'il parlât en ce moment même à Morrel avec son visage le plus riant, le comte savait à quoi s'en tenir, et il s'était préparé à tout.

La porte s'ouvrit.

Seulement alors Monte-Christo se retourna et aperçut Albert livide et tremblant.

Derrière lui étaient Beauchamp et Château-Renaud.

— Tiens! s'écria-t-il avec cette bienveillante politesse qui distinguait d'habitude son salut des banales civilités du monde; voilà mon cavalier arrivé au but. Bonsoir, monsieur de Morcerf.

Et le visage de cet homme, si singulièrement maître de lui-même, exprimait la plus parfaite cordialité.

Morrel alors se rappela seulement la lettre qu'il avait reçue du vicomte, et dans laquelle, sans autre explication, celui-ci le priait de se trouver à l'Opéra, et il comprit qu'il allait se passer quelque chose de terrible.

—Nous ne venons point ici pour échanger d'hypocrites politesses ou de faux semblants d'amitié, dit le jeune homme; nous venons vous demander une explication, monsieur le comte.

La voix tremblante du jeune homme avait peine à passer entre ses dents serrées.

—Une explication à l'Opéra? dit le comte avec ce ton si calme et avec ce coup d'œil si pénétrant, qu'on reconnaît à ce double caractère l'homme éternellement sûr de lui-même. Si peu familier que je sois avec les habitudes parisiennes, je n'aurais pas cru, monsieur, que ce fût là que les explications se demandaient.

— Cependant, lorsque les gens se font céler, dit Albert, lorsqu'on ne peut pénétrer jusqu'à eux, sous prétexte qu'ils sont au bain, à la table ou au lit, il faut bien s'adresser là où on les rencontre.

— Je ne suis pas difficile à rencontrer, dit Monte-Christo, car hier encore, monsieur, si j'ai bonne mémoire, vous étiez chez moi.

— Hier, monsieur, dit le jeune homme, dont la tête s'embarrassait, j'étais chez vous parce que j'ignorais qui vous étiez.

Et, en prononçant ces paroles, Albert avait élevé la voix de manière à ce que les personnes placées dans les loges voisines l'entendissent, ainsi que celles qui passaient dans le couloir.

Aussi les personnes des loges se retournèrent-elles, et celles du couloir s'arrêtèrent-elles derrière Beauchamp et Château-Renaud au bruit de cette altercation.

— D'où sortez-vous donc, monsieur? dit Monte-Christo sans la moindre émotion apparente. Vous ne semblez pas jouir de votre bon sens.

— Pourvu que je comprenne vos perfidies, monsieur, et que je parvienne à vous faire comprendre que je veux m'en venger, je serai toujours assez raisonnable, dit Albert furieux.

— Monsieur, je ne vous comprends point, répliqua Monte-Christo, et, quand même je vous comprendrais, vous n'en parleriez encore que trop haut. Je suis ici chez moi, monsieur, et moi seul ai le droit d'y élever la voix au-dessus des autres. Sortez, monsieur!

Et Monte-Christo montra la porte à Albert avec un geste admirable de commandement.

— Ah! je vous en ferai bien sortir de chez vous! reprit Albert en froissant dans ses mains convulsives son gant, que le comte ne perdait pas de vue.

— Bien! bien! dit flegmatiquement Monte-Christo, vous me cherchez querelle, monsieur, je vois cela; mais un conseil, vicomte, et retenez-le bien : — C'est une coutume mauvaise que de faire du bruit en provoquant. Le bruit ne va pas à tout le monde, monsieur de Morcerf.

A ce nom, un murmure d'étonnement passa comme un frisson parmi les auditeurs de cette scène.

Depuis la veille, le nom de Morcerf était dans toutes les bouches.

Albert, mieux que tous, et le premier de tous, comprit l'allusion, et fit un geste pour lancer son gant au visage du comte; mais Morrel lui saisit le poignet, tandis que Beauchamp et Château-Renaud, craignant que la scène ne dépassât la limite d'une provocation, le retenaient par derrière.

Mais Monte-Christo, sans se lever, en inclinant sa chaise, étendit la main seulement, et saisissant entre les doigts crispés du jeune homme le gant humide et écrasé :

— Monsieur! dit-il avec un accent terrible, je tiens votre gant pour jeté, et je vous l'enverrai roulé autour d'une balle. Maintenant, sortez de chez moi, ou j'appelle mes domestiques, et je vous fais jeter à la porte.

Ivre, effaré, les yeux sanglants, Albert fit deux pas en arrière.

Morrel en profita pour refermer la porte.

Monte-Christo reprit sa jumelle et se remit à

— Je suis ici chez moi, sortez, monsieur! — PAGE 71.

lorgner comme si rien d'extraordinaire ne venait de se passer.

Cet homme avait un cœur de bronze et un visage de marbre.

Morrel se pencha à son oreille.

— Que lui avez-vous fait? dit-il.

— Moi? rien; personnellement du moins, dit Monte-Christo.

— Cependant cette scène étrange doit avoir une cause?

— L'aventure du comte de Morcerf exaspère le malheureux jeune homme.

— Y êtes-vous donc pour quelque chose?

— C'est par Haydée que la Chambre a été instruite de la trahison de son père.

— En effet, dit Morrel, on m'a dit, mais je n'avais pas voulu le croire, que cette esclave grecque que j'ai vue avec vous ici, dans cette loge même, était la fille d'Ali-Pacha; mais je n'ai point voulu le croire.

— C'est la vérité cependant.

— Oh! mon Dieu! dit Morrel, je comprends tout alors, et cette scène était préméditée.

— Comment cela?

Ali apporta la boîte à son maitre. — PAGE 73.

— Oui, Albert m'a écrit de me trouver ce soir à l'Opéra; c'était pour me rendre témoin de l'insulte qu'il voulait vous faire.

— Probablement, dit Monte-Christo avec son imperturbable tranquillité.

— Mais que ferez-vous de lui?

— De qui?

— D'Albert.

— D'Albert? reprit Monte-Christo du même ton, ce que j'en ferai, Maximilien? Aussi vrai que vous êtes ici et que je vous serre la main, je le tuerai demain avant dix heures du matin. Voilà ce que j'en ferai.

Morrel, à son tour, prit la main de Monte-Christo dans les deux siennes, et il frémit en sentant cette main froide et calme.

— Ah! comte, dit-il, son père l'aime tant!

— Ne me dites pas ces choses-là! s'écria Monte-Christo avec le premier mouvement de colère qu'il eût paru éprouver; je le ferais souffrir!

Morrel, stupéfait, laissa retomber la main de Monte-Christo.

— Comte! comte! dit-il.

— Cher Maximilien, interrompit le comte, écoutez de quelle adorable façon Duprez chante cette phrase :

O Mathilde! idole de mon âme.

Tenez, j'ai deviné le premier Duprez à Naples, et j'ai applaudi le premier. Bravo! bravo!

Morrel comprit qu'il n'y avait plus rien à dire, et il attendit.

La toile, qui s'était levée à la fin de la scène d'Albert, retomba presque aussitôt.

On frappa à la porte.

— Entrez, dit Monte-Christo sans que sa voix décelât la moindre émotion.

Beauchamp parut.

— Bonsoir, monsieur Beauchamp, dit Monte-Christo, comme s'il voyait le journaliste pour la première fois de la soirée; asseyez-vous donc.

Beauchamp salua, entra et s'assit.

— Monsieur, dit-il à Monte-Christo, j'accompagnais tout à l'heure, comme vous avez pu le voir, M. de Morcerf.

— Ce qui veut dire, reprit Monte-Christo en riant, que vous venez probablement de dîner ensemble. Je suis heureux de voir, monsieur Beauchamp, que vous êtes plus sobre que lui.

— Monsieur, dit Beauchamp, Albert a eu, j'en conviens, le tort de s'emporter, et je viens, pour mon propre compte, vous faire des excuses. Maintenant que mes excuses sont faites, les miennes, entendez-vous, monsieur le comte? je viens vous dire que je vous crois trop galant homme pour refuser de me donner quelque explication au sujet de vos relations avec les gens de Janina; puis j'ajouterai deux mots sur cette jeune Grecque.

Monte-Christo fit de la lèvre et des yeux un petit geste qui commandait le silence.

— Allons! ajouta-t-il en riant, voilà toutes mes espérances détruites.

— Comment cela? demanda Beauchamp.

— Sans doute, vous vous empressez de me faire une réputation d'excentricité : je suis, selon vous, un Lara, un Manfred, un lord Ruthwen; puis, le moment de me voir excentrique passé, vous gâtez votre type, vous essayez de faire de moi un homme banal. Vous me voulez commun, vulgaire; vous me demandez des explications, enfin. Allons donc! monsieur Beauchamp, vous voulez rire.

— Cependant, reprit Beauchamp avec hauteur, il est des occasions où la probité commande...

— Monsieur Beauchamp, interrompit l'homme étrange, ce qui commande à M. le comte de Monte-Christo c'est M. le comte de Monte-Christo. Ainsi donc, pas un mot de tout cela, s'il vous plaît. Je fais ce que je veux, monsieur Beauchamp, et, croyez-moi, c'est toujours fort bien fait.

— Monsieur, répondit le jeune homme, on ne paye pas d'honnêtes gens avec cette monnaie; il faut des garanties à l'honneur.

— Monsieur, je suis une garantie vivante, reprit Monte-Christo, impassible, mais dont les yeux s'enflammaient d'éclairs menaçants. Nous avons tous deux dans les veines du sang que nous avons envie de verser, voilà notre garantie mutuelle. Reportez cette réponse au vicomte, et dites-lui que demain, avant dix heures, j'aurai vu la couleur du sien.

— Il ne me reste donc, dit Beauchamp, qu'à fixer les arrangements du combat.

— Cela m'est parfaitement indifférent, monsieur, dit le comte de Monte-Christo; il était donc inutile de venir me déranger au spectacle pour si peu de chose. En France, on se bat à l'épée ou au pistolet; aux colonies, on prend la carabine; en Arabie, on a le poignard. Dites à votre client que, quoique insulté, pour être excentrique jusqu'au bout, je lui laisse le choix des armes, et que j'accepterai tout sans discussion, sans conteste; tout, entendez-vous bien? tout, même le combat par voie du sort, ce qui est toujours stupide. Mais moi, c'est autre chose : je suis sûr de gagner.

— Sûr de gagner! répéta Beauchamp en regardant le comte d'un œil effaré.

— Eh! certainement, dit Monte-Christo en haussant légèrement les épaules. Sans cela je ne me battrais pas avec M. de Morcerf. Je le tuerai, il le faut, cela sera. Seulement, par un mot ce soir chez moi, indiquez-moi l'arme et l'heure; je n'aime pas à me faire attendre.

— Au pistolet, à huit heures du matin, au bois de Vincennes, dit Beauchamp, décontenancé, ne sachant pas s'il avait affaire à un fanfaron outrecuidant ou à un être surnaturel.

— C'est bien, monsieur, dit Monte-Christo. Maintenant que tout est réglé, laissez-moi entendre le spectacle, je vous prie, et dites à votre ami Albert de ne pas revenir ce soir : il se ferait tort avec toutes ses brutalités de mauvais goût. Qu'il rentre et qu'il dorme.

Beauchamp sortit tout étonné.

— Maintenant, dit Monte-Christo en se retournant vers Morrel, je compte sur vous, n'est-ce pas?

— Certainement, dit Morrel, et vous pouvez disposer de moi, comte; cependant...

— Quoi?

— Il serait important, comte, que je connusse la véritable cause...

— C'est-à-dire que vous me refusez?

— Non pas.

— La véritable cause, Morrel, dit le comte, ce jeune homme lui-même marche en aveugle et ne la connaît pas. La véritable cause, elle n'est connue que de moi et de Dieu; mais je vous donne ma parole d'honneur, Morrel, que Dieu, qui la connaît, sera pour nous.

— Cela suffit, comte, dit Morrel. Quel est votre second témoin?

— Je ne connais personne à Paris à qui je veuille faire cet honneur, que vous, Morrel, et votre frère Emmanuel. Croyez-vous qu'Emmanuel veuille me rendre ce service?

— Je vous réponds de lui comme de moi, comte.

— Bien! c'est tout ce qu'il me faut. Demain, à sept heures du matin, chez moi, n'est-ce pas?

— Nous y serons.

— Chut! voici la toile qui se lève, écoutons. J'ai l'habitude de ne pas perdre une note de cet opéra; c'est une si adorable musique que celle de *Guillaume Tell!*

CHAPITRE XI.

LA NUIT.

Monsieur de Monte-Christo attendit, selon son habitude, que Duprez eût chanté son fameux *Suivez-moi!* et, alors seulement, il se leva et sortit.

A la porte, Morrel le quitta en renouvelant la promesse d'être chez lui avec Emmanuel le lendemain matin à sept heures précises.

Puis il monta dans son coupé, toujours calme et souriant.

Cinq minutes après il était chez lui.

Seulement il eût fallu ne pas connaître le comte pour se laisser tromper à l'expression avec laquelle il dit en entrant à Ali :

— Ali, mes pistolets à crosse d'ivoire!

Ali apporta la boîte à son maître, et celui-ci se mit à examiner ces armes avec une sollicitude bien naturelle à un homme qui va confier sa vie à un peu de fer et de plomb.

C'étaient des pistolets particuliers que Monte-Christo avait fait faire pour tirer à la cible dans ses appartements. Une capsule suffisait pour chasser la balle, et de la chambre à côté on n'aurait pas pu se douter que le comte, comme on dit en termes de tir, était occupé à s'entretenir la main.

Il en était à emboîter l'arme dans sa main, et à chercher le point de mire sur une petite plaque de tôle qui lui servait de cible, lorsque la porte de son cabinet s'ouvrit et que Baptistin entra.

Mais, avant même qu'il eût ouvert la bouche, le comte aperçut, dans la porte demeurée ouverte, une femme voilée, debout, dans la pénombre de la pièce voisine, et qui avait suivi Baptistin.

Elle avait aperçu le comte le pistolet à la main, elle voyait deux épées sur une table, elle s'élança.

Baptistin consultait son maître du regard.

Le comte fit un signe, Baptistin sortit et referma la porte derrière lui.

— Qui êtes-vous, madame? dit le comte à la femme voilée.

L'inconnue jeta un regard autour d'elle pour s'assurer qu'elle était bien seule; puis, s'inclinant comme si elle eût voulu s'agenouiller, et joignant les mains avec l'accent du désespoir :

— Edmond, dit-elle, vous ne tuerez pas mon fils!

Le comte fit un pas en arrière, jeta un faible cri et laissa tomber l'arme qu'il tenait.

— Quel nom avez-vous prononcé là, madame de Morcerf? dit-il.

— Le vôtre! s'écria-t-elle en rejetant son voile, le vôtre que seule peut-être je n'ai pas oublié. Edmond, ce n'est point madame de Morcerf qui vient à vous, c'est Mercédès.

— Mercédès est morte, madame, dit Monte-Christo, et je ne connais plus personne de ce nom.

— Mercédès vit, monsieur, et Mercédès se souvient, car seule elle vous a reconnu lorsqu'elle vous a vu, et même sans vous voir, à votre voix, Edmond, au seul accent de votre voix, et, depuis ce temps, elle vous suit pas à pas, elle vous surveille, elle vous redoute, et elle n'a pas eu besoin, elle, de chercher la main d'où partait le coup qui frappait M. de Morcerf.

— Fernand, voulez-vous dire, madame, reprit Monte-Christo avec une ironie amère; puisque nous sommes en train de nous rappeler nos noms, rappelons-nous-les tous.

Et Monte-Christo avait prononcé ce nom de Fernand avec une telle expression de haine, que Mercédès sentit le frisson de l'effroi courir par tout son corps.

— Vous voyez bien, Edmond, que je ne me suis pas trompée, s'écria Mercédès, et que j'ai raison de vous dire : Épargnez mon fils!

— Et qui vous a dit, madame, que j'en voulais à votre fils?

— Personne, mon Dieu! mais une mère est douée de la double vue. J'ai tout deviné, je l'ai suivi ce soir à l'Opéra, et, cachée dans une baignoire, j'ai tout vu.

— Alors, si vous avez tout vu, madame, vous avez vu que le fils de Fernand m'a insulté publiquement! dit Monte-Christo avec un calme terrible.

— Oh! par pitié!

— Vous avez vu, continua le comte, qu'il m'eût jeté son gant à la figure, si un de mes amis, M. Morrel, ne lui eût arrêté le bras.

— Écoutez-moi. Mon fils vous a deviné aussi, lui; il vous attribue les malheurs qui frappent son père.

— Madame, dit Monte-Christo, vous confondez : ce ne sont point des malheurs, c'est un châtiment. Ce n'est pas moi qui frappe M. de Morcerf, c'est la Providence qui le punit.

— Et pourquoi vous substituez-vous à la Providence? s'écria Mercédès. Pourquoi vous souvenez-vous quand elle oublie? Que vous importent, à vous, Edmond, Janina et son vizir? Quel tort vous a fait Fernand Mondego en trahissant Ali-Tebelin?

— Aussi, madame, répondit Monte-Christo, tout tout ceci est-il une affaire entre le capitaine franc et la fille de Vasiliki. Cela ne me regarde point, vous avez raison, et, si j'ai juré de me venger, ce n'est ni du capitaine franc ni du comte de Morcerf : c'est du pêcheur Fernand, mari de la Catalane Mercédès.

— Ah! monsieur, s'écria la comtesse, quelle terrible vengeance pour une faute que la fatalité m'a fait commettre! Car la coupable, c'est moi, Edmond, et, si vous avez à vous venger de quelqu'un, c'est de moi, qui ai manqué de force contre votre absence et mon isolement.

— Mais, s'écria Monte-Christo, pourquoi étais-je absent? pourquoi étiez-vous isolée?

— Parce qu'on vous a arrêté, Edmond, parce que vous étiez prisonnier.

— Et pourquoi étais-je arrêté? pourquoi étais-je prisonnier?

— Je l'ignore, dit Mercédès.

— Oui, vous l'ignorez, madame, je l'espère du moins. Eh bien! je vais vous le dire, moi. J'étais arrêté, j'étais prisonnier, parce que, sous la tonnelle de la Réserve, la veille même du jour où je devais vous épouser, un homme, nommé Danglars, avait écrit cette lettre que le pêcheur Fernand se chargea lui-même de mettre à la poste.

Et Monte-Christo, allant à un secrétaire, fit jaillir un tiroir où il prit un papier qui avait perdu sa couleur première, et dont l'encre était devenue couleur de rouille, qu'il mit sous les yeux de Mercédès.

C'était la lettre de Danglars au procureur du roi, que, le jour où il avait payé les deux cent mille francs à M. de Boville, le comte de Monte-Christo,

Murat.

déguisé en mandataire de la maison Thomson et French, avait soustraite au dossier d'Edmond Dantès.

Mercédès lut avec effroi les lignes suivantes :

« Monsieur le procureur du roi est prévenu par un ami du trône et de la religion que le nommé Edmond Dantès, second du navire le *Pharaon*, arrivé ce matin de Smyrne, après avoir touché à Naples et à Porto-Ferrajo, a été chargé par Murat d'une lettre pour l'usurpateur, et, par l'usurpateur, d'une lettre pour le comité bonapartiste de Paris.

« On aura la preuve de ce crime en l'arrêtant, car on trouvera cette lettre ou sur lui, ou chez son père, ou dans sa cabine à bord du *Pharaon.* »

— Oh! mon Dieu! fit Mercédès en passant sa main sur son front mouillé de sueur; et cette lettre...

— Je l'ai achetée deux cent mille francs, madame, dit Monte-Christo ; mais c'est bon marché encore, puisqu'elle me permet aujourd'hui de me disculper à vos yeux.

— Et le résultat de cette lettre?

— Vous le savez, madame, a été mon arrestation ; mais, ce que vous ne savez pas, madame, c'est le temps qu'elle a duré, cette arrestation. Ce que vous ne savez pas, c'est que je suis resté quatorze ans à un quart de lieue de vous, dans un cachot du château d'If. Ce que vous ne savez pas, c'est que chaque jour de ces quatorze ans j'ai renouvelé le vœu de vengeance que j'avais fait le premier jour; et, cependant, j'ignorais que vous aviez épousé Fernand, mon dénonciateur, et que mon père était mort, et mort de faim !

— Juste Dieu ! s'écria Mercédès chancelante.

— Mais voilà ce que j'ai su en sortant de prison, quatorze ans après y être entré, et voilà ce qui fait que, sur Mercédès vivante et sur mon père mort, j'ai juré de me venger de Fernand, et... et je me venge.

— Et vous êtes sûr que le malheureux Fernand a fait cela?

— Sur mon âme, madame, et il l'a fait comme je vous le dis ; d'ailleurs, ce n'est pas beaucoup plus odieux que d'avoir, Français d'adoption, passé aux Anglais ; Espagnol de naissance, avoir combattu contre les Espagnols ; stipendiaire d'Ali, trahi et assassiné Ali. En face de pareilles choses, qu'était-ce que la lettre que vous venez de lire? une mystification galante que doit pardonner, je l'avoue et le comprends, la femme qui a épousé cet homme, mais que ne pardonne pas l'amant qui devait l'épouser. Eh bien ! les Français ne se sont pas vengés du traître; les Espagnols n'ont pas fusillé le traître; Ali, couché dans sa tombe, a laissé impuni le traître ; mais moi, trahi, assassiné, jeté aussi dans une tombe, je suis sorti de cette tombe par la grâce de Dieu, je dois à Dieu de me venger ; il m'envoie pour cela, et me voici.

La pauvre femme laissa retomber sa tête et ses mains ; ses jambes plièrent sous elle, et elle tomba à genoux.

— Pardonnez, Edmond, dit-elle, pardonnez pour moi, qui vous aime encore !

La dignité de l'épouse arrêta l'élan de l'amante et de la mère.

Son front s'inclina presque à toucher le tapis.

Le comte s'élança au-devant d'elle et la releva.

Alors, assise sur un fauteuil, elle put, à travers ses larmes, regarder le mâle visage de Monte-Christo, sur lequel la douleur et la haine imprimaient encore un caractère menaçant.

— Que je n'écrase pas cette race maudite ! murmura-t-il ; que je désobéisse à Dieu, qui m'a suscité pour sa punition ! Impossible, madame, impossible !...

— Edmond, dit la pauvre mère essayant de tous les moyens ; mon Dieu ! quand je vous appelle Edmond, pourquoi ne m'appelez-vous pas Mercédès?

— Mercédès ! répéta Monte-Christo ; Mercédès ! Eh bien ! oui, vous avez raison, ce nom m'est doux encore à prononcer, et voilà la première fois, depuis bien longtemps, qu'il retentit si clairement au sortir de mes lèvres. Oh ! Mercédès ! votre nom, je l'ai prononcé avec les soupirs de la mélancolie, avec les gémissements de la douleur, avec le râle du désespoir ; je l'ai prononcé, glacé par le froid, accroupi sur la paille de mon cachot ; je l'ai prononcé, dévoré par la chaleur, en me roulant sur les dalles de ma prison. Mercédès, il faut que je me venge, car quatorze ans j'ai souffert, quatorze ans j'ai pleuré, j'ai maudit ; maintenant, je vous le dis, Mercédès, il faut que je me venge !

Et le comte, tremblant de céder aux prières de celle qu'il avait tant aimée, appelait ses souvenirs au secours de sa haine.

— Vengez-vous ! Edmond ! s'écria la pauvre mère, mais vengez-vous sur les coupables ; vengez-vous sur lui, vengez-vous sur moi, mais ne vous vengez pas sur mon fils !

— Il est écrit dans le Livre saint, répondit Monte-Christo : « Les fautes des pères retomberont sur les enfants jusqu'à la troisième et quatrième génération. » Puisque Dieu a dicté ces propres paroles à son prophète, pourquoi serais-je meilleur que Dieu?

— Parce que Dieu a le temps et l'éternité, ces deux choses qui échappent aux hommes.

Monte-Christo poussa un soupir qui ressemblait à un rugissement, et saisit ses beaux cheveux à pleines mains.

— Edmond, continua Mercédès les bras tendus vers le comte, Edmond, depuis que je vous connais, j'ai adoré votre nom, j'ai respecté votre mémoire. Edmond, mon ami, ne me forcez pas de ternir cette image noble et pure reflétée sans cesse dans le miroir de mon cœur. Edmond, si vous saviez toutes les prières que j'ai adressées pour vous à Dieu, tant que je vous ai espéré vivant et depuis que je vous ai cru mort ! Oui, mort, hélas ! Je croyais votre cadavre enseveli au fond de quelque sombre tour ; je croyais votre corps précipité au fond de quelqu'un de ces abîmes où les geôliers laissent rouler les prisonniers morts, et je pleurais ! Moi, que pouvais-je pour vous, Edmond, sinon prier ou pleurer? Écoutez-moi ; pendant dix ans j'ai fait chaque nuit le même rêve. On a dit que vous aviez voulu fuir, que vous aviez pris la place d'un prisonnier, que vous vous étiez glissé dans le suaire d'un mort, et qu'alors on avait lancé le cadavre vivant du haut en bas du château d'If, et que le cri que vous aviez poussé en vous brisant sur les rochers avait seul révélé la substitution à vos ensevelisseurs devenus vos bourreaux.

Eh bien! Edmond, je vous le jure sur la tête de ce fils pour lequel je vous implore, Edmond, pendant dix ans j'ai vu chaque nuit des hommes qui balançaient quelque chose d'informe et d'inconnu au haut d'un rocher; pendant dix ans j'ai, chaque nuit, entendu un cri terrible qui m'a réveillée frissonnante et glacée. Et moi aussi, Edmond, oh! croyez-moi, toute criminelle que je fus, oh! oui, moi aussi, j'ai bien souffert!

— Avez-vous senti mourir votre père en votre absence? s'écria Monte-Christo en enfonçant ses mains dans ses cheveux; avez-vous vu la femme que vous aimiez tendre sa main à votre rival, tandis que vous râliez au fond du gouffre?

— Non, interrompit Mercédès; mais j'ai vu celui que j'aimais prêt à devenir le meurtrier de mon fils!

Mercédès prononça ces paroles avec une douleur si puissante, avec un accent si désespéré, qu'à ces paroles et à cet accent un sanglot déchira la gorge du comte.

Le lion était dompté; le vengeur était vaincu.

— Que demandez-vous? dit-il, que votre fils vive? Eh bien! il vivra!

Mercédès jeta un cri qui fit jaillir deux larmes des paupières de Monte-Christo; mais ces deux larmes disparurent presque aussitôt, car sans doute Dieu avait envoyé quelque ange pour les recueillir, bien autrement précieuses qu'elles étaient aux yeux du Seigneur que les plus riches perles de Guzarate et d'Ophir.

— Oh! s'écria-t-elle en saisissant la main du comte et en la portant à ses lèvres, oh! merci, merci, Edmond! te voilà bien tel que je t'ai toujours rêvé, tel que je t'ai toujours aimé. Oh! maintenant, je puis le dire.

— D'autant mieux, répondit Monte-Christo, que le pauvre Edmond n'aura pas longtemps à être aimé par vous. Le mort va rentrer dans la tombe, le fantôme va rentrer dans la nuit.

— Que dites-vous, Edmond?

— Je dis que, puisque vous l'ordonnez, Mercédès, il faut mourir.

— Mourir! Et qui est-ce qui dit cela? Qui parle de mourir? D'où vous reviennent ces idées de mort?

— Vous ne supposez pas qu'outragé publiquement, en face de toute une salle, en présence de vos amis et de ceux de votre fils, provoqué par un enfant qui se glorifiera de mon pardon comme d'une victoire; vous ne supposez pas, dis-je, que j'aie un instant le désir de vivre. Ce que j'ai le plus aimé après vous, Mercédès, c'est moi-même, c'est-à-dire ma dignité, c'est-à-dire cette force qui me rendait supérieur aux autres hommes; cette force, c'était ma vie. D'un mot, vous la brisez. Je meurs.

— Mais ce duel n'aura pas lieu, Edmond, puisque vous pardonnez.

— Il aura lieu, madame, dit solennellement Monte-Christo; seulement, au lieu du sang de votre fils que devait boire la terre, ce sera le mien qui coulera.

Mercédès poussa un grand cri et s'élança vers Monte-Christo, mais tout à coup elle s'arrêta.

— Edmond, dit-elle, il y a un Dieu au-dessus de nous, puisque vous vivez, puisque je vous ai revu, et je me fie à lui du plus profond de mon cœur. En attendant son appui, je me repose sur votre parole. Vous avez dit que mon fils vivrait; il vivra, n'est-ce pas?

— Il vivra, oui, madame, dit Monte-Christo étonné que, sans autre exlamation, sans autre surprise, Mercédès eût accepté l'héroïque sacrifice qu'il lui faisait.

Mercédès tendit la main au comte.

— Edmond, dit-elle, tandis que ses yeux se mouillaient de larmes en regardant celui auquel elle adressait la parole, comme c'est beau de votre part, comme c'est grand ce que vous venez de faire là! Comme c'est sublime d'avoir eu pitié d'une pauvre femme qui s'offrait à vous avec toutes les chances contraires à ses espérances! Hélas! je suis vieillie par les chagrins plus encore que par l'âge, et je ne puis même plus rappeler à mon Edmond par un sourire, par un regard, cette Mercédès qu'autrefois il a passé tant d'heures à contempler. Ah! croyez-moi, Edmond, je vous ai dit que moi aussi j'avais bien souffert; je vous le répète, cela est bien lugubre de voir passer sa vie sans se rappeler une seule joie, sans conserver une seule espérance; mais cela prouve que tout n'est point fini sur la terre. Non! tout n'est pas fini, je le sens à ce qui me reste encore dans le cœur. Oh! je vous le répète, Edmond, c'est beau, c'est grand, c'est sublime, de pardonner comme vous venez de le faire!

— Vous dites cela, Mercédès, et que diriez-vous donc si vous saviez l'étendue du sacrifice que je vous fais? Supposez que le Maître suprême, après avoir créé le monde, après avoir fertilisé le chaos, se fût arrêté au tiers de la création pour épargner à un ange les larmes que nos crimes devaient faire couler un jour de ses yeux immortels, supposez qu'après avoir tout préparé, tout pétri, tout fécondé, au moment d'admirer son œuvre, Dieu ait éteint le soleil et repoussé du pied le monde dans la nuit éternelle, alors vous aurez une idée, au plutôt non, non! vous ne pourrez pas encore vous faire une idée de ce que je perds en perdant la vie en ce moment.

Mercédès regarda le comte d'un air qui peignait à la fois son étonnement, son admiration et sa reconnaissance.

Monte-Christo appuya son front sur ses mains brûlantes, comme si son front ne pouvait plus porter seul le poids de ses pensées.

— Edmond, dit Mercédès, je n'ai plus qu'un mot à vous dire.

Le comte sourit amèrement.

— Oh ! merci ! s'écria-t-elle en portant la main du comte à ses lèvres. — Page 79.

— Edmond, continua-t-elle, vous verrez que si mon front est pâli, que si mes yeux sont éteints, que si ma beauté est perdue, que si Mercédès enfin ne ressemble plus à elle-même pour les traits du visage, vous verrez que c'est toujours le même cœur !... Adieu donc, Edmond; je n'ai plus rien à demander au ciel... Je vous ai revu aussi noble et aussi grand qu'autrefois. Adieu, Edmond... adieu et merci !

Mais le comte ne répondit pas

Mercédès ouvrit la porte du cabinet, et elle avait disparu avant qu'il ne fût revenu de la rêverie douloureuse et profonde où sa vengeance perdue l'avait plongé.

Une heure sonnait à l'horloge des Invalides quand la voiture qui emportait madame de Morcerf, en roulant sur le pavé des Champs-Élysées, fit relever la tête au comte de Monte-Christo.

— Insensé, dit-il, le jour où j'avais résolu de me venger, de ne m'être pas arraché le cœur !

— Haydée, dit-il, vous avez lu? — Page 83.

CHAPITRE XII.

LA RENCONTRE.

près le départ de Mercédès, tout retomba dans l'ombre chez Monte-Christo. Autour de lui et au dedans de lui sa pensée s'arrêta; son esprit énergique s'endormit comme fait le corps après une suprême fatigue.

— Quoi! se disait-il, tandis que la lampe et les bougies se consumaient tristement et que les serviteurs attendaient avec impatience dans l'antichambre; quoi! voilà l'édifice si lentement préparé, élevé avec tant de peines et de soucis, écroulé d'un seul coup, avec un seul mot, sous un souffle! Eh quoi! ce moi que je croyais quelque chose, ce moi dont j'étais si fier; ce moi que j'avais vu si petit dans les cachots du château d'If, et que j'avais su rendre si grand, sera demain un peu de poussière! Hélas! ce n'est point la mort du corps que je regrette : cette destruction du principe vital n'est-elle point le repos où tout tend, où tout malheureux aspire, ce calme de la matière après lequel j'ai soupiré si longtemps, au-devant duquel je m'acheminais par la route douloureuse de la faim, quand Faria est apparu dans mon cachot? Qu'est-ce que la mort pour moi? Un degré de plus dans le calme et deux peut-être dans le silence. Non, ce n'est donc pas l'existence que je regrette, c'est la ruine de mes projets si lentement élaborés, si laborieusement bâtis. La Providence, que j'avais cru pour eux, était donc contre eux! Dieu ne voulait donc pas qu'ils s'accomplissent.

Ce fardeau que j'ai soulevé, presque aussi pesant qu'un monde, et que j'avais cru pouvoir porter jusqu'au bout, était selon mon désir, et non selon ma force; selon ma volonté, et non selon mon pouvoir, et il me la faudra déposer à peine à moitié de ma course.

Oh! je redeviendrai donc fataliste, moi que quatorze ans de désespoir et dix ans d'espérance avaient rendu providentiel!

Et tout cela, mon Dieu! parce que mon cœur, que je croyais mort, n'était qu'engourdi; parce qu'il s'est réveillé, parce qu'il a battu, parce que j'ai cédé à la douleur de ce battement soulevé du fond de ma poitrine par la voix d'une femme!

Et cependant, continua le comte, s'abîmant de plus en plus dans les prévisions de ce lendemain terrible qu'avait accepté Mercédès; cependant il est impossible que cette femme, qui est un si noble cœur, ait ainsi par égoïsme consenti à me laisser tuer, moi plein de force et d'existence!

Il est impossible qu'elle pousse à ce point l'amour, ou plutôt le délire maternel!

Il y a des vertus dont l'exagération serait un crime.

Non, elle aura imaginé quelque scène pathétique, elle viendra se jeter entre les épées, et ce sera ridicule sur le terrain, de sublime que c'était ici.

Et la rougeur de l'orgueil montait au front du comte.

— Ridicule! répéta-t-il, et le ridicule rejaillira sur moi..... Moi, ridicule! Allons! j'aime encore mieux mourir.

Et, à force de s'exagérer ainsi d'avance les mauvaises chances du lendemain, auxquelles il s'était condamné en promettant à Mercédès de laisser vivre son fils, le comte s'en vint à se dire :

— Sottise! sottise! sottise! que faire ainsi de la générosité en se plaçant comme un but inerte au bout du pistolet de ce jeune homme! Jamais il ne croira que ma mort est un suicide, et cependant il importe pour l'honneur de ma mémoire (ce n'est point de la vanité, n'est-ce pas, mon Dieu? mais bien un juste orgueil, voilà tout); il importe pour l'honneur de ma mémoire que le monde sache que j'ai consenti moi-même, par ma volonté, de mon libre arbitre, à arrêter mon bras déjà levé pour frapper, et que de ce bras, si puissamment armé contre les autres, je me suis frappé moi-même! Il le faut, je le ferai.

Et, saisissant une plume, il tira un papier de l'armoire secrète de son bureau, et traça au bas de ce papier, qui n'était autre chose que son testament fait depuis son arrivée à Paris, une espèce de codicille dans lequel il faisait comprendre sa mort aux gens les moins clairvoyants.

— Je fais cela, mon Dieu! dit-il, les yeux levés au ciel, autant pour votre honneur que pour le mien. Je me suis considéré, depuis dix ans, ô mon Dieu! comme l'envoyé de votre vengeance, et il ne faut pas que d'autres misérables que ce Morcerf, il ne faut pas qu'un Danglars, un Villefort, il ne faut pas enfin que ce Morcerf lui-même se figurent que le hasard les a débarrassés de leur ennemi. Qu'ils sachent, au contraire, que la Providence, qui avait déjà décrété leur punition, a été corrigée par la seule puissance de ma volonté; que le châtiment évité dans ce monde les attend dans l'autre, et qu'ils n'ont échangé le temps que contre l'éternité.

Tandis qu'il flottait entre ces sombres incertitudes, mauvais rêves de l'homme éveillé par la douleur, le jour vint blanchir les vitres et éclairer sous ses mains le pâle papier azur sur lequel il venait de tracer cette suprême justification de la Providence.

Il était cinq heures du matin.

Tout à coup un léger bruit parvint à son oreille.

Monte-Christo crut avoir entendu quelque chose comme un soupir étouffé.

Il tourna la tête, regarda autour de lui et ne vit personne.

Seulement le bruit se répéta assez distinct pour qu'au doute succédât la certitude.

Alors le comte se leva, ouvrit doucement la porte du salon, et, sur un fauteuil, les bras pendants, sa belle tête pâle et inclinée en arrière, il vit Haydée qui s'était placée en travers de la porte, afin qu'il ne pût sortir sans la voir, mais que le sommeil, si puissant contre la jeunesse, avait surprise après la fatigue d'une si longue veille.

Le bruit que la porte fit en s'ouvrant ne put tirer Haydée de son sommeil.

Monte-Christo arrêta sur elle un regard plein de douceur et de regret.

— Elle s'est souvenue qu'elle avait un fils, dit-il, et moi j'ai oublié que j'avais une fille!

Puis, secouant tristement la tête :

— Pauvre Haydée! dit-il, elle a voulu me voir, elle a voulu me parler, elle a craint ou deviné quelque chose... Oh! je ne puis partir sans lui dire adieu, je ne puis mourir sans la confier à quelqu'un.

Et il regagna doucement sa place et écrivit au bas des premières lignes :

« Je lègue à Maximilien Morrel, capitaine de spahis et fils de mon ancien patron, Pierre Morrel, armateur à Marseille, la somme de vingt millions, dont une partie sera offerte par lui à sa sœur Julie et à son beau-frère Emmanuel, s'il ne croit pas toutefois que ce surplus de fortune doive nuire à leur bonheur.

« Ces vingt millions sont enfouis dans ma grotte de Monte-Christo, dont Bertuccio sait le secret.

« Si son cœur est libre et qu'il veuille épouser Haydée, fille d'Ali, pacha de Janina, que j'ai élevée avec l'amour d'un père et qui a eu pour moi la tendresse d'une fille, il accomplira, je ne dirai point ma dernière volonté, mais mon dernier désir.

« Le présent testament a déjà fait Haydée héritière du reste de ma fortune, consistant en terres, rentes sur l'Angleterre, l'Autriche et la Hollande, mobilier dans mes différents palais et maisons, et qui, ces vingt millions prélevés, ainsi que les différents legs faits à mes serviteurs, pourront monter encore à soixante millions. »

Il achevait d'écrire cette dernière ligne lorsqu'un cri, poussé derrière lui, lui fit tomber la plume des mains.

— Haydée, dit-il, vous avez lu?

En effet, la jeune femme, réveillée par le jour qui avait frappé ses paupières, s'était levée et s'était approchée du comte sans que ses pas légers, assourdis d'ailleurs par le tapis, eussent été entendus.

— Oh! mon seigneur! dit-elle en joignant les mains, pourquoi écrivez-vous ainsi à une pareille heure? Pourquoi me léguez-vous toute votre fortune, mon seigneur? Vous me quittez donc?

— Je vais faire un voyage, cher ange, dit Monte-Christo avec une expression de mélancolie et de tendresse infinies; et s'il m'arrivait malheur...

Le comte s'arrêta.

— Eh bien?... demanda la jeune fille avec un accent d'autorité que le comte ne lui connaissait point et qui le fit tressaillir.

— Eh bien! s'il m'arrive malheur, reprit Monte-Christo, je veux que ma fille soit heureuse.

Haydée sourit tristement en secouant la tête.

— Vous pensez à mourir, mon seigneur? dit-elle.

— C'est une pensée salutaire, mon enfant, a dit le Sage.

— Eh bien! si vous mourez, dit-elle, léguez votre fortune à d'autres, car, si vous mourez... je n'aurai plus besoin de rien.

Et, prenant le papier, elle le déchira en quatre morceaux, qu'elle jeta au milieu du salon.

Puis, cette énergie si peu habituelle à une esclave ayant épuisé ses forces, elle tomba non plus endormie cette fois, mais évanouie sur le parquet.

Monte-Christo se pencha vers elle, la souleva entre ses bras, et, voyant ce beau teint pâli, ces beaux yeux fermés, ce beau corps inanimé et comme abandonné, l'idée lui vint pour la première fois qu'elle l'aimait peut-être autrement que comme une fille aime son père.

— Hélas! murmura-t-il avec un profond découragement, j'aurais donc encore pu être heureux!

Puis il porta Haydée jusqu'à son appartement, la remit, toujours évanouie, aux mains de ses femmes, et, rentrant dans son cabinet, qu'il ferma cette fois vivement sur lui, il recopia le testament détruit.

Comme il achevait, le bruit d'un cabriolet entrant dans la cour se fit entendre.

Monte-Christo s'approcha de la fenêtre et vit Maximilien et Emmanuel.

— Bon! dit-il, il était temps!

Et il cacheta son testament d'un triple cachet.

Un instant après, il entendit un bruit de pas dans le salon, et alla ouvrir lui-même.

Morrel parut sur le seuil.

Il avait devancé l'heure de près de vingt minutes.

— Je viens trop tôt peut-être, monsieur le comte, dit-il; mais je vous avoue franchement que je n'ai pu dormir une minute, et qu'il en a été de même de toute la maison. J'avais besoin de vous voir fort de votre courageuse assurance pour redevenir moi-même.

— Monte-Christo ne put tenir à cette preuve d'affection, et ce ne fut point la main qu'il tendit au jeune homme, mais ses deux bras qu'il lui ouvrit.

— Morrel, lui dit-il d'une voix émue, c'est un beau jour pour moi que celui où je me sens aimé d'un homme comme vous. Bonjour, monsieur Emmanuel. Vous venez donc avec moi, Maximilien?

— Pardieu! dit le jeune capitaine, en aviez-vous douté?

— Mais, cependant, si j'avais tort...

— Écoutez, je vous ai regardé hier pendant toute cette scène de provocation, j'ai pensé à votre assurance toute cette nuit, et je me suis dit que la justice devait être pour vous, ou qu'il n'y avait plus aucun fond à faire sur le visage des hommes.

— Cependant, Morrel, Albert est votre ami?

— Une simple connaissance, comte.

— Vous l'avez vu pour la première fois le jour même que vous m'avez vu.

— Oui, c'est vrai, mais que voulez-vous? il faut que vous me le rappeliez pour que je m'en souvienne.

— Merci, Morrel.

Puis, frappant un coup sur le timbre :

— Tiens, dit-il à Ali qui apparut aussitôt, fais porter cela chez mon notaire. — C'est mon testament, Morrel. Moi mort, vous irez en prendre connaissance.

— Comment! s'écria Morrel, vous mort?...

— Eh! ne faut-il pas tout prévoir, cher ami? Mais qu'avez-vous fait hier après m'avoir quitté?

— J'ai été chez Tortoni, où, comme je m'y attendais, j'ai trouvé Beauchamp et Château-Renaud. Je vous avoue que je les cherchais.

— Pourquoi faire, puisque tout cela était convenu?

— Écoutez, comte, l'affaire est grave, inévitable.

— En doutiez-vous?

— Non, l'offense a été publique, et chacun en parlait déjà.

— Eh bien?

— Eh bien! j'espérais faire changer les armes, substituer l'épée au pistolet. Le pistolet est aveugle.

— Avez-vous réussi? demanda vivement Monte-Christo avec une imperceptible lueur d'espoir.

— Non, car on connaît votre force à l'épée.

— Bah! qui m'a donc trahi?

— Les maîtres d'armes que vous avez battus.

— Et vous avez échoué?

— Ils ont refusé positivement.

— Morrel, dit le comte, m'avez-vous jamais vu tirer le pistolet?

— Jamais.

— Eh bien! nous avons le temps, regardez.

Monte-Christo prit les pistolets qu'il tenait quand Mercédès était entrée, et, collant un as de trèfle contre la plaque, en quatre coups il enleva successivement les quatre branches du trèfle.

A chaque coup, Morrel pâlissait.

Il examina les balles avec lesquelles Monte-Christo exécutait ce tour de force, et il vit qu'elles n'étaient pas plus grosses que des chevrotines.

— C'est effrayant! dit-il; voyez donc, Emmanuel!

Puis, se tournant vers Monte-Christo.

— Comte, dit-il, au nom du ciel! ne tuez pas Albert! le malheureux a une mère!

— C'est juste, dit Monte-Christo, et moi je n'en ai pas.

Ces mots furent prononcés avec un ton qui fit frissonner Morrel.

— Vous êtes l'offensé, comte.

— Sans doute; qu'est-ce que cela veut dire?

— Cela veut dire que vous tirez le premier.

— Je tire le premier?

— Oh! cela je l'ai obtenu ou plutôt exigé; nous leur faisons assez de concessions pour qu'ils nous fissent celle-là.

— Et à combien de pas?

— A vingt.

Un effrayant sourire passa sur les lèvres du comte.

— Morrel, dit-il, n'oubliez pas ce que vous venez de voir.

— Aussi, dit le jeune homme, je ne compte que sur votre émotion pour sauver Albert.

— Moi, ému? dit Monte-Christo.

— Ou sur votre générosité, mon ami; sûr de votre coup comme vous l'êtes, je puis vous dire une chose qui serait ridicule si je la disais à un autre.

— Laquelle?

— Cassez-lui un bras, blessez-le, mais ne le tuez pas.

— Morrel, écoutez encore ceci, dit le comte; je n'ai pas besoin d'être encouragé à ménager M. de Morcerf; M. de Morcerf, je vous l'annonce d'avance, sera si bien ménagé, qu'il reviendra tranquillement avec ses deux amis, tandis que moi...

— Eh bien! vous?

— Oh! c'est autre chose, on me rapportera, moi.

— Allons donc! s'écria Maximilien hors de lui.

— C'est comme je vous l'annonce, mon cher Morrel; M. de Morcerf me tuera.

Morrel regarda le comte en homme qui ne comprend plus.

— Que vous est-il donc arrivé depuis hier soir, comte?

— Ce qui est arrivé à Brutus la veille de la bataille de Philippes : j'ai vu un fantôme.

— Et ce fantôme?

— Ce fantôme, Morrel, m'a dit que j'avais assez vécu.

Maximilien et Emmanuel se regardèrent; Monte-Christo tira sa montre :

— Partons, dit-il, il est sept heures cinq minutes, et le rendez-vous est pour huit heures juste.

Une voiture attendait tout attelée; Monte-Christo y monta avec ses deux témoins.

En traversant le corridor, Monte-Christo s'était arrêté pour écouter devant une porte, et Maximilien et Emmanuel, qui, par discrétion, avaient fait quelques pas en avant, crurent l'entendre répondre à un sanglot par un soupir.

A huit heures sonnant, on était au rendez-vous.

— Nous voici arrivés, dit Morrel en passant la tête par la portière, et nous sommes les premiers.

— Monsieur m'excusera, dit Baptistin, qui avait suivi son maître avec une terreur indicible, mais je crois apercevoir là-bas une voiture sous les arbres.

Monte-Christo sauta légèrement en bas de sa ca-

En quatre coups il enleva successivement les quatre branches du trèfle. — Page 84.

lâche et donna la main à Emmanuel et à Maximilien pour les aider à descendre.

Maximilien retint la main du comte entre les siennes.

— A la bonne heure! dit-il, voici une main comme j'aime la voir à un homme dont la vie repose dans la bonté de sa cause.

— En effet, dit Emmanuel, j'aperçois deux jeunes gens qui se promènent et qui semblent attendre.

Monte-Christo tira Morrel, non pas à part, mais d'un pas ou deux en arrière de son beau-frère.

— Maximilien, lui demanda-t-il, avez-vous le cœur libre?

Morrel regarda Monte-Christo avec étonnement.

— Je ne vous demande pas une confidence, cher ami, je vous adresse une simple question; répondez oui ou non, c'est tout ce que je vous demande.

— J'aime une jeune fille, comte.

— Vous l'aimez beaucoup?

— Plus que ma vie.

— Allons! dit Monte-Christo, voilà encore une espérance qui m'échappe.

Puis, avec un soupir :

— Pauvre Haydée! murmura-t-il.

— En vérité! comte, s'écria Morrel, si je vous connaissais moins, je vous croirais moins brave que vous n'êtes.

— Parce que je pense à quelqu'un que je vais quitter, et que je soupire! Allons donc! Morrel, est-ce à un soldat de se connaître si mal en courage? Est-ce que c'est la vie que je regrette? Qu'est-ce que cela me fait, à moi, qui ai passé vingt ans entre la vie et la mort, de vivre ou de mourir? D'ailleurs, soyez tranquille, Morrel, cette faiblesse, si c'en est une, est pour vous seul. Je sais que le monde est un salon dont il faut sortir poliment et honnêtement, c'est-à-dire en saluant et en payant ses dettes de jeu.

— A la bonne heure! dit Morrel, voilà qui est parler. A propos, avez-vous apporté vos armes?

— Moi! pourquoi faire? J'espère bien que ces messieurs auront les leurs.

— Je vais m'en informer, dit Morrel.

— Oui, mais pas de négociations, vous m'entendez?

— Oh! soyez tranquille.

Morrel s'avança vers Beauchamp et Château-Renaud.

Ceux-ci, voyant le mouvement de Maximilien, firent quelques pas au-devant de lui.

Les trois jeunes gens se saluèrent, sinon avec affabilité, du moins avec courtoisie.

— Pardon! messieurs, dit Morrel, mais je n'aperçois pas M. de Morcerf?

— Ce matin, répondit Château-Renaud, il nous a fait prévenir qu'il nous rejoindrait sur le terrain seulement.

— Ah! fit Morrel.

Beauchamp tira sa montre.

— Huit heures cinq minutes; il n'y a pas de temps de perdu, monsieur Morrel, dit-il.

— Oh! répondit Maximilien, ce n'est point dans cette intention que je le disais.

— D'ailleurs, interrompit Château-Renaud, voici une voiture.

En effet, une voiture s'avançait au grand trot par une des avenues aboutissant au carrefour où l'on se trouvait.

— Messieurs, dit Morrel, sans doute que vous vous êtes munis de pistolets. M. de Monte-Christo déclare renoncer au droit qu'il avait de se servir des siens.

— Nous avons prévu cette délicatesse de la part du comte, monsieur Morrel, répondit Beauchamp, et j'ai apporté des armes, que j'ai achetées il y a huit ou dix jours, croyant que j'en aurais besoin pour une affaire pareille. Elles sont parfaitement neuves et n'ont encore servi à personne Voulez-vous les visiter?

— Oh! monsieur Beauchamp, dit Morrel en s'inclinant, lorsque vous m'assurez que M. de Morcerf ne connaît point ces armes, vous pensez bien, n'est-ce pas, que votre parole me suffit?

— Messieurs, dit Château-Renaud, ce n'était point Morcerf qui nous arrivait dans cette voiture, c'étaient, ma foi! c'étaient Franz et Debray.

En effet, les deux jeunes gens annoncés s'avancèrent.

— Vous ici, messieurs! dit Château-Renaud en échangeant avec chacun une poignée de main; et par quel hasard?

— Parce que, dit Debray, Albert nous a fait prier, ce matin, de nous trouver sur le terrain.

Beauchamp et Château-Renaud se regardèrent d'un air étonné.

— Messieurs, dit Morrel, je crois comprendre.

— Voyons!

— Hier, dans l'après-midi, j'ai reçu une lettre de M. de Morcerf qui me priait de me trouver à l'Opéra.

— Et moi aussi, dit Debray

— Et moi aussi, dit Franz.

— Et nous aussi, dirent Château-Renaud et Beauchamp.

— Il voulait que vous fussiez présents à la provocation, dit Morrel, il veut que vous soyez présents au combat.

— Oui, dirent les jeunes gens, c'est cela, monsieur Maximilien, et, selon toute probabilité, vous avez deviné juste.

— Mais, avec tout cela, murmura Château-Renaud, Albert ne vient pas. Il est en retard de dix minutes.

— Le voilà, dit Beauchamp, il est à cheval; tenez, il vient ventre à terre suivi de son domestique.

— Quelle imprudence, dit Château-Renaud, de venir à cheval pour se battre au pistolet! moi qui lui avais si bien fait la leçon!

— Et puis, voyez, dit Beauchamp, avec un col à sa cravate, avec un habit ouvert, avec un gilet blanc; que ne s'est-il fait tout de suite dessiner une mouche sur l'estomac, c'eût été plus simple et plus tôt fini!

Pendant ce temps, Albert était arrivé à dix pas du groupe que formaient les cinq jeunes gens.

Il arrêta son cheval, sauta à terre, et jeta la bride au bras de son domestique.

Albert s'approcha.

Il était pâle, ses yeux étaient rougis et gonflés.

On voyait qu'il n'avait pas dormi une seconde de toute la nuit.

Il y avait, épandue sur toute sa physionomie,

une nuance de gravité triste qui ne lui était pas habituelle.

— Merci, messieurs, dit-il, d'avoir bien voulu vous rendre à mon invitation; croyez que je vous suis on ne peut plus reconnaissant de cette marque d'amitié.

Morrel, à l'approche de Morcerf, avait fait une dizaine de pas en arrière et se trouvait à l'écart.

— Et vous aussi, monsieur Morrel, dit Albert, mes remercîments vous appartiennent. Approchez donc, vous n'êtes pas de trop.

— Monsieur, dit Maximilien, vous ignorez peut-être que je suis le témoin de M. de Monte-Christo?

— Je n'en étais pas sûr, mais je m'en doutais. Tant mieux! plus il y aura d'hommes d'honneur ici, plus je serai satisfait.

— Monsieur Morrel, dit Château-Renaud, vous pouvez annoncer à M. le comte de Monte-Christo que M. de Morcerf est arrivé et que nous nous tenons à sa disposition.

Morrel fit un mouvement pour s'acquitter de sa commission.

Beauchamp, en même temps, tirait la boîte de pistolets de la voiture.

— Attendez, messieurs, dit Albert, j'ai deux mots à dire à M. le comte de Monte-Christo.

— En particulier? demanda Morrel.

— Non, monsieur, devant tout le monde.

Les témoins d'Albert se regardèrent tout surpris.

Franz et Debray échangèrent quelques paroles à voix basse, et Morrel, joyeux de cet incident inattendu, alla chercher le comte, qui se promenait dans une contre-allée avec Emmanuel.

— Que me veut-il? demanda Monte-Christo.

— Je l'ignore, mais il demande à vous parler.

— Oh! dit Monte-Christo, qu'il ne tente pas Dieu par quelque nouvel outrage!

— Je ne crois pas que ce soit son intention, dit Morrel.

Le comte s'avança, accompagné de Maximilien et d'Emmanuel.

Son visage calme et plein de sérénité faisait une étrange opposition avec le visage bouleversé d'Albert, qui s'approchait de son côté, suivi des quatre jeunes gens.

A trois pas l'un de l'autre, Albert et le comte s'arrêtèrent.

— Messieurs, dit Albert, approchez-vous; je désire que pas un mot de ce que je vais avoir l'honneur de dire à M. le comte de Monte-Christo ne soit perdu; car ce que je vais avoir l'honneur de lui dire doit être répété par vous à qui voudra l'entendre, si étrange que mon discours vous paraisse.

— J'attends, monsieur, dit le comte.

— Monsieur, dit Albert d'une voix tremblante d'abord, mais qui s'assura de plus en plus; monsieur, je vous reprochais d'avoir divulgué la conduite de M. de Morcerf en Épire; car, si coupable que fût M. le comte de Morcerf, je ne croyais pas que ce fût vous qui eussiez le droit de le punir. Mais aujourd'hui, monsieur, je sais que ce droit vous est acquis. Ce n'est point la trahison de Fernand Mondego envers Ali-Pacha qui me rend si prompt à vous excuser, c'est la trahison du pêcheur Fernand envers vous, ce sont les malheurs inouïs qui ont été la suite de cette trahison. Aussi je le dis, aussi je le proclame tout haut: oui, monsieur, vous avez eu raison de vous venger de mon père, et moi, son fils, je vous remercie de n'avoir pas fait plus.

La foudre tombée au milieu des spectateurs de cette scène inattendue ne les eût pas plus étonnés que cette déclaration d'Albert.

Quant à Monte-Christo, ses yeux s'étaient lentement levés au ciel avec une expression de reconnaissance infinie, et il ne pouvait assez admirer comment cette nature fougueuse d'Albert, dont il avait assez connu le courage au milieu des bandits romains, s'était tout à coup pliée à cette subite humiliation.

Aussi reconnut-il l'influence de Mercédès, et comprit-il comment ce noble cœur ne s'était pas opposé au sacrifice qu'elle savait d'avance devoir être inutile.

— Maintenant, monsieur, dit Albert, si vous trouvez que les excuses que je viens de vous faire sont suffisantes, votre main, je vous prie. Après le mérite si rare de l'infaillibilité qui semble être le vôtre, le premier de tous les mérites, à mon avis, est de savoir avouer ses torts. Mais cet aveu me regarde seul. J'agissais bien selon les hommes, mais vous, vous agissiez bien selon Dieu. Un ange seul pouvait sauver l'un de nous de la mort, et l'ange est descendu du ciel, sinon pour faire de nous deux amis, hélàs! la fatalité rend la chose impossible, mais tout au moins deux hommes qui s'estiment.

Monte-Christo, l'œil humide, la poitrine haletante, la bouche entr'ouverte, tendit à Albert une main que celui-ci saisit et pressa avec un sentiment qui ressemblait à un respectueux effroi.

— Messieurs, dit-il, M. de Monte-Christo veut bien agréer mes excuses. J'avais agi précipitamment envers lui. La précipitation est mauvaise conseillère: j'avais mal agi. Maintenant ma faute est réparée. J'espère bien que le monde ne me tiendra point pour lâche parce que j'ai fait ce que ma conscience m'a ordonné de faire. Mais, en tout cas, si l'on se trompait sur mon compte, ajouta le jeune homme en relevant la tête avec fierté et comme s'il

Monte-Christo tendit à Albert sa main, que celui-ci saisit et pressa. — PAGE 87.

adressait un défi et à ses amis et à ses ennemis, je tâcherais de redresser les opinions

— Que s'est-il donc passé cette nuit? demanda Beauchamp à Château-Renaud; il me semble que nous jouons ici un triste rôle.

— En effet, ce qu'Albert vient de faire est bien misérable ou bien beau, répondit le baron.

— Ah! voyons, demanda Debray à Franz, qu'est-ce que cela veut dire? Comment! le comte de Monte-Christo déshonore M. de Morcerf, et il a eu raison aux yeux de son fils! Mais, eussé-je dix Janina dans ma famille, je ne me croirais obligé qu'à une chose, ce serait de me battre dix fois.

Quant à Monte-Christo, le front penché, les bras inertes, écrasé sous le poids de vingt-quatre ans de souvenirs, il ne songeait ni à Albert, ni à Beauchamp, ni à Château-Renaud, ni à personne de ceux qui se trouvaient là.

Il songeait à cette courageuse femme qui était venue lui demander la vie de son fils, à qui il avait offert la sienne, et qui venait de la sauver par l'aveu

Il alla se jeter au cou de Mercédès. — PAGE 91.

terrible d'un secret de famille, capable de tuer à jamais chez ce jeune homme le sentiment de la piété filiale.

— Toujours la Providence! murmura-t-il; ah! c'est d'aujourd'hui seulement que je suis bien certain d'être l'envoyé de Dieu!

5 Paris. — Imp. de Edouard Blot, Saint Loui . 46

CHAPITRE XIII.

LA MÈRE ET LE FILS.

Le comte de Monte-Christo salua les cinq jeunes gens avec un sourire plein de mélancolie et de dignité, et remonta dans sa voiture avec Maximilien et Emmanuel.

Albert, Beauchamp et Château-Renaud restèrent seuls sur le champ de bataille.

Le jeune homme attacha sur ses deux témoins un regard qui, sans être timide, semblait pourtant leur demander leur avis sur ce qui venait de se passer.

— Ma foi! mon cher ami, dit Beauchamp le premier, soit qu'il eût plus de sensibilité, soit qu'il eût moins de dissimulation, permettez-moi de vous féliciter : voilà un dénoûment bien inespéré à une bien désagréable affaire.

Albert resta muet et concentré dans sa rêverie.

Château-Renaud se contenta de battre sa botte avec sa canne flexible.

— Ne partons-nous pas? dit-il après ce silence embarrassant.

— Quand il vous plaira, répondit Beauchamp; laissez-moi seulement le temps de complimenter M. de Morcerf; il a fait preuve aujourd'hui d'une générosité si chevaleresque... si rare!

— Oh! oui, dit Château-Renaud.

— C'est magnifique, continua Beauchamp, de pouvoir conserver sur soi-même un pouvoir aussi grand!

— Assurément; quant à moi, j'en eusse été incapable, dit Château-Renaud avec une froideur des plus significatives.

— Messieurs, interrompit Albert, je crois que vous n'avez pas compris qu'entre M. de Monte-Christo et moi il s'est passé quelque chose de bien grave...

— Si fait, si fait, dit aussitôt Beauchamp; mais tous nos badauds ne seraient pas à portée de comprendre votre héroïsme, et, tôt ou tard, vous vous verriez forcé de le leur expliquer plus énergiquement qu'il ne convient à la santé de votre corps et à la durée de votre vie. Voulez-vous que je vous donne un conseil d'ami? Partez pour Naples, la Haye ou Saint-Pétersbourg, pays calmes, où l'on est plus intelligent du point d'honneur que chez nos cerveaux brûlés de Parisiens. Une fois là, faites pas mal de mouches au pistolet, et infiniment de contre, de quarte et de contre de tierce; rendez-vous assez oublié pour revenir paisiblement en France dans quelques années, ou assez respectable, quant aux exercices académiques, pour conquérir votre tranquillité. N'est-ce pas, monsieur de Château-Renaud, que j'ai raison?

— C'est parfaitement mon avis, dit le gentilhomme. Rien n'appelle les duels sérieux comme un duel sans résultat.

— Merci, messieurs, répondit Albert avec un froid sourire; je suivrai votre conseil, non parce que vous me le donnez, mais parce que mon intention était de quitter la France. Je vous remercie également du service que vous m'avez rendu en me servant de témoins. Il est bien profondément gravé dans mon cœur, puisque, après les paroles que je viens d'entendre, je ne me souviens plus que de lui.

Château-Renaud et Beauchamp se regardèrent.

L'impression était la même sur tous deux, et l'accent avec lequel Morcerf venait de prononcer son remercîment était empreint d'une telle résolution, que la position fût devenue embarrassante pour tous si la conversation eût continué.

— Adieu, Albert, fit tout à coup Beauchamp en tendant négligemment la main au jeune homme, sans que celui-ci parût sortir de sa léthargie.

En effet, il ne répondit rien à l'offre de cette main.

— Adieu, dit à son tour Château-Renaud, gardant à la main gauche sa petite canne, et saluant de la main droite.

Les lèvres d'Albert murmurèrent à peine :

« Adieu! »

Son regard était plus explicite.

Il renfermait tout un poëme de colères contenues, de fiers dédains, de généreuse indignation.

Lorsque ses deux témoins furent remontés en

voiture, il garda quelque temps sa pose immobile et mélancolique.

Puis, soudain, détachant son cheval du petit arbre autour duquel son domestique avait noué le bridon, il sauta légèrement en selle, et reprit au galop le chemin de Paris.

Un quart d'heure après il rentrait à l'hôtel de la rue du Helder.

En descendant de cheval, il lui sembla, derrière le rideau de la chambre à coucher du comte, apercevoir le visage pâle de son père.

Albert détourna la tête avec un soupir, et rentra dans son pavillon.

Arrivé là, il jeta un dernier regard sur toutes ces richesses qui lui avaient fait la vie si douce et si heureuse depuis son enfance.

Il regarda encore une fois ces tableaux, dont les figures semblaient lui sourire, et dont les paysages parurent s'animer de vivantes couleurs.

Puis il enleva de son châssis de chêne le portrait de sa mère, qu'il roula, laissant vide et noir le cadre d'or qui l'entourait.

Puis il mit en ordre ses belles armes turques, ses beaux fusils anglais, ses porcelaines japonaises, ses coupes montées, ses bronzes artistiques, signés Feuchères ou Barye, visita les armoires et plaça les clefs à chacune d'elles ; jeta dans un tiroir de son secrétaire, qu'il laissa ouvert, tout l'argent de poche qu'il avait sur lui, y joignit ses écrins, ses étagères ; fit un inventaire exact et précis de tout, et plaça cet inventaire à l'endroit le plus apparent d'une table, après avoir débarrassé cette table des livres et des papiers qui l'encombraient.

Au commencement de ce travail, son domestique, malgré l'ordre que lui avait donné Albert de le laisser seul, était entré dans sa chambre.

— Que voulez-vous? lui demanda Morcerf d'un accent plus triste que courroucé.

— Pardon, monsieur, dit le valet de chambre ; monsieur m'avait bien défendu de le déranger, c'est vrai, mais M. le comte de Morcerf m'a fait appeler.

— Eh bien? demanda Albert.

— Je n'ai pas voulu me rendre chez M. le comte sans prendre les ordres de monsieur.

— Pourquoi cela ?

— Parce que M. le comte sait sans doute que j'ai accompagné monsieur sur le terrain.

— C'est probable, dit Albert.

— Et, s'il me fait demander, c'est sans doute pour m'interroger sur ce qui s'est passé là-bas. Que dois-je répondre?

— La vérité.

— Alors, je dirai que la rencontre n'a pas eu lieu?

— Vous direz que j'ai fait des excuses à M. le comte de Monte-Christo ; allez.

Le valet s'inclina et sortit.

Albert s'était alors remis à son inventaire.

Comme il terminait ce travail, le bruit des chevaux piétinant dans la cour et des roues d'une voiture ébranlant les vitres attira son attention.

Il s'approcha de la fenêtre, et vit son père monter dans sa calèche et partir.

A peine la porte de l'hôtel fut-elle refermée derrière le comte, qu'Albert se dirigea vers l'appartement de sa mère, et, comme personne n'était là pour l'annoncer, il pénétra jusqu'à la chambre à coucher de Mercédès, et, le cœur gonflé de ce qu'il voyait et de ce qu'il devinait, il s'arrêta sur le seuil.

Comme si la même âme eût animé ces deux corps, Mercédès faisait chez elle ce qu'Albert venait de faire chez lui.

Tout était mis en ordre . les dentelles, les parures, les bijoux, le linge, l'argent, allaient se ranger au fond des tiroirs, dont la comtesse assemblait soigneusement les clefs.

Albert vit tous ces préparatifs ; il les comprit, et, s'écriant : — Ma mère ! il alla jeter ses bras au cou de Mercédès.

Le peintre qui eût pu rendre l'expression de ces deux figures eût fait certes un beau tableau.

En effet, tout cet appareil d'une résolution énergique, qui n'avait point fait peur à Albert pour lui-même, l'effrayait pour sa mère.

— Que faites-vous donc? demanda-t-il.

— Que faisiez-vous? répondit-elle.

— Oh ! ma mère ! s'écria Albert, ému au point de ne point pouvoir parler, il n'est point de vous comme de moi; non, vous ne pouvez pas avoir résolu ce que j'ai décidé, car je viens vous prévenir que je dis adieu à votre maison, et... et à vous.

— Moi aussi, Albert, répondit Mercédès; moi aussi je pars. J'avais compté, je l'avoue, que mon fils m'accompagnerait ; me suis-je trompée?

— Ma mère ! dit Albert avec fermeté, je ne puis vous faire partager le sort que je me destine; il faut que je vive désormais sans nom et sans fortune, il faut, pour commencer l'apprentissage de cette rude existence, que j'emprunte à un ami le pain que je mangerai d'ici au moment où j'en gagnerai d'autre. Ainsi, ma bonne mère, je vais de ce pas chez Franz le prier de me prêter la petite somme que j'ai calculé m'être nécessaire.

— Toi ! mon pauvre enfant! s'écria Mercédès; toi souffrir de la misère, souffrir de la faim ! Oh ! ne dis pas cela, tu briserais toutes mes résolutions.

— Mais non pas les miennes, ma mère, répondit Albert. Je suis jeune, je suis fort, je crois que je suis brave ; et, depuis hier, j'ai appris ce que peut la volonté. Hélas ! ma mère, il y a des gens qui ont tant souffert, et qui non-seulement ne sont pas morts, mais qui encore ont édifié une nouvelle fortune sur la ruine de toutes les promesses de bonheur que le ciel leur avait faites, sur les débris de toutes les espérances que Dieu leur avait données! J'ai appris cela, ma mère, j'ai vu ces hommes; je sais que, du fond de l'abîme où les avait plongés leur ennemi, ils se sont relevés avec tant de vigueur et de gloire, qu'ils ont dominé leur ancien vainqueur et l'ont précipité à son tour. Non, ma mère, non; j'ai rompu, à partir d'aujourd'hui, avec le passé, et je n'en accepte plus rien, pas même mon nom, parce que, vous le comprenez, vous, n'est-ce pas, ma mère? votre fils ne peut porter le nom d'un homme qui doit rougir devant un autre homme.

— Albert! mon enfant! dit Mercédès, si j'avais eu un cœur plus fort, c'est là le conseil que je t'eusse donné; ta conscience a parlé quand ma voix éteinte se taisait; écoute ta conscience, mon fils. Tu avais des amis, Albert, romps momentanément avec eux, mais ne désespère pas, au nom de ta mère! La vie est belle encore à ton âge, mon cher Albert, car à peine as-tu vingt-deux ans; et, comme à un cœur aussi pur que le tien il faut un nom sans tache, prends celui de mon père, il s'appelait Herrera. Je te connais, mon Albert; quelque carrière que tu suives, tu rendras en peu de temps ce nom illustre. Alors, mon ami, reparais dans le monde plus brillant encore de tes malheurs passés, et, si cela ne doit pas être ainsi, malgré toutes mes prévisions, laisse-moi du moins cet espoir, à moi qui n'aurai plus que cette seule pensée, à moi qui n'ai plus d'avenir, et pour qui la tombe commence au seuil de cette maison.

— Je ferai selon vos désirs, ma mère, dit le jeune homme; oui, je partage votre espoir : la colère du ciel ne nous poursuivra pas, vous si pure, moi si innocent. Mais, puisque nous sommes résolus, agissons promptement. M. de Morcerf a quitté l'hôtel voilà une demi-heure à peu près; l'occasion, comme vous le voyez, est favorable pour éviter le bruit et l'explication.

— Je vous attends, mon fils, dit Mercédès.

Albert courut aussitôt jusqu'au boulevard, d'où il ramena un fiacre qui devait les conduire hors de l'hôtel.

Il se rappelait certaine petite maison garnie dans la rue des Saints-Pères, où sa mère trouverait un logement modeste, mais décent.

Il revint donc chercher la comtesse.

Au moment où le fiacre s'arrêtait devant la porte, et comme Albert en descendait, un homme s'approcha de lui et lui remit une lettre.

Albert reconnut l'intendant.

— Du comte, dit Bertuccio.

Albert prit la lettre, l'ouvrit, la lut.

Après l'avoir lue, il chercha des yeux Bertuccio; mais, pendant que le jeune homme lisait, Bertuccio avait disparu.

Alors, Albert, les larmes aux yeux, la poitrine toute gonflée d'émotion, rentra chez Mercédès, et, sans prononcer une seule parole, lui présenta la lettre.

Mercédès lut :

« Albert,

« En vous montrant que j'ai pénétré le projet auquel vous êtes sur le point de vous abandonner, je crois vous montrer aussi que je comprends la délicatesse.

« Vous voilà libre, vous quittez l'hôtel du comte, et vous allez retirer chez vous votre mère, libre comme vous; mais réfléchissez-y, Albert, vous lui devez plus que vous ne pouvez lui payer, pauvre noble cœur que vous êtes.

« Gardez pour vous la lutte, réclamez pour vous la souffrance, mais épargnez-lui cette première misère qui accompagnera inévitablement vos premiers efforts, car elle ne mérite pas même le reflet du malheur qui la frappe aujourd'hui, et la Providence ne veut pas que l'innocent paye pour le coupable

« Je sais que vous allez quitter tous deux la maison de la rue du Helder sans rien emporter. Comment je l'ai appris, ne cherchez point à le découvrir. Je le sais; voilà tout.

« Écoutez, Albert.

« Il y a vingt-quatre ans, je revenais bien joyeux et bien fier dans ma patrie.

« J'avais une fiancée, Albert, une sainte jeune fille que j'adorais, et je rapportais à ma fiancée cent cinquante louis amassés péniblement par un travail sans relâche.

« Cet argent était pour elle, je le lui destinais, et, sachant combien la mer est perfide, j'avais enterré notre trésor dans le petit jardin de la maison que mon père habitait à Marseille, sur les Allées de Meilhan.

« Votre mère, Albert, connaît bien cette pauvre chère maison.

« Dernièrement, en venant à Paris, j'ai passé par Marseille.

« Je suis allé voir cette maison aux douloureux souvenirs, et le soir, une bêche à la main, j'ai sondé le coin où j'avais enfoui mon trésor.

« La cassette de fer était encore à la même place, personne n'y avait touché.

« Elle est dans l'angle qu'un beau figuier, planté par mon père le jour de ma naissance, couvre de son ombre.

« Eh bien! Albert, cet argent, qui autrefois devait aider à la vie et à la tranquillité de cette femme que j'adorais, voilà qu'aujourd'hui, par un hasard étrange et douloureux, il a retrouvé le même emploi.

« Oh! comprenez bien ma pensée, à moi qui pourrais offrir des millions à cette pauvre femme, et qui lui rends seulement le morceau de pain noir

La barrière du Trône. — PAGE 94.

oublié sous mon pauvre toit depuis le jour où j'ai été séparé de celle que j'aimais.

« Vous êtes un homme généreux, Albert, mais peut-être êtes-vous néanmoins aveuglé par la fierté ou par le ressentiment.

« Si vous me refusez, si vous demandez à un autre ce que j'ai le droit de vous offrir, je dirai qu'il est peu généreux à vous de refuser la vie de votre mère offerte par un homme dont votre père a fait mourir le père dans les horreurs de la faim et du désespoir. »

Cette lettre finie, Albert demeura pâle et immobile en attendant ce que déciderait sa mère.

Mercédès leva au ciel un regard d'une ineffable expression.

— J'accepte, dit-elle ; il a le droit de payer la dot que j'apporterai dans un couvent !

Et, mettant la main sur son cœur, elle prit le bras de son fils, et, d'un pas plus ferme qu'elle ne s'y attendait peut-être elle-même, elle prit le chemin de l'escalier.

CHAPITRE XIV.

LE SUICIDE.

Cependant, Monte-Christo, lui aussi, était rentré en ville avec Emmanuel et Maximilien.

Le retour fut gai.

Emmanuel ne dissimulait pas sa joie d'avoir vu succéder la paix à la guerre, et avouait hautement ses goûts philanthropiques.

Morrel, dans un coin de la voiture, laissait la gaieté de son beau-frère s'évaporer en paroles et gardait pour lui une joie tout aussi sincère, mais qui brillait seulement dans ses regards.

A la barrière du Trône, on rencontra Bertuccio.

Il attendait là, immobile comme une sentinelle à son poste.

Monte-Christo passa la tête par la portière, échangea avec lui quelques paroles à voix basse, et l'intendant disparut.

— Monsieur le comte, dit Emmanuel en arrivant à la hauteur de la place Royale, faites-moi jeter, je vous prie, à ma porte, afin que ma femme ne puisse avoir un seul moment d'inquiétude ni pour vous ni pour moi.

— S'il n'était ridicule d'aller faire montre de son triomphe, dit Morrel, j'inviterais M. le comte à entrer chez nous, mais M. le comte aussi a sans doute des cœurs tremblants à rassurer. Nous voici arrivés, Emmanuel, saluons notre ami, et laissons-le continuer son chemin.

— Un moment, dit Monte-Christo, ne me privez pas ainsi d'un seul coup de mes deux compagnons; Emmanuel, rentrez auprès de votre charmante femme, à laquelle je vous charge de présenter tous mes compliments, et accompagnez-moi jusqu'aux Champs-Élysées, Morrel.

— A merveille! dit Maximilien, d'autant plus que j'ai affaire dans votre quartier, comte.

— T'attendra-t-on pour déjeuner? demanda Emmanuel.

— Non, dit le jeune homme.

La portière se referma, la voiture continua sa route.

— Voyez comme je vous ai porté bonheur, dit Morrel lorsqu'il fut seul avec le comte. N'y avez-vous pas pensé?

— Si fait, dit Monte-Christo; voilà pourquoi je voudrais toujours vous tenir près de moi.

— C'est miraculeux! continua Morrel répondant à sa propre pensée.

— Quoi donc? dit Monte-Christo.

— Ce qui vient de se passer.

— Oui, répondit le comte avec un sourire, vous avez dit le mot, Morrel, c'est miraculeux.

— Car enfin, reprit Morrel, Albert est brave.

— Très-brave, dit Monte-Christo. Je l'ai vu dormir le poignard suspendu sur sa tête.

— Et moi je sais qu'il s'est battu deux fois, et très-bien battu, dit Morrel. Conciliez donc cela avec la conduite de ce matin.

— Votre influence toujours, reprit en souriant Monte-Christo.

— C'est heureux pour Albert qu'il ne soit point soldat, dit Morrel.

— Pourquoi cela?

— Des excuses sur le terrain! fit le jeune capitaine en secouant la tête.

— Allons, dit le comte avec douceur, n'allez-vous point tomber dans les préjugés des hommes ordinaires, Morrel? Ne conviendrez-vous pas que, puisque Albert est brave, il ne peut être lâche; qu'il faut qu'il ait eu quelque raison d'agir comme il l'a fait ce matin, et que, partant, sa conduite est plutôt héroïque qu'autre chose?

— Sans doute, sans doute, répondit Morrel; mais je dirai comme l'Espagnol : — Il a été moins brave aujourd'hui qu'hier.

— Vous déjeunez avec moi, n'est-ce pas, Morrel? dit le comte pour couper court à la conversation?

— Non pas, je vous quitte à dix heures.

— Votre rendez-vous était donc pour déjeuner?

Morrel sourit et secoua la tête.

— Mais, enfin, faut-il toujours que vous déjeuniez quelque part.

— Cependant, si je n'ai pas faim? dit le jeune homme.

— Oh ! fit le comte, je ne connais que deux sentiments qui coupent ainsi l'appétit : la douleur (et, comme heureusement je vous vois très-gai, ce n'est point cela) et l'amour. Or, d'après ce que vous m'avez dit à propos de votre cœur, il m'est permis de croire...

— Ma foi ! comte, reprit gaiement Morrel, je ne dis pas non.

— Et vous ne me contez pas cela, Maximilien? reprit le comte d'un ton si vif, que l'on voyait tout l'intérêt qu'il eût pris à connaître ce secret.

— Je vous ai montré ce matin que j'avais un cœur, n'est-ce pas, comte?

Pour toute réponse, Monte-Christo tendit la main au jeune homme.

— Eh bien ! continua celui-ci, depuis que ce cœur n'est plus avec vous au bois de Vincennes, il est autre part où je vais le retrouver.

— Allez, dit lentement le comte, allez, cher ami; mais, par grâce, si vous éprouviez quelque obstacle, rappelez-vous que j'ai quelque pouvoir en ce monde, que je suis heureux d'employer ce pouvoir au profit des gens que j'aime, et que je vous aime, vous, Morrel.

— Bien ! dit le jeune homme, je m'en souviendrai comme les enfants égoïstes se souviennent de leurs parents quand ils ont besoin d'eux. Quand j'aurai besoin de vous, et peut-être ce moment viendra-t-il, je m'adresserai à vous, comte.

— Bien ! je retiens votre parole. Adieu donc.

— Au revoir.

On était arrivé à la porte de la maison des Champs-Élysées.

Monte-Christo ouvrit la portière.

Morrel sauta sur le pavé ; Bertuccio attendait sur le perron.

Morrel disparut par l'avenue de Marigny, et Monte-Christo marcha vivement au-devant de Bertuccio.

— Eh bien? demanda-t-il.

— Eh bien ! répondit l'intendant, elle va quitter sa maison.

— Et son fils?

— Florentin, son valet de chambre, pense qu'il en va faire autant.

— Venez.

Monte-Christo emmena Bertuccio dans son cabinet, écrivit la lettre que nous avons vue et la remit à l'intendant.

— Allez, dit-il, et faites diligence; à propos, faites prévenir Haydée que je suis rentré.

— Me voilà ! dit la jeune fille, qui, au bruit de la voiture, était déjà descendue, et dont le visage rayonnait de joie en revoyant le comte sain et sauf.

Bertuccio sortit.

Tous les transports d'une fille revoyant un père chéri, tous les délires d'une maîtresse revoyant un amant adoré, Haydée les éprouva pendant les premiers instants de ce retour attendu par elle avec tant d'impatience.

Certes, pour être moins expansive, la joie de Monte-Christo n'était pas moins grande ; la joie pour les cœurs qui ont longtemps souffert est pareille à la rosée pour les terres desséchées par le soleil : cœur et terre absorbent cette pluie bienfaisante qui tombe sur eux, et rien n'en apparaît au dehors.

Depuis quelques jours Monte-Christo comprenait une chose que depuis longtemps il n'osait plus croire, c'est qu'il y avait deux Mercédès au monde, c'est qu'il pouvait encore être heureux.

Son œil ardent de bonheur se plongeait avidement dans les regards humides d'Haydée, quand tout à coup la porte s'ouvrit.

Le comte fronça le sourcil.

— M. de Morcerf ! dit Baptistin, comme si ce mot seul renfermait son excuse.

En effet, le visage du comte s'éclaira.

— Lequel, demanda-t-il, le vicomte ou le comte?

— Le comte.

— Mon Dieu ! s'écria Haydée, n'est-ce point fini encore?

— Je ne sais si c'est fini, mon enfant bien-aimée, dit Monte-Christo en prenant les mains de la jeune fille, mais, ce que je sais, c'est que tu n'as rien à craindre.

— Oh ! c'est cependant le misérable....

— Cet homme ne peut rien sur moi, Haydée, dit Monte-Christo ; c'est quand j'avais affaire à son fils qu'il fallait craindre.

— Aussi ce que j'ai souffert, dit la jeune fille, tu ne le sauras jamais, mon seigneur.

Monte-Christo sourit.

— Par la tombe de mon père, dit Monte-Christo en étendant la main sur la tête de la jeune fille, je te jure que, s'il arrive malheur, ce ne sera point à moi.

— Je te crois, mon seigneur, comme si Dieu me parlait, dit la jeune fille en présentant son front au comte.

Monte-Christo déposa sur ce front si pur et si beau un baiser qui fit battre à la fois deux cœurs, l'un avec violence, l'autre sourdement.

— Oh ! mon Dieu ! murmura le comte, permettriez-vous donc que je puisse aimer encore? Faites entrer M. le comte de Morcerf au salon, dit-il à Baptistin, tout en conduisant la belle Grecque vers un escalier dérobé.

Un mot d'explication sur cette visite, attendue peut-être de Monte-Christo, mais inattendue sans doute pour nos lecteurs.

Tandis que Mercédès, comme nous l'avons dit, faisait chez elle l'espèce d'inventaire qu'Albert avait fait chez lui, tandis qu'elle classait ses bijoux, fermait

La place Royale. — Page 94.

ses tiroirs, réunissait ses clefs, afin de laisser toutes choses dans un ordre parfait, elle ne s'était pas aperçue qu'une tête pâle et sinistre était venue apparaître au vitrage d'une porte qui laissait entrer le jour dans le corridor.

De là, non-seulement on pouvait voir, mais on pouvait entendre.

Celui qui regardait ainsi, selon toute probabilité, sans être vu ni entendu, vit donc et entendit donc tout ce qui se passait chez madame de Morcerf.

De cette porte vitrée, l'homme au visage pâle se transporta dans la chambre à coucher du comte de Morcerf, et, arrivé là, souleva d'une main contractée le rideau d'une fenêtre donnant sur la cour.

Il resta là dix minutes ainsi, immobile, muet, écoutant les battements de son propre cœur.

Pour lui c'était bien long dix minutes.

Ce fut alors qu'Albert, revenant de son rendez-vous, aperçut son père qui guettait son retour derrière un rideau, et détourna la tête.

L'œil du comte se dilata.

Il savait que l'insulte d'Albert à Monte-Christo avait été terrible, qu'une pareille insulte, dans

Il ne s'arrêta qu'en trouvant sur une table un point d'appui pour sa main crispée. — PAGE 99.

tous les pays du monde, entraînait un duel à mort.

Or, Albert rentrait sain et sauf, donc le comte était vengé.

Un éclair de joie indicible illumina ce visage lugubre, comme fait un dernier rayon du soleil avant de se perdre dans les nuages qui semblent moins sa couche que son tombeau.

Mais, nous l'avons dit, il attendit en vain que le jeune homme montât dans son appartement pour lui rendre compte de son triomphe.

Que son fils, avant de combattre, n'ait pas voulu voir le père dont il allait venger l'honneur, cela se comprend ; mais, l'honneur du père vengé, pourquoi ce fils ne venait-il point se jeter dans ses bras ?

Ce fut alors que le comte, ne pouvant voir Albert, envoya chercher son domestique.

On sait qu'Albert l'avait autorisé à ne rien cacher au comte.

Dix minutes après on vit apparaître sur le perron le général de Morcerf, vêtu d'une redingote noire, ayant un col militaire, un pantalon noir, des gants noirs.

Il avait donné, à ce qu'il paraît, des ordres antérieurs; car, à peine eut-il touché le dernier degré du perron, que sa voiture tout attelée sortit de la remise et vint s'arrêter devant lui.

Son valet de chambre vint alors jeter dans la voiture un caban militaire, roidi par les deux épées qu'il enveloppait.

Puis, fermant la portière, il s'assit près du cocher.

Le cocher se pencha devant la calèche pour demander l'ordre.

— Aux Champs-Élysées, dit le général, chez le comte de Monte-Christo. Vite!

Les chevaux bondirent sous le coup de fouet qui les enveloppa.

Cinq minutes après, ils s'arrêtèrent devant la maison du comte.

M. de Morcerf ouvrit lui-même la portière, et, la voiture roulant encore, il sauta comme un jeune homme dans la contre-allée, sonna et disparut dans la porte béante avec son domestique.

Une seconde après, Baptistin annonçait à M. de Monte-Christo le comte de Morcerf, et Monte-Christo, reconduisant Haydée, donna l'ordre qu'on fît entrer le comte de Morcerf dans le salon.

Le général arpentait, pour la troisième fois, le salon dans toute sa longueur lorsqu'en se retournant il aperçut Monte-Christo debout sur le seuil.

— Eh! c'est M. de Morcerf, dit tranquillement Monte-Christo; je croyais avoir mal entendu.

— Oui, c'est moi-même, dit le comte avec une effroyable contraction des lèvres, qui l'empêchait d'articuler nettement.

— Il ne me reste donc qu'à savoir maintenant, dit Monte-Christo, la cause qui me procure le plaisir de voir monsieur le comte de Morcerf de si bonne heure?

— Vous avez eu ce matin une rencontre avec mon fils, monsieur? dit le général.

— Vous savez cela? répondit le comte.

— Et je sais aussi que mon fils avait de bonnes raisons pour désirer se battre contre vous et faire tout ce qu'il pouvait pour vous tuer.

— En effet, monsieur, il en avait de fort bonnes; mais vous voyez que, malgré ces raisons-là, il ne m'a pas tué, et même qu'il ne s'est pas battu.

— Et cependant il vous regardait comme la cause du déshonneur de son père, comme la cause de la ruine effroyable qui, en ce moment-ci, accable ma maison.

— C'est vrai, monsieur, dit Monte-Christo avec son calme terrible; cause secondaire, par exemple, et non principale.

— Sans doute vous lui avez fait quelque excuse ou donné quelque explication?

— Je ne lui ai donné aucune explication, et c'est lui qui m'a fait des excuses.

— Mais à quoi attribuez-vous cette conduite?

— A la conviction probablement qu'il y avait dans tout ceci un homme plus coupable que moi.

— Et quel était cet homme?

— Son père.

— Soit, dit le comte en pâlissant; mais vous savez que le coupable n'aime pas à s'entendre convaincre de culpabilité.

— Je sais... Aussi je m'attendais à ce qui arrive en ce moment.

— Vous vous attendiez à ce que mon fils fût un lâche? s'écria le comte.

— M. Albert de Morcerf n'est point un lâche, dit Monte-Christo.

— Un homme qui tient à la main une épée, un homme qui, à la portée de cette épée, tient un ennemi mortel, cet homme, s'il ne se bat pas, est un lâche! Que n'est-il ici pour que je le lui dise!

— Monsieur, répondit froidement Monte-Christo, je ne présume pas que vous soyez venu me trouver pour me conter vos petites affaires de famille. Allez dire cela à M. Albert, peut-être saura-t-il que vous répondre.

— Oh! non! non! répliqua le général avec un sourire aussitôt disparu qu'éclos, non! vous avez raison, je ne suis pas venu pour cela! Je suis venu pour vous dire que moi aussi je vous regarde comme mon ennemi! Je suis venu pour vous dire que je vous hais d'instinct! qu'il me semble que je vous ai toujours connu, toujours haï! et qu'enfin, puisque les jeunes gens de ce siècle ne se battent plus, c'est à nous de nous battre... Est-ce votre avis, monsieur?

— Parfaitement. Aussi, quand je vous dit que j'avais prévu ce qui m'arrivait, c'est de l'honneur de votre visite que je voulais parler.

— Tant mieux... Vos préparatifs sont faits alors?

— Ils le sont toujours, monsieur.

— Vous savez que nous nous battrons jusqu'à la mort de l'un de nous deux? dit le général, les dents serrées par la rage.

— Jusqu'à la mort de l'un de nous deux, répéta le comte de Monte-Christo en faisant un léger mouvement de tête de haut en bas.

— Partons alors, nous n'avons pas besoin de témoins.

— En effet, dit Monte-Christo, c'est inutile, nous nous connaissons si bien!

— Au contraire, dit le comte, c'est que nous ne nous connaissons pas.

— Bah! dit Monte-Christo avec le même flegme désespérant. Voyons un peu. N'êtes-vous pas le soldat Fernand qui a déserté la veille de la bataille de Waterloo? N'êtes-vous pas le lieutenant Fernand qui a servi de guide et d'espion à l'armée française en Espagne? N'êtes-vous pas le colonel Fernand qui a trahi, vendu, assassiné son bienfaiteur Ali? Et tous ces Fernand-là réunis n'ont-ils pas fait le lieutenant général comte de Morcerf, pair de France?

— Oh! s'écria le général, frappé par ces paroles comme par un fer rouge; oh! misérable, qui me reproches ma honte au moment peut-être où tu vas me tuer, non, je n'ai point dit que je t'étais inconnu; je sais bien, démon, que tu as pénétré dans la nuit du passé, et que tu y as lu, à la lueur de quel flambeau, je l'ignore! chaque page de ma vie; mais peut-être y a-t-il encore plus d'honneur en moi, dans mon opprobre, qu'en toi sous tes dehors pompeux. Non, non, je te suis connu, je le sais, mais c'est toi que je ne connais pas, aventurier cousu d'or et de pierreries! Tu t'es fait appeler à Paris le comte de Monte-Christo; en Italie, Simbad le marin; à Malte, que sais-je? moi, je l'ai oublié. Mais c'est ton nom réel que je te demande, c'est ton vrai nom que je veux savoir, au milieu de tes cent noms, afin que je le prononce sur le terrain du combat, au moment où je t'enfoncerai mon épée dans le cœur!

Le comte de Monte-Christo pâlit d'une façon terrible, son œil fauve s'embrasa d'un feu dévorant, il fit un bond vers le cabinet attenant à sa chambre, et en moins d'une seconde, arrachant sa cravate, sa redingote et son gilet, il endossa une petite veste de marin et se coiffa d'un chapeau de matelot, sous lequel se déroulèrent ses longs cheveux noirs.

Il revint ainsi, effrayant, implacable, marchant les bras croisés au-devant du général, qui n'avait rien compris à sa disparition, qui l'attendait, et qui, sentant ses dents claquer et ses jambes se dérober sous lui, recula d'un pas et ne s'arrêta qu'en trouvant sur une table un point d'appui pour sa main crispée.

— Fernand! lui cria-t-il, de mes cent noms, je n'aurais besoin de t'en dire qu'un seul pour te foudroyer; mais ce nom, tu le devines, n'est-ce pas? ou plutôt tu te le rappelles? car, malgré tous mes chagrins, toutes mes tortures, je te montre aujourd'hui un visage que le bonheur de la vengeance rajeunit, un visage que tu dois avoir vu bien souvent dans tes rêves depuis ton mariage... avec Mercédès, ma fiancée!

Le général, la tête renversée en arrière, les mains étendues, le regard fixe, dévora en silence ce terrible spectacle.

Puis, allant chercher la muraille comme point d'appui, il s'y glissa lentement jusqu'à la porte par laquelle il sortit à reculons en laissant échapper ce seul cri lugubre, lamentable, déchirant :

— Edmond Dantès!

Puis, avec des soupirs qui n'avaient rien d'humain, il se traîna jusqu'au péristyle de la maison, traversa la cour en homme ivre, et tomba dans les bras de son valet de chambre, en murmurant seulement d'une voix inintelligible :

— A l'hôtel! à l'hôtel!

En chemin, l'air frais et la honte que lui causait l'attention de ses gens le remirent en état d'assembler ses idées.

Mais le trajet fut court, et, à mesure qu'il se rapprochait de chez lui, le comte sentait se renouveler toutes ses douleurs.

A quelques pas de la maison, le comte fit arrêter et descendit.

La porte de l'hôtel était toute grande ouverte.

Un fiacre, tout surpris d'être appelé dans cette magnifique demeure, stationnait au milieu de la cour.

Le comte regarda ce fiacre avec effroi, mais sans oser interrompre personne, et s'élança dans son appartement.

Deux personnes descendaient l'escalier; il n'eut que le temps de se jeter dans un cabinet pour les éviter.

C'était Mercédès appuyée au bras de son fils, qui tous deux quittaient l'hôtel.

Ils passèrent à deux lignes du malheureux, qui, caché derrière la portière de damas, fut effleuré en quelque sorte par la robe de soie de Mercédès, et qui sentit à son visage la tiède haleine de ces paroles prononcées par son fils :

— Du courage, ma mère! Venez, venez, nous ne sommes plus ici chez nous.

Les paroles s'éteignirent, les pas s'éloignèrent.

Le général se redressa, suspendu par ses mains crispées au rideau de damas.

Il comprimait le plus horrible sanglot qui fût jamais sorti de la poitrine d'un père, abandonné à la fois par sa femme et par son fils...

Bientôt il entendit claquer la portière en fer du fiacre, puis la voix du cocher, puis le roulement de la lourde machine ébranla les vitres.

Alors il s'élança dans sa chambre à coucher pour voir encore une fois tout ce qu'il avait aimé dans le monde; mais le fiacre partit sans que la tête de Mercédès ou celle d'Albert eût paru à la portière pour donner à la maison solitaire, pour donner au père et à l'époux abandonné le dernier regard, l'adieu et le regret, c'est-à-dire le pardon.

Aussi, au moment même où les roues du fiacre ébranlaient le pavé de la voûte, un coup de feu retentit, et une fumée sombre sortit par une des vitres de cette fenêtre de la chambre à coucher, brisée par la force de l'explosion.

CHAPITRE XV.

VALENTINE.

On devine où Morrel avait affaire et chez qui était son rendez-vous.

Aussi Morrel, en quittant Monte-Christo, s'achemina-t-il lentement vers la maison de Villefort.

Nous disons lentement : c'est que Morrel avait plus d'une demi-heure à lui pour faire cinq cents pas; mais, malgré ce temps plus que suffisant, il s'était empressé de quitter Monte-Christo, ayant hâte d'être seul avec ses pensées.

Il savait bien son heure, l'heure à laquelle Valentine, assistant au déjeuner de Noirtier, était sûre de ne pas être troublée dans ce pieux devoir.

Noirtier et Valentine lui avaient accordé deux visites par semaine, et il venait profiter de son droit.

Il arriva; Valentine l'attendait.

Inquiète, presque égarée, elle lui saisit la main et l'amena devant son grand-père.

Cette inquiétude, poussée, comme nous le dirons, presque jusqu'à l'égarement, venait du bruit que l'aventure de Morcerf avait fait dans le monde; on savait (le monde sait toujours) l'aventure de l'Opéra.

Chez Villefort, personne ne doutait qu'un duel ne fût la conséquence forcée de cette aventure.

Valentine, avec son instinct de femme, avait deviné que Morrel serait le témoin de Monte-Christo, et, avec le courage bien connu du jeune homme, avec cette amitié profonde qu'elle lui connaissait pour le comte, elle craignait qu'il n'eût point la force de se borner au rôle passif qui lui était assigné.

On comprend donc avec quelle avidité les détails furent demandés, donnés et reçus, et Morrel put lire une indicible joie dans les yeux de sa bien-aimée quand elle sut que cette terrible affaire avait eu une issue non moins heureuse qu'inattendue.

— Maintenant, dit Valentine en faisant signe à Morrel de s'asseoir à côté du vieillard et en s'asseyant elle-même sur le tabouret où reposaient ses pieds, maintenant, parlons un peu de nos affaires. Vous savez, Maximilien, que bon-papa avait eu un instant l'idée de quitter la maison et de prendre un appartement hors de l'hôtel de M. de Villefort.

— Oui, certes, dit Maximilien, je me rappelle ce projet, et j'y avais même fort applaudi.

— Eh bien ! dit Valentine, applaudissez encore, Maximilien, car bon-papa y revient.

— Bravo ! dit Maximilien.

— Et savez-vous, dit Valentine, quelle raison donne bon-papa pour quitter la maison?

Noirtier regardait sa fille pour lui imposer silence de l'œil; mais Valentine ne regardait pas Noirtier; ses yeux, son regard, son sourire, tout était pour Morrel.

— Oh ! quelle que soit la raison que donne M. Noirtier, s'écria Morrel, je déclare qu'elle est bonne.

— Excellente, dit Valentine : il prétend que l'air du faubourg Saint-Honoré ne vaut rien pour moi.

— En effet, dit Morrel; écoutez, Valentine, M. Noirtier pourrait bien avoir raison; depuis quinze jours, je trouve que votre santé s'altère.

— Oui, un peu, c'est vrai, répondit Valentine; aussi bon-papa s'est constitué mon médecin, et, comme bon-papa sait tout, j'ai la plus grande confiance en lui.

— Mais, enfin, il est donc vrai que vous souffrez, Valentine? demanda vivement Morrel.

— Oh ! mon Dieu ! cela ne s'appelle pas souffrir : je ressens un malaise général, voilà tout; j'ai perdu l'appétit, et il me semble que mon estomac soutient une lutte pour s'habituer à quelque chose.

Noirtier ne perdait pas une des paroles de Valentine.

— Et quel est le traitement que vous suivez pour cette maladie inconnue?

— Oh ! bien simple, dit Valentine; j'avale tous les matins une cuillerée de la potion qu'on apporte pour mon grand-père; quand je dis une cuillerée, j'ai commencé par une, et maintenant j'en suis à quatre. Mon grand-père prétend que c'est une panacée.

Valentine souriait; mais il y avait quelque chose de triste et de souffrant dans son sourire.

Noirtier regarda sa fille d'un ton interrogateur.

Maximilien, ivre d'amour, la regardait en silence.

Elle était bien belle, mais sa pâleur avait pris un ton plus mat, ses yeux brillaient d'un feu plus ardent que d'habitude, et ses mains, ordinairement d'un blanc de nacre, semblaient des mains de cire qu'une nuance jaunâtre envahit avec le temps.

De Valentine, le jeune homme porta ses yeux sur Noirtier.

Celui-ci considérait avec cette étrange et profonde intelligence la jeune fille absorbée dans son amour.

Mais lui aussi, comme Morrel, suivait ces traces d'une sourde souffrance, si peu visible d'ailleurs, qu'elle avait échappé à l'œil de tous, excepté à celui du père et de l'amant.

— Mais, dit Morrel, cette potion dont vous êtes arrivée jusqu'à quatre cuillerées, je la croyais médicamentée pour M. Noirtier?

— Je sais que c'est fort amer, dit Valentine, si amer, que tout ce que je bois après cela me semble avoir le même goût.

Noirtier regarda sa fille d'un ton interrogateur.

— Oui, bon-papa, dit Valentine, c'est comme cela. Tout à l'heure, avant de descendre chez vous, j'ai bu un verre d'eau sucrée ; eh bien ! j'en ai laissé la moitié, tant cette eau m'a paru amère.

Noirtier pâlit, et fit signe qu'il voulait parler.

Valentine se leva pour aller chercher le dictionnaire.

Noirtier la suivit des yeux avec une angoisse visible.

En effet, le sang montait à la tête de la jeune fille, ses joues se colorèrent.

— Tiens ! s'écria-t-elle sans rien perdre de sa gaieté, c'est singulier : un éblouissement ! Est-ce donc le soleil qui m'a frappé dans les yeux?...

Et elle s'appuya à l'espagnolette de la fenêtre.

— Il n'y a pas de soleil, dit Morrel encore plus inquiet de l'expression du visage de Noirtier que de l'indisposition de Valentine.

Et il courut à Valentine.

La jeune fille sourit.

— Rassure-toi, bon père, dit-elle à Noirtier; rassurez-vous, Maximilien, ce n'est rien, et la chose est déjà passée : mais, écoutez donc ! n'est-ce pas le bruit d'une voiture que j'entends dans la cour?

Elle ouvrit la porte de Noirtier, courut à une fenêtre du corridor, et revint précipitamment.

— Oui, dit-elle, c'est madame Danglars et sa fille qui viennent nous faire une visite. Adieu, je me sauve, car on me viendrait chercher ; ou plutôt, au revoir ; restez près de bon-papa, monsieur Maximilien, je vous promets de ne pas les retenir.

Morrel la suivit des yeux, la vit refermer la porte, et l'entendit monter le petit escalier qui conduisait à la fois chez madame de Villefort et chez elle.

Dès qu'elle eut disparu, Noirtier fit signe à Morrel de prendre le dictionnaire.

Morrel obéit.

Il s'était, guidé par Valentine, promptement habitué à comprendre le vieillard.

Cependant, quelque habitude qu'il eût, et comme il fallait passer en revue une partie des vingt-quatre lettres de l'alphabet et trouver chaque mot dans le dictionnaire, ce ne fut qu'au bout de dix minutes que la pensée du vieillard fut traduite par ces paroles :

« Cherchez le verre d'eau et la carafe qui sont dans la chambre de Valentine. »

Morrel sonna aussitôt le domestique qui avait remplacé Barrois, et, au nom de Noirtier, lui donna cet ordre.

Le domestique revint un instant après.

La carafe et le verre étaient entièrement vides.

Noirtier fit signe qu'il voulait parler.

— Pourquoi le verre et la carafe sont-ils vidés? demanda-t-il. Valentine a dit qu'elle n'avait bu que la moitié du verre.

La traduction de cette nouvelle demande prit encore cinq minutes.

— Je ne sais, dit le domestique ; mais la femme de chambre est dans l'appartement de mademoiselle Valentine ; c'est peut-être elle qui l'a vidé.

— Demandez-le-lui, dit Morrel, traduisant cette fois la pensée de Noirtier par le regard.

Le domestique sortit, et presque aussitôt rentra.

— Mademoiselle Valentine a passé par sa chambre pour se rendre dans celle de madame de Villefort, dit-il, et, en passant, comme elle avait soif, elle a bu ce qui restait dans le verre ; quant à la carafe, M. Édouard l'a vidée pour faire un étang à ses canards.

Noirtier leva les yeux au ciel, comme fait un joueur qui joue sur un coup tout ce qu'il possède.

Dès lors, les yeux du vieillard se fixèrent sur la porte, et ne quittèrent plus cette direction.

C'étaient, en effet, madame Danglars et sa fille que Valentine avait vues.

On les avait conduites à la chambre de madame de Villefort, qui avait dit qu'elle recevrait chez elle.

Voilà pourquoi Valentine avait passé par son appartement, sa chambre étant de plain-pied avec celle de sa belle-mère, et les deux chambres n'étant séparées que par celle d'Édouard.

Les deux femmes entrèrent au salon avec cette espèce de roideur officielle qui fait présager une communication.

Entre gens du même monde, une nuance est bientôt saisie.

Madame de Villefort répondit à cette solennité par de la solennité.

En ce moment, Valentine entra, et les révérences recommencèrent.

— Chère amie ! dit la baronne, tandis que les deux jeunes filles se prenaient les mains, je venais avec Eugénie vous annoncer la première le très-prochain mariage de ma fille avec le prince Cavalcanti.

Danglars avait maintenu le titre de prince.

Le banquier populaire avait trouvé que cela faisait mieux que comte.

— Alors, permettez que je vous fasse mes sincères compliments, répondit madame de Villefort. M. le prince Cavalcanti paraît un jeune homme plein de rares qualités.

— Écoutez, dit la baronne en souriant ; si nous parlons comme deux amies, je dois vous dire que le prince ne nous paraît pas encore être ce qu'il sera. Il a en lui un peu de cette étrangeté qui nous fait, à nous autres Français, reconnaître du premier coup d'œil un gentilhomme italien ou allemand. Cependant il annonce un fort bon cœur, beaucoup de finesse d'esprit, et, quant aux convenances, M. Danglars prétend que la fortune est majestueuse : c'est son mot.

— Et puis, dit Eugénie en feuilletant l'album de madame de Villefort, ajoutez, madame, que vous avez une inclination toute particulière pour ce jeune homme.

— Et, dit madame de Villefort, je n'ai pas besoin de vous demander si vous partagez cette inclination?

— Moi! répondit Eugénie avec son aplomb ordinaire, oh! pas le moins du monde, madame; ma vocation, à moi, n'était pas de m'enchaîner aux soins d'un ménage ou aux caprices d'un homme, quel qu'il fût. Ma vocation était d'être artiste, et libre par conséquent de mon cœur, de ma personne et de ma pensée.

Eugénie prononça ces paroles avec un accent si vibrant et si ferme, que le rouge en monta au visage de Valentine.

La craintive jeune fille ne pouvait comprendre cette nature vigoureuse qui semblait n'avoir aucune des timidités de la femme.

— Au reste, continua-t-elle, puisque je suis destinée à être mariée, bon gré, mal gré, je dois remercier la Providence, qui m'a du moins procuré les dédains de M. Albert de Morcerf; sans cette Providence, je serais aujourd'hui la femme d'un homme perdu d'honneur.

— C'est pourtant vrai, dit la baronne avec cette étrange naïveté que l'on trouve quelquefois chez les grandes dames, et que les fréquentations roturières ne peuvent leur faire perdre tout à fait; c'est pourtant vrai, sans cette hésitation des Morcerf, ma fille épousait ce M. Albert : le général y tenait beaucoup, il était même venu pour forcer la main à M. Danglars; nous l'avons échappé belle.

— Mais, dit timidement Valentine, est-ce que toute cette honte du père rejaillit sur le fils? M. Albert me semble bien innocent de toutes ces trahisons du général.

— Pardon, chère amie! dit l'implacable jeune fille; M. Albert en réclame et en mérite sa part : il paraît qu'après avoir provoqué hier M. de Monte-Christo à l'Opéra, il lui a fait aujourd'hui des excuses sur le terrain.

— Impossible! dit madame de Villefort.

— Ah! chère amie! dit madame Danglars avec cette même naïveté que nous avons déjà signalée, la chose est certaine, je le sais de M. Debray, qui était présent à l'explication.

Valentine aussi savait la vérité, mais elle ne répondait pas.

Repoussée par un mot dans ses souvenirs, elle se retrouvait en pensée dans la chambre de Noirtier, où l'attendait Morrel.

Plongée dans cette espèce de contemplation intérieure, Valentine avait cessé depuis un instant de prendre part à la conversation.

Il lui eût même été impossible de répéter ce qui avait été dit depuis quelques minutes, quand tout à coup la main de madame Danglars, en s'appuyant sur son bras, la tira de sa rêverie.

— Qu'y a-t-il, madame? dit Valentine en tressaillant au contact des doigts de madame Danglars, comme elle eût tressailli à un contact électrique.

— Il y a, ma chère Valentine, dit la baronne, que vous souffrez sans doute?

— Moi? fit la jeune fille en passant la main sur son front brûlant.

— Oui; regardez-vous dans cette glace; vous avez rougi et pâli successivement trois ou quatre fois dans l'espace d'une minute.

— En effet, s'écria Eugénie, tu es bien pâle!

— Oh! ne t'inquiète pas, Eugénie; je suis comme cela depuis quelques jours.

Et, si peu rusée qu'elle fût, la jeune fille comprit que c'était une occasion de sortir.

D'ailleurs, madame de Villefort vint à son aide.

— Retirez-vous, Valentine, dit-elle; vous souffrez réellement, et ces dames voudront bien vous pardonner; buvez un verre d'eau pure, et cela vous remettra.

Valentine embrassa Eugénie, salua madame Danglars déjà levée pour se retirer, et sortit.

— Cette pauvre enfant! dit madame de Villefort quand Valentine eut disparu, elle m'inquiète sérieusement, et je ne serais pas étonnée quand il lui arriverait quelque accident grave.

Cependant Valentine, dans une espèce d'exaltation dont elle ne se rendait pas compte, avait traversé la chambre d'Édouard sans répondre à je ne sais quelle méchanceté de l'enfant, et par chez elle avait atteint le petit escalier.

Elle en avait franchi tous les degrés, moins les trois derniers.

Elle entendait déjà la voix de Morrel lorsque tout à coup un nuage passa devant ses yeux, son pied roidi manqua la marche, ses mains n'eurent plus de force pour la retenir à la rampe, et, froissant la cloison, elle roula du haut des trois derniers degrés plutôt qu'elle ne les descendit.

Morrel ne fit qu'un bond.

Il ouvrit la porte, et trouva Valentine étendue sur le palier.

Rapide comme l'éclair, il l'enleva entre ses bras et l'assit dans un fauteuil.

Valentine rouvrit les yeux.

— Oh! maladroite que je suis! dit-elle avec une fiévreuse volubilité; je ne sais donc plus me tenir! J'oublie qu'il y a trois marches avant le palier.

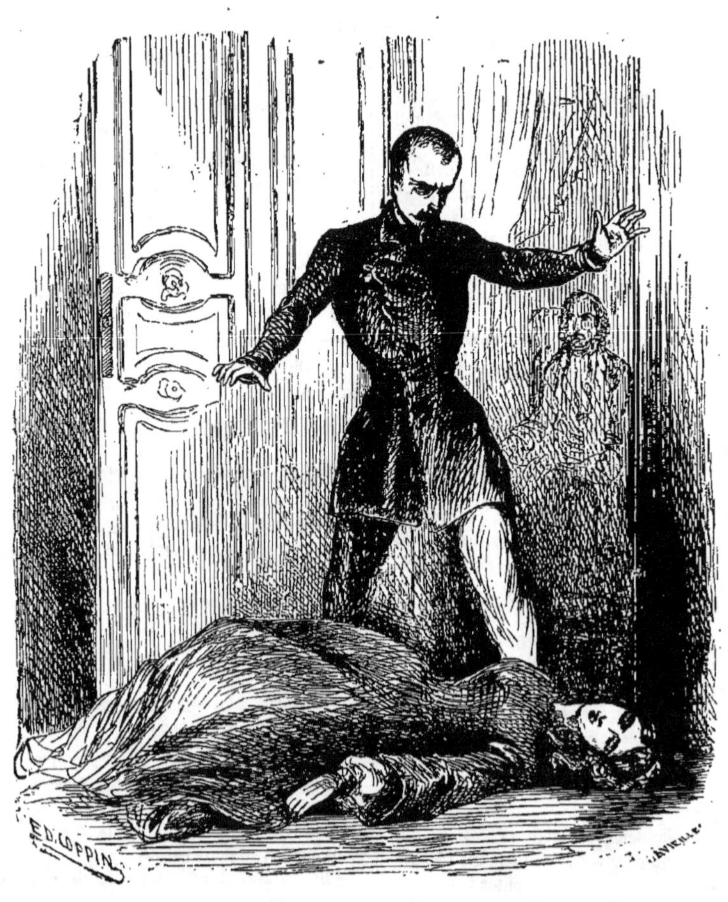

Il vit Valentine étendue sur le palier. — Page 105.

— Vous vous êtes blessée peut-être, Valentine? s'écria Morrel. Oh! mon Dieu! mon Dieu!

Valentine regarda autour d'elle : elle vit le plus profond effroi peint dans les yeux de Noirtier.

— Rassure-toi, bon père! dit-elle en essayant de sourire; ce n'est rien, ce n'est rien... la tête m'a tourné, voilà tout.

— Entore un étourdissement! dit Morrel joignant les mains. Oh! faites-y attention, Valentine, je vous si pplie!

— Mais n n dit Valentine, mais non, je vous dis que tout est passé et que ce n'était rien. Maintenant, laissez-moi vous apprendre une nouvelle : dans huit jours, Eugénie se marie, et, dans trois jours, il y a une espèce de grand festin, un repas de fiançailles. Nous sommes tous invités, mon père, madame de Villefort et moi... à ce que j'ai cru comprendre, du moins

— Quand sera-ce donc notre tour de nous occuper de ces détails? Oh! Valentine, vous qui pouvez tant de choses sur notre bon-papa, tâchez qu'il vous réponde : *Bientôt!*

La femme de chambre et le domestique accoururent simultanément.

— Ainsi, demanda Valentine, vous comptez sur moi pour stimuler la lenteur et réveiller la mémoire de bon-papa?

— Oui, s'écria Morrel. Mon Dieu! mon Dieu! faites vite! Tant que vous ne serez pas à moi, Valentine, il me semblera toujours que vous allez m'échapper.

— Oh! répondit Valentine avec un mouvement convulsif, oh! en vérité, Maximilien, vous êtes trop craintif pour un officier, pour un soldat qui, dit-on, n'a jamais connu la peur. Ah! ah! ah!

Et elle éclata d'un rire strident et douloureux, ses bras se roidirent et se tournèrent, sa tête se renversa sur son fauteuil, et elle demeura sans mouvement.

Le cri de terreur que Dieu enchaînait aux lèvres de Noirtier jaillit de son regard.

Morrel comprit : il s'agissait d'appeler du secours.

Le jeune homme se pendit à la sonnette.

La femme de chambre qui était dans l'appartement de Valentine et le domestique qui avait remplacé Barrois accoururent simultanément.

Valentine était si pâle, si froide, si inanimée, que, sans écouter ce qu'on leur disait, la peur qui veillait sans cesse dans cette maison maudite les prit, et qu'ils s'élancèrent par les corridors en criant au secours.

Madame Danglars et Eugénie sortaient en ce moment même. Elles purent encore apprendre la cause de toute cette rumeur.

— Je vous l'avais bien dit! s'écria madame de Villefort, pauvre petite!

CHAPITRE XVI.

L'AVEU.

Au même instant on entendit la voix de M. de Villefort, qui, de son cabinet, criait:

— Qu'y a-t-il?

Morrel consulta du regard Noirtier, qui venait de reprendre tout son sang-froid, et qui, d'un coup d'œil, lui indiqua le cabinet où déjà une fois, dans une circonstance à peu près pareille, il s'était réfugié.

Il n'eut que le temps de prendre son chapeau et de s'y jeter tout haletant.

On entendait les pas du procureur du roi dans le corridor.

Villefort se précipita dans la chambre, courut à Valentine et la prit entre ses bras.

— Un médecin! un médecin! M. d'Avrigny! cria Villefort, ou plutôt j'y vais moi-même!

Et il s'élança hors de l'appartement.

Par l'autre porte s'élança Morrel.

Il venait d'être frappé au cœur par un épouvantable souvenir.

Cette conversation entre Villefort et le docteur, qu'il avait entendue la nuit où mourut madame de Saint-Méran, lui revenait à la mémoire.

Ces symptômes, portés à un degré moins effrayant, étaient les mêmes qui avaient précédé la mort de Barrois.

En même temps il lui avait semblé entendre bruire à son oreille cette voix de Monte-Christo, qui lui avait dit, il y avait deux heures à peine :

— De quelque chose que vous ayez besoin, Morrel, venez à moi, je peux beaucoup.

Plus rapide que la pensée, il s'élança donc du faubourg Saint-Honoré dans la rue Matignon, et de la rue Matignon dans l'avenue des Champs-Élysées.

Pendant ce temps, M. de Villefort arrivait, dans un cabriolet de place, à la porte de M. d'Avrigny.

Il sonna avec tant de violence, que le concierge vint lui ouvrir d'un air effrayé.

Villefort s'élança dans l'escalier sans avoir la force de rien dire.

Le concierge le connaissait et le laissa passer en criant seulement :

— Dans son cabinet! monsieur le procureur du roi, dans son cabinet!

Villefort en poussait déjà ou plutôt en enfonçait la porte.

— Ah! dit le docteur, c'est vous.

— Oui, dit Villefort en refermant la porte derrière lui; oui, docteur, c'est moi qui viens vous demander à mon tour si nous sommes bien seuls. Docteur, ma maison est une maison maudite!

— Quoi! dit celui-ci froidement en apparence mais avec une profonde émotion intérieure, avez-vous encore quelque malade?

— Oui, docteur, s'écria Villefort en saisissant d'une main convulsive une poignée de cheveux, oui!

Le regard de d'Avrigny signifia :

— Je vous l'avais prédit.

Puis ses lèvres accentuèrent lentement ces mots :

— Qui va donc mourir chez vous, et quelle nouvelle victime va nous accuser de faiblesse devant Dieu?

Un sanglot douloureux jaillit du cœur de Villefort, il s'approcha du médecin, et, lui saisissant le bras :

— Valentine, dit-il, c'est le tour de Valentine!

— Votre fille! s'écria d'Avrigny saisi de douleur et de surprise.

— Vous voyez que vous vous trompiez, murmura le magistrat; venez la voir, et, sur son lit de douleur, demandez-lui pardon de l'avoir soupçonnée.

— Chaque fois que vous m'avez prévenu, dit M. d'Avrigny, il était trop tard; n'importe, j'y vais; mais hâtons-nous, monsieur : avec les ennemis qui frappent chez vous, il n'y a pas de temps à perdre.

— Oh! cette fois, docteur, vous ne me reprocherez plus ma faiblesse. Cette fois, je connaîtrai l'assassin et je frapperai.

— Essayons de sauver la victime avant de penser à la venger, dit d'Avrigny. Venez.

Et le cabriolet qui avait amené Villefort le ramena au grand trot, accompagné de d'Avrigny, au moment même où, de son côté, Morrel frappait à la porte de Monte-Christo.

Le comte était dans son cabinet, et, fort soucieux, lisait un mot que Bertuccio venait de lui envoyer à la hâte.

En entendant annoncer Morrel, qui le quittait il y avait deux heures à peine, le comte releva la tête.

Pour lui, comme pour le comte, il s'était sans doute passé bien des choses pendant ces deux heures, car le jeune homme, qui l'avait quitté le sourire sur les lèvres, revenait le visage bouleversé.

Il se leva et s'élança au-devant de Morrel.

— Qu'y a-t-il donc, Maximilien? lui demanda-t-il; vous êtes pâle, et votre front ruisselle de sueur.

Morrel tomba sur un fauteuil plutôt qu'il ne s'assit.

— Oui, dit-il, je suis venu vite, j'avais besoin de vous parler.

— Tout le monde se porte bien dans votre famille? demanda le comte avec un ton de bienveillance affectueuse à la sincérité de laquelle personne ne se fût trompé.

— Merci, comte, merci, dit le jeune homme visiblement embarrassé pour commencer l'entretien ; oui, dans ma famille, tout le monde se porte bien.

— Tant mieux; cependant vous avez quelque chose à me dire? reprit le comte de plus en plus inquiet.

— Oui, dit Morrel, c'est vrai, je viens de sortir d'une maison où la mort venait d'entrer, pour accourir à vous.

— Sortez-vous donc de chez M. de Morcerf? demanda Monte-Christo.

— Non, dit Morrel; quelqu'un est-il mort chez M. de Morcerf?

— Le général vient de se brûler la cervelle, répondit Monte-Christo.

— Oh! l'affreux malheur! s'écria Maximilien.

— Pas pour la comtesse, pas pour Albert, dit Monte-Christo; mieux vaut un père et un époux mort, qu'un père et un époux déshonoré : le sang lavera la honte.

— Pauvre comtesse! dit Maximilien, c'est elle que je plains surtout, une si noble femme!

— Plaignez aussi Albert, Maximilien, car, croyez-le, c'est le digne fils de la comtesse. Mais revenons à vous : vous accouriez vers moi, m'avez-vous dit; aurais-je le bonheur que vous eussiez besoin de moi?

— Oui, j'ai besoin de vous, c'est-à-dire que j'ai cru, comme un insensé, que vous pouviez me porter secours dans une circonstance où Dieu seul peut me secourir.

— Dites toujours, répondit Monte-Christo.

— Oh! dit Morrel, je ne sais, en vérité, s'il m'est permis de révéler un pareil secret à des oreilles humaines; mais la fatalité m'y pousse, la nécessité m'y contraint, comte.

Morrel s'arrêta hésitant.

— Croyez-vous que je vous aime? dit Monte-Christo prenant affectueusement la main du jeune homme entre les siennes.

— Oh! tenez, vous m'encouragez, et puis quelque chose me dit là (Morrel posa la main sur son cœur) que je ne dois pas avoir de secret pour vous.

— Vous avez raison, Morrel, c'est Dieu qui parle à votre cœur, et c'est votre cœur qui vous parle. Redites-moi ce que vous dit votre cœur.

— Comte, voulez-vous me permettre d'envoyer Baptistin demander de votre part des nouvelles de quelqu'un que vous connaissez?

— Je me suis mis à votre disposition, à plus forte raison j'y mets mes domestiques.

— Oh! c'est que je ne vivrai pas tant que je n'aurai pas la certitude qu'elle va mieux..

— Voulez-vous que je sonne Baptistin?

— Non, je vais lui parler moi-même.

Morrel sortit, appela Baptistin et lui dit quelques mots tout bas.

Le valet de chambre partit tout courant.

— Eh bien! est-ce fait? demanda Monte-Christo en voyant reparaître Morrel.

— Oui, et je vais être un peu plus tranquille.

— Vous savez que j'attends, dit Monte-Christo souriant.

— Oui, et moi je parle. Écoutez : un soir je me trouvais dans un jardin; j'étais caché par un massif d'arbres, nul ne se doutait que je pouvais être là. Deux personnes passèrent près de moi; permettez que je taise provisoirement leurs noms; elles causaient à voix basse, et cependant j'avais un tel intérêt à entendre leurs paroles, que je ne perdais pas un mot de ce qu'elles disaient.

— Cela s'annonce lugubrement, si j'en crois votre pâleur et votre frisson, Morrel.

— Oh! oui, bien lugubrement, mon ami! Il venait de mourir quelqu'un chez le maître du jardin où je me trouvais; l'une des deux personnes dont j'entendais la conversation était le maître de ce jardin, et l'autre était le médecin. Or, le premier confiait au second ses craintes et ses douleurs; car c'était la seconde fois, depuis un mois, que la mort s'abattait, rapide et imprévue, sur cette maison, qu'on croirait désignée, par quelque ange exterminateur, à la colère de Dieu.

— Ah! ah! dit Monte-Christo en regardant fixement le jeune homme et en tournant son fauteuil par un mouvement imperceptible, de manière à se placer dans l'ombre, tandis que le jour frappait le visage de Maximilien.

— Oui, continua celui-ci, la mort était entrée deux fois dans cette maison en un mois.

— Et que répondait le docteur? demanda Monte-Christo

— Il répondait... il répondait que cette mort n'était point naturelle, et qu'il fallait l'attribuer...

— A quoi?

— Au poison!

— Vraiment, dit Monte-Christo avec cette toux légère qui, dans les moments de suprême émotion, lui servait à déguiser soit sa rougeur, soit sa pâleur, soit l'attention même avec laquelle il écoutait; vraiment, Maximilien, vous avez entendu de ces choses-là?

— Oui, cher comte, je les ai entendues, et le docteur a ajouté que, si pareil événement se renouvelait, il se croirait obligé d'en appeler à la justice.

Monte-Christo écoutait ou paraissait écouter avec le plus grand calme.

— Eh bien! dit Maximilien, la mort a frappé une troisième fois, et, ni le maître de la maison, ni le docteur n'ont rien dit; la mort va frapper une quatrième fois peut-être : comte, à quoi croyez-vous que la connaissance de ce secret m'engage?

— Mon cher ami, dit Monte-Christo, vous me paraissez conter là une aventure que tout le monde sait par cœur. La maison où vous avez entendu cela, je la connais, ou tout au moins j'en connais une pareille : une maison où il y a un jardin, un père de famille, un docteur; une maison où il y a eu trois morts étranges et inattendues. Eh bien! regardez-moi, moi qui n'ai point intercepté de confidence, et qui, cependant, sais tout cela aussi bien que vous, est-ce que j'ai des scrupules de conscience? Non, cela ne me regarde pas, moi. Vous dites qu'un ange exterminateur semble désigner cette maison à la colère du Seigneur, eh bien! qui vous dit que votre supposition n'est pas une réalité? Ne voyez pas les choses que ne veulent pas voir ceux qui ont intérêt à les voir. Si c'est la justice et non la colère de Dieu qui se promène dans cette maison, Maximilien, détournez la tête et laissez passer la justice de Dieu.

Morrel frissonna.

Il y avait quelque chose à la fois de lugu-

— Malheureux! tu aimes cette fille d'une race maudite! — Page 110.

bre, de solennel et de terrible dans l'accent du comte.

— D'ailleurs, continua-t-il avec un changement de voix si marqué qu'on eût dit que ces dernières paroles ne sortaient pas de la bouche du même homme; d'ailleurs, qui vous dit que cela recommencera?

— Cela recommence, comte, s'écria Morrel, et voilà pourquoi j'accours chez vous.

— Eh bien! que voulez-vous que j'y fasse, Morrel? Voudriez-vous, par hasard, que je prévinsse M. le procureur du roi?

Monte-Christo articula ces dernières paroles avec tant de clarté et avec une accentuation si vibrante, que Morrel, se levant tout à coup, s'écria :

— Comte! comte! vous savez de qui je veux parler, n'est ce pas?

— Eh! parfaitement, mon bon ami, et je vais vous le prouver en mettant les points sur les *i*, ou plutôt les noms sur les hommes. Vous vous êtes promené un soir dans le jardin de M. de Villefort, d'après ce que vous m'avez dit, je présume que c'est le soir de la mort de madame de Saint-Méran. Vous avez entendu M. de Villefort causer avec

M. d'Avrigny de la mort de M. de Saint-Méran et de celle non moins étonnante de la marquise. M. d'Avrigny disait qu'il croyait à un empoisonnement et même à deux empoisonnements; et vous voilà, vous honnête homme par excellence, vous voilà, depuis ce moment, occupé à palper votre cœur, à jeter la sonde dans votre conscience pour savoir s'il faut révéler ce secret ou le taire. Nous ne sommes plus au moyen âge, cher ami, et il n'y a plus de Sainte-Vehme, il n'y a plus de francs-juges; que diable allez-vous demander à ces gens-là? Conscience, que me veux-tu? comme dit Sterne. Eh! mon cher, laissez-les dormir s'ils dorment, laissez-les pâlir dans leurs insomnies, s'ils ont des insomnies, et, pour l'amour de Dieu, dormez, vous qui n'avez pas de remords qui vous empêchent de dormir.

Une effroyable douleur se peignit sur les traits de Morrel.

Il saisit la main de Monte-Christo.

— Mais cela recommence! vous dis-je.

— Eh bien! dit le comte étonné de cette insistance à laquelle il ne comprenait rien, et regardant Maximilien plus attentivement, laissez recommencer : c'est une famille d'Atrides; Dieu les a condamnés, et ils subiront la sentence; ils vont tous disparaître comme ces moines que les enfants fabriquent avec des cartes pliées, et qui tombent les uns après les autres sous le souffle de leur créateur, y en eût-il deux cents. C'était M. de Saint-Méran, il y a trois mois; c'était madame de Saint-Méran, il y a deux mois; c'était Barrois l'autre jour; aujourd'hui c'est le vieux Noirtier ou la jeune Valentine.

— Vous le saviez? s'écria Morrel dans un tel paroxysme de terreur, que Monte-Christo tressaillit, lui que la chute du ciel eût trouvé impassible; vous le saviez et vous ne disiez rien?

— Eh! que m'importe! reprit Monte-Christo en haussant les épaules; est-ce que je connais ces gens-là, moi, et faut-il que je perde l'un pour sauver l'autre? Ma foi non, car, entre le coupable et la victime, je n'ai pas de préférence.

— Mais moi! moi! s'écria Morrel en hurlant de douleur, moi, je l'aime!

— Vous aimez, qui? s'écria Monte-Christo en bondissant sur ses pieds et en saisissant les deux mains que Morrel élevait, en les tordant, vers le ciel.

— J'aime éperdument, j'aime en insensé, j'aime en homme qui donnerait tout son sang pour lui épargner une larme, j'aime Valentine de Villefort, qu'on assassine en ce moment, entendez-vous bien! je l'aime et je demande à Dieu et à vous comment je puis la sauver!

Monte-Christo poussa un cri sauvage dont peuvent seuls se faire une idée ceux qui ont entendu le rugissement du lion blessé.

— Malheureux! s'écria-t-il en se tordant les mains à son tour, malheureux! tu aimes Valentine! tu aimes cette fille d'une race maudite!

Jamais Morrel n'avait vu semblable expression.

Jamais œil si terrible n'avait flamboyé devant son visage.

Jamais le génie de la terreur, qu'il avait vu tant de fois apparaître, soit sur les champs de bataille, soit dans les nuits homicides de l'Algérie, n'avait secoué autour de lui de feux plus sinistres.

Il recula épouvanté.

Quant à Monte-Christo, après cet éclat et ce bruit, il ferma un moment les yeux, comme ébloui par des éclairs intérieurs.

Pendant ce moment, il se recueillit avec tant de puissance, que l'on voyait peu à peu s'apaiser le mouvement onduleux de sa poitrine gonflée de tempêtes, comme on voit après la nuée se fondre sous le soleil les vagues turbulentes et écumeuses.

Ce silence, ce recueillement, cette lutte, durèrent vingt secondes à peu près.

Puis le comte releva son front pâli.

— Voyez, dit-il d'une voix à peine altérée, voyez, cher ami, comme Dieu sait punir de leur indifférence les hommes les plus fanfarons et les plus froids devant les terribles spectacles qu'il leur donne. Moi qui regardais, assistant impassible et curieux; moi qui regardais le développement de cette lugubre tragédie; moi qui, pareil au mauvais ange, riais du mal que font les hommes, à l'abri derrière le secret (et le secret est facile à garder pour les riches et les puissants), voilà qu'à mon tour je me sens mordu par ce serpent dont je regardais la marche tortueuse, et mordu au cœur!

Morrel poussa un sourd gémissement.

— Allons, allons, continua le comte, assez de plaintes comme cela, soyez homme, soyez fort, soyez plein d'espoir, car je suis là, car je veille sur vous.

Morrel secoua tristement la tête.

— Je vous dis d'espérer, me comprenez vous? s'écria Monte-Christo. Sachez bien que jamais je ne mens, que jamais je ne me trompe. Il est midi, Maximilien, rendez grâce au ciel de ce que vous êtes venu à midi au lieu de venir ce soir, au lieu de venir demain matin. Écoutez donc ce que je vais vous dire, Morrel : il est midi; si Valentine n'est pas morte à cette heure, elle ne mourra pas.

— Oh! mon Dieu! mon Dieu! s'écria Morrel, moi qui l'ai laissée mourante!

Monte-Christo appuya une main sur son front.

Que se passa-t-il dans cette tête si lourde d'effrayants secrets? Que dit à cet esprit, implacable et humain à la fois, l'ange lumineux ou l'ange des ténèbres?

Dieu seul le sait!

Monte-Christo releva le front encore une fois, et,

cette fois, il était calme comme l'enfant qui se réveille.

— Maximilien, dit-il, retournez tranquillement chez vous; je vous commande de ne pas faire un pas, de ne pas tenter une démarche, de ne pas laisser flotter sur votre visage l'ombre d'une préoccupation, je vous donnerai des nouvelles; allez.

— Mon Dieu! mon Dieu! dit Morrel, vous m'épouvantez, comte, avec ce sang-froid. Pouvez-vous donc quelque chose contre la mort? Êtes-vous plus qu'un homme? Êtes-vous un ange? Êtes-vous un dieu?

Et le jeune homme, qu'aucun danger n'avait jamais fait reculer d'un pas, reculait devant Monte-Christo, saisi d'une indicible terreur.

Mais Monte-Christo le regarda avec un sourire à la fois si mélancolique et si doux, que Maximilien sentit les larmes poindre dans ses yeux!

— Je peux beaucoup, mon ami, répondit le comte. Allez, j'ai besoin d'être seul.

Morrel, subjugué par ce prodigieux ascendant qu'exerçait Monte-Christo sur tout ce qui l'entourait, n'essaya pas même de s'y soustraire.

Il serra la main du comte et sortit.

Seulement, à la porte, il s'arrêta pour attendre Baptistin, qu'il venait de voir apparaître au coin de la rue Matignon, et qui revenait tout courant.

Cependant Villefort et d'Avrigny avaient fait diligence.

A leur retour, Valentine était encore évanouie, et le médecin avait examiné la malade avec le soin que commandait la circonstance et avec une profondeur que doublait la connaissance du secret.

Villefort, suspendu à son regard et à ses lèvres, attendait le résultat de l'examen.

Noirtier, plus pâle que la jeune fille, plus avide d'une solution que Villefort lui-même, attendait aussi, et tout en lui se faisait intelligence et sensibilité.

Enfin, d'Avrigny laissa échapper lentement :

— Elle vit encore.

— Encore? s'écria Villefort; oh! docteur, quel terrible mot vous avez prononcé-là.

— Oui, dit le médecin, je répète ma phrase : elle vit encore, et j'en suis bien surpris.

— Mais elle est sauvée? demanda le père

— Oui, puisqu'elle vit.

En ce moment le regard de d'Avrigny rencontra l'œil de Noirtier.

Il étincelait d'une joie si extraordinaire, d'une pensée tellement riche et féconde, que le médecin en fut frappé.

Il laissa retomber sur le fauteuil la jeune fille, dont les lèvres se dessinaient à peine, tant pâles et blanches elles étaient, à l'unisson du reste du visage, et demeura immobile; et, regardant Noirtier par qui tout mouvement du docteur était attendu et commenté :

— Monsieur, dit alors d'Avrigny à Villefort, appelez la femme de chambre de mademoiselle Valentine, s'il vous plaît.

Villefort quitta la tête de sa fille qu'il soutenait, et courut lui-même appeler la femme de chambre.

Aussitôt que Villefort eut refermé la porte, d'Avrigny s'approcha de Noirtier.

— Vous avez quelque chose à me dire? demanda-t-il.

Le vieillard cligna expressivement les yeux; c'était, on se le rappelle, le seul signe affirmatif qui fût à sa disposition.

— A moi seul?

— Oui, fit Noirtier.

— Bien, je demeurerai avec vous.

En ce moment Villefort rentra suivi de la femme de chambre.

Derrière la femme de chambre marchait madame de Villefort.

— Mais qu'a donc fait cette chère enfant? s'écria-t-elle, elle sort de chez moi, et elle s'est bien plainte d'être indisposée, mais je n'avais pas cru que c'était sérieux.

Et la jeune femme, les larmes aux yeux, et avec toutes les marques d'affection d'une véritable mère, s'approcha de Valentine, dont elle prit la main.

D'Avrigny continua de regarder Noirtier, il vit les yeux du vieillard se dilater et s'arrondir, ses joues blêmir et trembler; la sueur perla son front.

— Ah! fit-il involontairement en suivant la direction du regard de Noirtier, c'est-à-dire en fixant ses yeux sur madame de Villefort, qui répétait :

— Cette pauvre enfant sera mieux dans son lit. Venez, Fanny, nous la coucherons.

M. d'Avrigny, qui voyait dans cette proposition un moyen de rester seul avec Noirtier, fit signe de la tête que c'était effectivement ce qu'il y avait de mieux à faire, mais il défendit qu'elle prît rien au monde que ce qu'il ordonnerait

On emporta Valentine, qui était revenue à la connaissance, mais qui était incapable d'agir et presque de parler, tant ses membres étaient brisés par la secousse qu'elle venait d'éprouver.

Cependant elle eut la force de saluer d'un coup d'œil son grand-père, dont il semblait qu'on arrachât l'âme en l'emportant.

D'Avrigny suivit la malade, termina ses prescriptions, ordonna à Villefort de prendre un cabriolet, d'aller en personne chez le pharmacien faire préparer devant lui les potions ordonnées, de les rap-

On emporte Valentine qui était revenue à sa connaissance. — Page 111

porter lui-même et de l'attendre dans la chambre de sa fille.

Puis, après avoir renouvelé l'injonction de ne rien laisser prendre à Valentine, il redescendit chez Noirtier, ferma soigneusement les portes, et, après s'être assuré que personne n'écoutait :

— Voyons, dit-il, vous savez quelque chose sur cette maladie de votre fille ?

— Oui, fit le vieillard.

— Écoutez, nous n'avons pas de temps à perdre, je vais vous interroger et vous me répondrez.

Noirtier fit signe qu'il était prêt à répondre.

— Avez-vous prévu l'accident qui est arrivé aujourd'hui à Valentine?

— Oui.

D'Avrigny réfléchit un instant ; puis, se rapprochant de Noirtier :

— Pardonnez-moi ce que je vais vous dire, ajouta-t-il, mais nul indice ne doit être négligé dans la situation terrible où nous sommes. Vous avez vu mourir le pauvre Barrois ?

Noirtier leva les yeux au ciel.

— Savez-vous de quoi il est mort? demanda

D'Avrigny avala quelques gouttes du liquide que contenait la bouteille. — PAGE 114.

d'Avrigny en posant sa main sur l'épaule de Noirtier.

— Oui, répondit le vieillard.

— Pensez-vous que sa mort ait été naturelle?

Quelque chose comme un sourire s'esquissa sur les lèvres inertes de Noirtier.

— Alors l'idée que Barrois avait été empoisonné vous est venue?

— Oui.

— Croyez-vous que ce poison dont il a été victime lui ait été destiné?

— Non,

— Maintenant, pensez-vous que ce soit la même main qui a frappé Barrois, en voulant frapper un autre, qui frappe aujourd'hui Valentine?

— Oui.

— Elle va donc succomber aussi? demanda d'Avrigny en fixant son regard profond sur Noirtier.

Et il attendit l'effet de cette phrase sur le vieillard

— Non! répondit-il avec un air de triomphe qui eût pu dérouter toutes les conjectures du plus habile devin.

5 Paris. — Imp. de Edouard Blot, rue St-Louis, 46

— Alors vous espérez? dit d'Avrigny avec surprise.

— Oui.

— Qu'espérez-vous?

Le vieillard fit comprendre des yeux qu'il ne pouvait répondre.

— Ah! oui, c'est vrai, murmura d'Avrigny.

Puis, revenant à Noirtier :

— Vous espérez, dit-il, que l'assassin se lassera?

— Non.

— Alors vous espérez que le poison sera sans effet sur Valentine?

— Oui.

— Car je ne vous apprends rien, n'est-ce pas, ajouta d'Avrigny, en vous disant qu'on vient d'essayer de l'empoisonner?

Le vieillard fit signe des yeux qu'il ne conservait aucun doute à ce sujet.

— Alors, comment espérez-vous que Valentine échappera?

Noirtier tint avec obstination ses yeux fixés du même côté, d'Avrigny suivit la direction de ses yeux, et vit qu'ils étaient attachés sur une bouteille contenant la potion qu'on lui apportait tous les matins.

— Ah! ah! dit d'Avrigny, frappé d'une idée subite, auriez-vous eu l'idée...

Noirtier ne le laissa point achever.

— Oui, fit-il.

— De la prémunir contre le poison...

— Oui.

— En l'habituant peu à peu?

— Oui, oui, oui, fit Noirtier enchanté d'être compris.

— En effet, vous m'avez entendu dire qu'il entrait de la brucine dans les potions que je vous donne!

— Oui.

— Et, en l'accoutumant à ce poison, vous avez voulu neutraliser les effets d'un poison?

Même joie triomphante de Noirtier.

— Et vous y êtes parvenu, en effet, s'écria d'Avrigny. Sans cette précaution, Valentine était tuée aujourd'hui, tuée sans secours possible, tuée sans miséricorde, la secousse a été si violente! mais elle n'a été qu'ébranlée, et, cette fois du moins, Valentine ne mourra pas.

Une joie surhumaine épanouissait les yeux du vieillard, levés au ciel avec une expression de reconnaissance infinie.

En ce moment Villefort rentra.

— Tenez, docteur, dit-il, voici ce que vous avez demandé.

— Cette potion a été préparée devant vous?

— Oui, répondit le procureur du roi.

— Elle n'est pas sortie de vos mains?

— Non.

— D'Avrigny prit la bouteille, versa quelques gouttes du breuvage qu'elle contenait dans le creux de sa main et les avala.

— Bien, dit-il, montons chez Valentine, j'y donnerai mes instructions à tout le monde, et vous veillerez vous-même, monsieur de Villefort, à ce que personne ne s'en écarte.

Au moment où d'Avrigny rentrait dans la chambre de Valentine, accompagné de Villefort, un prêtre italien, à la démarche sévère, aux paroles calmes et décidées, louait pour son usage la maison attenante à l'hôtel habité par M. de Villefort.

On ne put savoir en vertu de quelle transaction les trois locataires de cette maison déménagèrent deux heures après; mais le bruit qui courut généralement dans le quartier, fut que la maison n'était pas solidement assise sur ses fondations et menaçait ruine, ce qui n'empêchait point le nouveau locataire de s'y établir, avec son modeste mobilier, le jour même, vers les cinq heures.

Ce bail fut fait pour trois, six ou neuf ans par le nouveau locataire, qui, selon l'habitude établie par les propriétaires, paya six mois d'avance.

Ce nouveau locataire, qui, ainsi que nous l'avons dit, était Italien, s'appelait il signor Giacomo Busoni.

Des ouvriers furent immédiatement appelés, et la nuit même les rares passants attardés au haut du faubourg voyaient avec surprise les charpentiers et les maçons occupés à reprendre en sous-œuvre la maison chancelante.

CHAPITRE XVII.

LE PÈRE ET LA FILLE.

Nous avons vu, dans le chapitre précédent, madame Danglars venir annoncer officiellement à madame de Villefort le prochain mariage de mademoiselle Eugénie Danglars avec M. Andrea Cavalcanti.

Cette annonce officielle, qui indiquait ou semblait indiquer une résolution prise par tous les intéressés à cette grande affaire, avait cependant été précédée d'une scène dont nous devons compte à nos lecteurs.

Nous les prions donc de faire un pas en arrière et de se transporter, le matin même de cette journée aux grandes catastrophes, dans ce beau salon si bien doré que nous leur avons fait connaître et qui faisait l'orgueil de son propriétaire, M. le baron Danglars

Dans ce salon, en effet, vers les dix heures du matin, se promenait, depuis quelques minutes, tout pensif et visiblement inquiet, le baron lui-même, regardant à chaque porte et s'arrêtant à chaque bruit.

Lorsque sa somme de patience fut épuisée, il appela le valet de chambre.

— Étienne, lui dit-il, voyez donc pourquoi mademoiselle Eugénie m'a prié de l'attendre au salon, et informez-vous pourquoi elle m'y fait attendre si longtemps.

Cette bouffée de mauvaise humeur exhalée, le baron reprit un peu de calme

En effet, mademoiselle Danglars, après son réveil, avait fait demander une audience à son père, et avait désigné le salon doré comme le lieu de cette audience.

La singularité de cette démarche, son caractère officiel surtout, n'avait pas médiocrement surpris le banquier, qui avait immédiatement obtempéré au désir de sa fille en se rendant le premier au salon.

Étienne revint bientôt de son ambassade.

— La femme de chambre de mademoiselle, dit-il, m'a annoncé que mademoiselle achevait sa toilette, et ne tarderait pas à venir.

Danglars fit un signe de tête indiquant qu'il était satisfait.

Danglars, vis-à-vis du monde et même vis-à-vis de ses gens, affectait le bonhomme et le père faible.

C'était une face du rôle qu'il s'était imposé dans la comédie populaire qu'il jouait ; c'était une physionomie qu'il avait adoptée et qui lui semblait convenir, comme il convenait aux profils droits des masques des pères du théâtre antique d'avoir la lèvre retroussée et riante, tandis que le côté gauche avait la lèvre abaissée et pleurnicheuse.

Hâtons-nous de dire que, dans l'intimité, la lèvre retroussée et riante descendait au niveau de la lèvre abaissée et pleurnicheuse ; de sorte que, pour la plupart du temps, le bonhomme disparaissait pour faire place au mari brutal et au père absolu.

— Pourquoi diable cette folle, qui veut me parler, à ce qu'elle prétend, murmurait Danglars, ne vient-elle pas simplement dans mon cabinet, pensait-il, et pourquoi surtout veut-elle me parler?

Il roulait pour la vingtième fois cette pensée inquiétante dans son cerveau lorsque la porte s'ouvrit et qu'Eugénie parut, vêtue d'une robe de satin noir brochée de fleurs mates de la même couleur, coiffée en cheveux et gantée, comme s'il se fût agi d'aller s'asseoir dans son fauteuil du Théâtre-Italien.

— Eh bien ! Eugénie, qu'y a-t-il donc? s'écria le père, et pourquoi le salon solennel, tandis qu'on est si bien dans mon cabinet particulier?

— Vous avez parfaitement raison, monsieur, répondit Eugénie en faisant signe à son père qu'il pouvait s'asseoir, et vous venez de poser là deux questions qui résument d'avance toute la conversation que nous allons avoir. Je vais donc répondre à toutes deux, et, contre les lois de l'habitude, à la seconde d'abord, comme étant la moins complexe. J'ai choisi le salon, monsieur, pour lieu de rendez-vous, afin d'éviter les impressions désagréables et les influences du cabinet d'un banquier. Ces livres de caisse, si bien dorés qu'ils soient, ces tiroirs fermés comme des portes de forteresses, ces masses de billets de banque qui viennent on ne sait d'où, et ces quantités de lettres qui viennent d'Angleterre, de Hollande, d'Espagne, des Indes, de la Chine et du Pérou, agissent en général étrangement sur l'esprit d'un père, et lui font oublier qu'il est dans le monde un intérêt plus grand et plus sacré que celui de la position sociale et de l'opinion de ses commettants. J'ai donc choisi ce salon où vous voyez souriant et heureux dans leurs cadres magnifiques votre portrait, le mien, celui de ma mère et toutes sortes de paysages pastoraux et de bergeries attendrissantes. Je me fie beaucoup à la puissance des impressions extérieures. Peut-être, vis-à-vis de vous surtout, est-ce une erreur; mais que voulez-vous, je ne serais pas artiste s'il ne me restait pas quelques illusions.

— Très-bien! répondit M. Danglars, qui avait écouté la tirade avec un imperturbable sang-froid, mais sans en comprendre une parole, absorbé qu'il était, comme tout homme plein d'arrière-pensées, à chercher le fil de sa propre idée dans les idées de l'interlocuteur.

— Voilà donc le second point éclairci ou à peu près, dit Eugénie sans le moindre trouble et avec cet aplomb tout masculin qui caractérisait son geste et sa parole, et vous me paraissez satisfait de l'explication. Maintenant, revenons au premier. Vous me demandiez pourquoi j'avais sollicité cette audience? Je vais vous le dire en deux mots, monsieur, le voici. Je ne veux pas épouser M. le comte Andrea Cavalcanti.

Danglars fit un bond sur son fauteuil, et, de la secousse, leva à la fois les yeux et les bras au ciel.

— Mon Dieu! oui, monsieur, continua Eugénie, toujours aussi calme. Vous êtes étonné, je le vois bien, car, depuis que toute cette petite affaire est en train, je n'ai point manifesté la plus petite opposition, certaine que je suis toujours, le moment venu, d'opposer franchement aux gens qui ne m'ont point consultée et aux choses qui me déplaisent une volonté franche et absolue. Cependant, cette fois, cette tranquillité, cette passivité, comme disent les philosophes, venait d'une autre source; elle venait de ce que, fille soumise et dévouée..... (un léger sourire se dessina sur les lèvres empourprées de la jeune fille), je m'essayais à l'obéissance.

— Eh bien? demanda Danglars...

— Eh bien! monsieur, reprit Eugénie, j'ai essayé jusqu'au bout de mes forces, et, maintenant que le moment est arrivé, malgré tous les efforts que j'ai tentés sur moi-même, je me sens incapable d'obéir.

— Mais enfin, dit Danglars, qui, esprit secondaire, semblait tout abasourdi du poids de cette impitoyable logique, dont le flegme accusait tant de préméditation et de force et de volonté, — la raison de ce refus, Eugénie? la raison?

— La raison, répliqua la jeune fille, oh! mon Dieu! ce n'est point que l'homme soit plus laid, soit plus sot ou soit plus désagréable qu'un autre, non; M. Andrea Cavalcanti peut même passer, près de ceux qui regardent les hommes au visage et à la taille, pour être d'un assez beau modèle; ce n'est pas non plus parce que mon cœur est moins touché de celui-là que de tout autre : ceci serait une raison de pensionnaire, que je regarde comme tout à fait au-dessous de moi; je n'aime absolument personne, monsieur, vous le savez bien, n'est-ce pas? Je ne vois donc pas pourquoi, sans nécessité absolue, j'irais embarrasser ma vie d'un éternel compagnon. Est-ce que le sage n'a point dit quelque part : — « Rien de trop, » et ailleurs : « — Portez tout avec vous-même? » On m'a même appris ces deux aphorismes en latin et en grec; l'un est, je crois, de Phèdre, et l'autre de Bias. Eh bien! mon cher père, dans le naufrage de la vie, car la vie est un naufrage éternel de nos espérances, je jette à la mer mon bagage inutile, voilà tout, et je reste avec ma volonté, disposée à vivre parfaitement seule, et par conséquent parfaitement libre.

— Malheureuse! malheureuse! murmura Danglars pâlissant, car il connaissait par une longue expérience la solidité de l'obstacle qu'il rencontrait si soudainement.

— Malheureuse! reprit Eugénie; malheureuse! dites-vous, monsieur? Mais non pas, en vérité, et l'exclamation me paraît tout à fait théâtrale et affectée. Heureuse! au contraire, car, je vous le demande, que me manque-t-il? Le monde me trouve belle, c'est quelque chose pour être accueillie favorablement. J'aime les bons accueils, moi : ils épanouissent les visages, et ceux qui m'entourent me paraissent alors moins laids. Je suis douée de quelque esprit et d'une certaine sensibilité relative qui me permet de tirer de l'existence générale, pour la faire entrer dans la mienne, ce que j'y trouve de bon, comme fait le singe lorsqu'il casse la noix verte pour en tirer ce qu'elle contient. Je suis riche, car vous avez une des plus belles fortunes de France, car je suis votre fille unique, et vous n'êtes point tenace au degré où le sont les pères de la Porte-Saint-Martin et de la Gaîté, qui déshéritent leurs filles parce qu'elles ne veulent pas leur donner de petits-enfants. D'ailleurs, la loi prévoyante vous a ôté le droit de me déshériter, du moins tout à fait, comme elle vous a ôté le pouvoir de me contraindre à épouser M. tel ou tel. Ainsi, belle, spirituelle, ornée de quelque talent, comme on dit dans les opéras-comiques, et riche! Mais c'est le bonheur, cela, monsieur. Pourquoi donc m'appelez-vous malheureuse?

Danglars, voyant sa fille souriante et fière jusqu'à l'insolence, ne put réprimer un mouvement de brutalité qui se trahit par un éclat de voix, mais ce fut le seul.

Sous le regard interrogateur de sa fille, en face de ce beau sourcil noir, froncé par l'interrogation,

— Je ne veux pas épouser M. le comte Andrea Cavalcanti. — Page 116.

Il se retourna avec prudence et se calma aussitôt, dompté par la main de fer de la circonspection.

— En effet, ma fille, répondit-il avec un sourire, vous êtes tout ce que vous vous vantez d'être, hormis une seule chose, ma fille ; je ne veux pas trop brusquement vous dire laquelle : j'aime mieux vous la laisser deviner.

Eugénie regarda Danglars, fort surprise qu'on lui contestât l'un des fleurons de la couronne d'orgueil qu'elle venait de poser si superbement sur sa tête.

— Ma fille, continua le banquier, vous m'avez parfaitement expliqué quels étaient les sentiments qui présidaient aux résolutions d'une fille comme vous quand elle a décidé qu'elle ne se mariera point. Maintenant, c'est à moi de vous dire quels sont les motifs d'un père comme moi quand il a décidé que sa fille se mariera.

Eugénie s'inclina, non pas en fille soumise qui écoute, mais en adversaire prêt à discuter, qui attend.

— Ma fille, continua Danglars, quand un père demande à sa fille de prendre un époux, il a toujours une raison quelconque pour désirer son mariage. Les uns sont atteints de la manie que vous disiez tout à l'heure, c'est-à-dire de se voir revivre dans leurs petits-fils. Je n'ai pas cette faiblesse, je commence par vous le dire : les joies de la famille me sont à peu près indifférentes, à moi. Je puis avouer cela à une fille que je sais assez philosophe pour comprendre cette indifférence et pour ne pas m'en faire un crime.

— A la bonne heure! dit Eugénie; parlons franc, monsieur, j'aime cela.

— Oh! dit Danglars, vous voyez que, sans partager, en thèse générale, votre sympathie pour la franchise, je m'y soumets quand je crois que la circonstance m'y invite. Je continuerai donc. Je vous ai proposé un mari, non pas pour vous, car, en vérité, je ne pensais pas le moins du monde à vous en ce moment (vous aimez la franchise, en voilà, j'espère), mais parce que j'avais besoin que vous prissiez cet époux le plus tôt possible, pour certaines combinaisons commerciales que je suis en train d'établir en ce moment.

Eugénie fit un mouvement.

— C'est comme j'ai l'honneur de vous le dire, ma fille, et il ne faut pas m'en vouloir, car c'est vous qui m'y forcez; c'est malgré moi, vous le comprenez bien, que j'entre dans ces explications arithmétiques avec une artiste comme vous, qui craint d'entrer dans le cabinet d'un banquier pour y percevoir, les philosophes disent aussi cela, je crois, pour y percevoir des impressions ou des sensations désagréables et antipoétiques.

Mais dans ce cabinet de banquier, dans lequel cependant vous avez bien voulu entrer avant-hier pour me demander les mille francs que je vous accorde chaque mois pour vos fantaisies, sachez, ma chère demoiselle, qu'on apprend beaucoup de choses à l'usage même des jeunes personnes qui ne veulent pas se marier. On y apprend, par exemple, et, par égard pour votre susceptibilité nerveuse, je vous l'apprendrai dans ce salon, on y apprend que le crédit d'un banquier est sa vie physique et morale, que le crédit soutient l'homme comme le souffle anime le corps, et M. de Monte-Christo m'a fait un jour là-dessus un discours que je n'ai jamais oublié. On y apprend qu'à mesure que le crédit se retire, le corps devient cadavre, et que cela doit arriver dans fort peu de temps au banquier qui s'honore d'être le père d'une fille si bonne logicienne.

Mais Eugénie, au lieu de se courber, se redressa sous le coup.

— Ruiné! dit-elle.

— Vous avez trouvé l'expression juste, ma fille, la bonne expression, dit Danglars en fouillant sa poitrine avec ses ongles, tout en conservant sur sa rude figure le sourire de l'homme sans cœur, mais non sans esprit, ruiné! c'est cela.

— Ah! fit Eugénie.

— Oui, ruiné! Eh bien! le voilà donc connu, ce secret plein d'horreur, comme dit le poëte tragique.

Maintenant, ma fille, apprenez de ma bouche comment ce malheur peut, par vous, devenir moindre, je ne dirai pas pour moi, mais pour vous.

— Oh! s'écria Eugénie, vous êtes mauvais physionomiste, monsieur, si vous vous figurez que c'est pour moi que je déplore la catastrophe que vous m'exposez.

Moi ruinée! Et que m'importe? Ne me reste-t-il pas mon talent? Ne puis-je pas, comme la Pasta, comme la Malibran, comme la Grisi, me faire ce que vous ne m'eussiez jamais donné, quelle que fût votre fortune : cent ou cent cinquante mille livres de rente que je ne devrai qu'à moi seule, et qui, au lieu de m'arriver comme m'arrivaient ces pauvres douze mille francs que vous me donniez avec des regards rechignés et des paroles de reproche sur ma prodigalité, me viendront accompagnées d'acclamations, de bravos et de fleurs? Et, quand je n'aurais pas ce talent dont votre sourire me prouve que vous doutez, ne me resterait-il pas encore ce furieux amour de l'indépendance, qui me tiendra toujours lieu de tous les trésors, et qui domine en moi jusqu'à l'instinct de la conservation?

Non, ce n'est pas pour moi que je m'attriste, je saurai toujours bien me tirer d'affaire, moi; mes livres, mes crayons, mon piano, toutes choses qui ne coûtent pas cher et que je pourrai toujours me procurer, me resteront toujours.

Vous pensez peut-être que je m'afflige pour madame Danglars, détrompez-vous encore; ou je me trompe grossièrement, ou ma mère a pris toutes ses précautions contre la catastrophe qui vous menace et qui passera sans l'atteindre; elle s'est mise à l'abri, je l'espère, et ce n'est pas en veillant sur moi qu'elle a pu se distraire de ses préoccupations de fortune, car, Dieu merci, elle m'a laissé toute mon indépendance sous le prétexte que j'aimais ma liberté.

Oh! non, monsieur, depuis mon enfance, j'ai vu se passer trop de choses autour de moi; je les ai toutes trop bien comprises pour que le malheur fasse sur moi plus d'impression qu'il ne mérite de le faire; depuis que je me connais, je n'ai été aimée de personne, tant pis! cela m'a conduite tout naturellement à n'aimer personne, tant mieux! Maintenant vous avez ma profession de foi.

— Alors, dit Danglars, pâle d'un courroux qui ne prenait point sa source dans l'amour paternel offensé; alors, mademoiselle, vous persistez à vouloir consommer ma ruine?

— Votre ruine? Moi, dit Eugénie, consommer votre ruine? Que voulez-vous dire? je ne comprends pas.

— Tant mieux, cela me laisse un rayon d'espoir; écoutez.

— J'écoute, dit Eugénie en regardant si fixement son père, qu'il fallut à celui-ci un effort pour qu'il ne baissât point les yeux sous le regard puissant de la jeune fille.

— M. Cavalcanti, continua Danglars, vous épouse, et, en vous épousant, vous apporte trois millions de dot qu'il place chez moi.

— Ah! fort bien, fit avec un souverain mépris Eugénie, tout en lissant ses gants l'un sur l'autre.

— Vous pensez que je vous ferai tort de ces trois millions? dit Danglars; pas du tout, ces trois millions sont destinés à en produire au moins dix. J'ai obtenu avec un banquier, mon confrère, la concession d'un chemin de fer, seule industrie qui, de nos jours, présente ces chances fabuleuses de succès immédiat qu'autrefois Law appliqua pour les bons Parisiens, ces éternels badauds de la spéculation, à un Mississipi fantastique. Par mon calcul on doit posséder un millionnième de rail, comme on possédait autrefois un arpent de terre en friche sur les bords de l'Ohio. C'est un placement hypothécaire, ce qui est un progrès, comme vous voyez, puisqu'on aura au moins dix, quinze, vingt, cent livres de fer en échange de son argent! Eh bien! je dois, d'ici à huit jours, déposer pour mon compte quatre millions; ces quatre millions, je vous le dis, en produiront dix ou douze.

— Mais pendant cette visite que je vous ai faite avant hier, monsieur, et dont vous voulez bien vous souvenir, reprit Eugénie, je vous ai vu encaisser, c'est le terme, n'est-ce pas? cinq millions et demi; vous m'avez même montré la chose en deux bons sur le trésor, et vous vous étonniez qu'un papier ayant une si grande valeur n'éblouît pas mes yeux comme ferait un éclair.

— Oui, mais ces cinq millions et demi ne sont point à moi et sont seulement une preuve de la confiance que l'on a en moi; mon titre de banquier populaire m'a valu la confiance des hôpitaux, et les cinq millions et demi sont aux hôpitaux; dans tout autre temps je n'hésiterais pas à m'en servir, mais aujourd'hui on sait les grandes pertes que j'ai faites, et, comme je vous l'ai dit, le crédit commence à se retirer de moi. D'un moment à l'autre, l'administration peut réclamer le dépôt, et, si je l'ai employé à autre chose, je suis forcé de faire une banqueroute honteuse. Je ne méprise pas les banqueroutes, croyez-le bien, mais les banqueroutes qui enrichissent et non celles qui ruinent. Ou que vous épousiez M. Cavalcanti, que je touche les trois millions de la dot, ou même que l'on croie que je vais les toucher, mon crédit se raffermit, et ma fortune, qui, depuis un mois ou deux, s'est engouffrée dans des abîmes creusés sous mes pas par une fatalité inconcevable, se rétablit. Me comprenez-vous?

— Parfaitement; vous me mettez en gage pour trois millions, n'est-ce pas?

— Plus la somme est forte, plus elle est flatteuse: elle vous donne une idée de votre valeur.

— Merci. Un dernier mot, monsieur : me promettez-vous de vous servir tant que vous le voudrez du chiffre de cette dot que doit apporter M. Cavalcanti, mais de ne pas toucher à la somme? Ceci n'est point une affaire d'égoïsme, c'est une affaire de délicatesse. Je veux bien servir à réédifier votre fortune, mais je ne veux pas être votre complice dans la ruine des autres.

— Mais puisque je vous dis, s'écria Danglars, qu'avec ces trois millions...

— Croyez-vous vous tirer d'affaire, monsieur, sans avoir besoin de toucher à ces trois millions?

— Je l'espère, mais à condition toujours que le mariage, en se faisant, consolidera mon crédit.

— Pourrez-vous payer à M. Cavalcanti les cinq cent mille francs que vous me donnez pour mon contrat?

— En revenant de la mairie, il les touchera.

— Bien!

— Comment, bien, que voulez-vous dire?

— Je veux dire qu'en me demandant ma signature, n'est-ce pas, vous me laissez absolument libre de ma personne?

— Absolument.

— Alors, *bien*. Comme je vous disais, monsieur, je suis prête à épouser M. Cavalcanti.

— Mais quels sont vos projets?

— Ah! c'est mon secret. Où serait ma supériorité sur vous si, ayant le vôtre, je vous livrais le mien?

Danglars se mordit les lèvres.

— Ainsi, dit-il, vous êtes prête à faire les quelques visites officielles qui sont absolument indispensables?

— Oui, répondit Eugénie.

— Et à signer le contrat dans trois jours?

— Oui.

— Alors, à mon tour, c'est moi qui vous dis: Bien.

Et Danglars prit la main de sa fille et la serra entre les siennes.

Mais, chose extraordinaire, pendant ce serrement de main, le père n'osa pas dire : Merci, mon enfant; la fille n'eut pas un sourire pour son père.

— La conférence est finie? demanda Eugénie en se levant.

Danglars fit signe de la tête qu'il n'avait plus rien à dire.

Cinq minutes après, le piano retentissait sous les

Le piano retentissait sous les doigts de mademoiselle d'Armilly, et mademoiselle Danglars chantait.

doigts de mademoiselle d'Armilly, et mademoiselle Danglars chantait la malédiction de Brabantio sur Desdemona.

A la fin du morceau, Étienne entra et annonça à Eugénie que les chevaux étaient à la voiture et que la baronne l'attendait pour faire ses visites.

Nous avons vu les deux femmes passer chez Villefort, d'où elles sortirent pour continuer leurs courses

L'élégant phaéton lança plutôt qu'il ne déposa sur les degrés du perron Andrea Cavalcanti.

CHAPITRE XVIII.

LE CONTRAT.

rois jours après la scène que nous venons de raconter, c'est-à-dire vers les cinq heures de l'après-midi du jour fixé pour la signature du contrat de mademoiselle Eugénie Danglars et d'Andrea Cavalcanti, que le banquier s'était obstiné à maintenir prince, comme une brise fraîche faisait frissonner toutes les feuilles du petit jardin situé en avant de la maison du comte de Monte-Christo, au moment où celui-ci se préparait à sortir, et tandis que ses chevaux l'attendaient en frappant du pied, maintenus par la main du cocher, assis déjà depuis un quart d'heure sur le siége, l'élégant phaéton avec lequel nous avons déjà plusieurs fois fait connaissance, et notamment pendant la soirée d'Auteuil, vint tourner rapidement l'angle de la porte d'entrée, et lança plutôt qu'il ne déposa sur les degrés du perron M. Andrea Cavalcanti, aussi doré, aussi rayonnant que si lui, de son côté, eût été sur le point d'épouser une princesse.

Il s'informa de la santé du comte avec cette familiarité qui lui était habituelle, et, escaladant légèrement le premier étage, le rencontra lui-même au haut de l'escalier.

A la vue du jeune homme, le comte s'arrêta.

Quant à Andrea Cavalcanti, il était lancé, et, quand il était lancé, rien ne l'arrêtait.

— Eh! bonjour, cher monsieur de Monte-Christo, dit-il au comte.

— Ah! monsieur Andrea! fit celui-ci avec sa voix demi-railleuse, comment vous portez-vous?

— A merveille! comme vous voyez. Je viens causer avec vous de mille choses; mais, d'abord, sortiez-vous ou rentriez-vous?

— Je sortais, monsieur.

— Alors, pour ne point vous retarder, je monterai, si vous le voulez bien, dans votre calèche, et Tom nous suivra conduisant mon phaéton à la remorque.

— Non, dit avec un imperceptible sourire de mépris le comte, qui ne se souciait pas d'être en compagnie du jeune homme; non, je préfère vous donner audience ici, cher monsieur Andrea; on cause mieux dans une chambre, et l'on n'a pas de cocher qui surprenne vos paroles au vol.

Le comte rentra donc dans un petit salon faisant partie du premier étage, s'assit, et fit, en croisant ses jambes l'une sur l'autre, signe au jeune homme de s'asseoir à son tour.

Andrea prit son air le plus riant.

— Vous savez, cher comte, dit-il, que la cérémonie a lieu ce soir; à neuf heures on signe le contrat chez le beau-père.

— Ah! vraiment? dit Monte-Christo.

— Comment! est-ce une nouvelle que je vous apprends, et n'étiez-vous pas prévenu de cette solennité par M. Danglars?

— Si fait, dit le comte, j'ai reçu une lettre de lui hier; mais je ne crois pas que l'heure y fût indiquée.

— C'est possible; le beau-père aura compté sur la notoriété publique.

— Eh bien! dit Monte-Christo, vous voilà heureux, monsieur Cavalcanti: c'est une alliance des plus sortables que vous contractez là; et puis, mademoiselle Danglars est jolie.

— Mais oui, répondit Cavalcanti avec un accent plein de modestie.

— Elle est surtout fort riche, à ce que je crois, du moins, dit Monte-Christo

— Fort riche, vous croyez? répéta le jeune homme.

— Sans doute; on dit que M. Danglars cache pour le moins la moitié de sa fortune.

— Et il avoue quinze ou vingt millions, dit Andrea avec un regard étincelant de joie.

— Sans compter, ajouta Monte-Christo, qu'il est à la veille d'entrer dans un genre de spéculation déjà un peu usé aux États-Unis et en Angleterre, mais tout à fait neuf en France.

— Oui, oui, je sais ce dont vous voulez parler; le chemin de fer dont il vient d'obtenir l'adjudication, n'est-ce pas?

— Justement! Il gagnera au moins, c'est l'avis général, au moins dix millions dans cette affaire.

— Dix millions! vous croyez? c'est magnifique! dit Cavalcanti, qui se grisait à ce bruit métallique de paroles dorées.

— Sans compter, reprit Monte-Christo, que toute cette fortune vous reviendra, et que c'est justice, puisque mademoiselle Danglars est fille unique. D'ailleurs, votre fortune, à vous, votre père me l'a dit, du moins, est presque égale à celle de votre fiancée. Mais laissons là un peu les affaires d'argent. Savez-vous, monsieur Andrea, que vous avez un peu lestement et habilement mené toute cette affaire?

— Mais pas mal, pas mal, dit le jeune homme; j'étais né pour être diplomate.

— Eh bien! on vous fera entrer dans la diplomatie; la diplomatie, vous le savez, ne s'apprend pas: c'est une chose d'instinct... Le cœur est donc pris?

— En vérité, j'en ai peur, répondit Andrea du ton dont il avait vu au Théâtre-Français Dorante ou Valère répondre à Alceste.

— Vous aime-t-on un peu?

— Il le faut bien, dit Andrea avec un sourire vainqueur, puisqu'on m'épouse. Mais, cependant, n'oublions pas un grand point.

— Lequel?

— C'est que j'ai été singulièrement aidé dans tout ceci.

— Bah!

— Certainement.

— Par les circonstances?

— Non, par vous.

— Par moi? laissez donc, prince, dit Monte-Christo en appuyant avec affectation sur le titre. Qu'ai-je pu faire pour vous? Est-ce que votre nom, votre position sociale et votre mérite, ne suffisaient point?

— Non, dit Andrea, non; et, vous avez beau dire, monsieur le comte, je maintiens, moi, que la position d'un homme tel que vous a plus fait que mon nom, ma position sociale et mon mérite

— Vous vous abusez complétement, monsieur,

dit Monte-Christo, qui sentit l'adresse perfide du jeune homme, et qui comprit la portée de ses paroles; ma protection ne vous a été acquise qu'après connaissance prise de l'influence et de la fortune de M. votre père; car, enfin, qui m'a procuré, à moi qui ne vous avais jamais vu, ni vous ni l'illustre auteur de vos jours, le bonheur de votre connaissance? Ce sont deux de mes bons amis, lord Wilmore et l'abbé Busoni. Qui m'a encouragé, non pas à vous servir de garantie, mais à vous patronner? C'est le nom de votre père, si connu et si honoré en Italie; personnellement, moi, je ne vous connais pas.

Ce calme, cette parfaite aisance, firent comprendre à Andrea qu'il était, pour le moment, étreint par une main plus musculeuse que la sienne, et que l'étreinte n'en pouvait être facilement brisée.

— Ah çà! mais, dit-il, mon père a donc vraiment une bien grande fortune, monsieur le comte?

— Il paraît que oui, monsieur, répondit Monte-Christo.

— Savez-vous si la dot qu'il m'a promise est arrivée?

— J'en ai reçu la lettre d'avis.

— Mais les trois millions?

— Les trois millions sont en route, selon toute probabilité.

— Je les toucherai donc réellement?

— Mais, dame! reprit le comte, il me semble que jusqu'à présent, monsieur, l'argent ne vous a pas fait faute.

Andrea fut tellement surpris, qu'il ne put s'empêcher de rêver un moment.

— Alors, dit-il en sortant de sa rêverie, il me reste, monsieur, à vous adresser une demande, et celle-là vous la comprendrez, même quand elle devrait vous être désagréable.

— Parlez, dit Monte-Christo.

— Je me suis mis en relations, grâce à ma fortune, avec beaucoup de gens distingués, et j'ai même, pour le moment du moins, une foule d'amis. Mais, en me mariant comme je le fais, en face de toute la société parisienne, je dois être soutenu par un nom illustre, et, à défaut de la main paternelle, c'est une main puissante qui doit me conduire à l'autel; or, mon père ne vient point à Paris, n'est-ce pas?

— Il est vieux, couvert de blessures, et il souffre, dit-il, à en mourir, chaque fois qu'il voyage.

— Je comprends. Eh bien! je viens vous faire une demande.

— A moi?

— Oui, à vous.

— Et laquelle? mon Dieu!

— Eh bien! c'est de le remplacer.

— Ah! mon cher monsieur! quoi! après les nombreuses relations que j'ai eu le bonheur d'avoir avec vous, vous me connaissez si mal que de me faire une pareille demande!

Demandez-moi un demi-million à emprunter, et, quoiqu'un pareil prêt soit assez rare, parole d'honneur! vous me serez moins gênant.

Sachez donc, je croyais vous l'avoir déjà dit, que, dans sa participation, morale surtout, aux choses de ce monde, jamais le comte de Monte-Christo n'a cessé d'apporter les scrupules, je dirai plus, les superstitions d'un homme de l'Orient.

Moi qui ai un sérail au Caire, un à Smyrne et un à Constantinople, présider à un mariage! jamais.

— Ainsi, vous me refusez?

— Net, et, fussiez-vous mon fils, fussiez-vous mon frère, je vous refuserais de même.

— Ah! par exemple! s'écria Andrea désappointé, mais comment faire alors?

— Vous avez cent amis, vous l'avez dit vous-même.

— D'accord, mais c'est vous qui m'avez présenté chez M. Danglars.

— Point! Rétablissons les faits dans toute la vérité : c'est moi qui vous ai fait dîner avec lui à Auteuil, et c'est vous qui vous êtes présenté vous-même; diable! c'est tout différent.

— Oui, mais mon mariage, vous avez aidé...

— Moi! en aucune chose, je vous prie de le croire; mais rappelez-vous donc de ce que je vous ai répondu quand vous êtes venu me prier de faire la demande : — Oh! je ne fais jamais de mariage, moi, mon cher prince, c'est un principe arrêté chez moi.

Andrea se mordit les lèvres.

— Mais enfin, dit-il, vous serez là au moins?

— Tout Paris y sera?

— Oh! certainement!

— Eh bien! j'y serai comme tout Paris, dit le comte.

— Vous signerez au contrat?

— Oh! je n'y vois aucun inconvénient, et mes scrupules ne vont point jusque-là.

— Enfin, puisque vous ne voulez pas m'accorder davantage, je dois me contenter de ce que vous me donnez. Mais un dernier mot, comte.

— Comment donc!

— Un conseil.

— Prenez garde; un conseil, c'est pis qu'un service.

— Oh! celui-ci, vous pouvez me le donner sans vous compromettre.

— Dites.

— La dot de ma femme est de cinq cent mille livres.

— C'est le chiffre que M. Danglars m'a annoncé à moi-même.

— Faut-il que je la reçoive ou que je la laisse aux mains du notaire?

— Voici, en général, comment les choses se passent quand on veut qu'elles se passent galamment : vos deux notaires prennent rendez-vous au contrat pour le lendemain ou le surlendemain ; le lendemain ou le surlendemain, ils échangent les deux dots, dont ils se donnent mutuellement reçu ; puis, le mariage célébré, ils mettent les millions à votre disposition, comme chef de la communauté.

— C'est que, dit Andrea avec une certaine inquiétude mal dissimulée, je croyais avoir entendu dire à mon beau-père qu'il avait l'intention de placer nos fonds dans cette fameuse affaire de chemin de fer dont vous me parliez tout à l'heure.

— Eh bien! mais, reprit Monte-Christo, c'est, à ce que tout le monde assure, un moyen que vos capitaux soient triplés dans l'année. M. le baron Danglars est bon père et sait compter.

— Allons donc! dit Andrea, tout va bien, sauf votre refus, toutefois, qui me perce le cœur.

— Ne l'attribuez qu'à des scrupules fort naturels en pareille circonstance.

— Allons! dit Andrea, qu'il soit donc fait comme vous le voulez ; à ce soir, neuf heures.

— A ce soir.

Et, malgré une légère résistance de Monte-Christo, dont les lèvres pâlirent, mais qui cependant conserva son sourire de cérémonie, Andrea saisit la main du comte, la serra, sauta dans son phaéton et disparut.

Les quatre ou cinq heures qui lui restaient jusqu'à neuf heures, Andrea les employa en courses, en visites, destinées à intéresser ces amis dont il avait parlé à paraître chez le banquier avec tout le luxe de leurs équipages, les éblouissant par ces promesses d'action qui, depuis, ont fait tourner toutes les têtes, et dont Danglars, en ce moment-là, avait l'initiative.

En effet, à huit heures et demie du soir, le grand salon de Danglars, la galerie attenante à ce salon et les trois autres salons de l'étage, étaient pleins d'une foule parfumée qu'attirait fort peu la sympathie, mais beaucoup cet irrésistible besoin d'être là où l'on sait qu'il y a du nouveau.

Un académicien dirait que les soirées du monde sont des collections de fleurs qui attirent papillons inconstants, abeilles affamées et frelons bourdonnants.

Il va sans dire que les salons étaient resplendissants de bougies, la lumière roulait à flots des moulures d'or sur les tentures de soie, et tout le mauvais goût de cet ameublement, qui n'avait pour lui que la richesse, resplendissait de tout son éclat.

Mademoiselle Eugénie était vêtue avec la simplicité la plus élégante ; une robe de soie blanche brochée de blanc, une rose blanche à moitié perdue dans ses cheveux d'un noir de jais, composaient toute sa parure, que ne venait pas enrichir le plus petit bijou.

Seulement, on pouvait lire dans ses yeux cette assurance parfaite destinée à démentir ce que cette candide toilette avait de vulgairement virginal à ses propres yeux.

Madame Danglars, à trente pas d'elle, causait avec Debray, Beauchamp et Château-Renaud.

Debray avait fait sa rentrée dans cette maison pour cette grande solennité, mais comme tout le monde et sans aucun privilége particulier.

M. Danglars, entouré de députés, d'hommes de finance, expliquait une théorie de contributions nouvelles qu'il comptait mettre en exercice quand la force des choses aurait contraint le gouvernement à l'appeler au ministère.

Andrea, tenant sous son bras un des plus fringants dandys de l'Opéra, lui expliquait assez impertinemment, attendu qu'il avait besoin d'être hardi pour paraître à l'aise, ses projets de vie à venir, et les progrès de luxe qu'il comptait faire faire, avec ses cent soixante-quinze mille livres de rente, au fashion parisien.

La foule générale roulait dans ces salons comme un flux et un reflux de turquoises, de rubis, d'émeraudes, d'opales et de diamants.

Comme partout, on remarquait que c'étaient les plus vieilles femmes qui étaient les plus parées, et les plus laides qui se montraient avec le plus d'obstination.

S'il y avait quelque beau lis blanc, quelque rose suave et parfumée, il fallait la chercher et la découvrir, cachée dans quelque coin par une mère à turban ou par une tante à oiseau de paradis.

A chaque instant, au milieu de cette cohue, de ce bourdonnement, de ces rires, la voix des huissiers lançait un nom connu dans les finances, respecté dans l'armée ou illustre dans les lettres ; alors un faible mouvement des groupes accueillait ce nom.

Mais, pour un qui avait le privilége de faire frémir cet océan de vagues humaines, combien passaient accueillis par l'indifférence ou le ricanement du dédain!

Au moment où l'aiguille de la pendule massive, de la pendule représentant Endymion endormi, marquait neuf heures sur un cadran d'or, et où le timbre, fidèle reproducteur de la pensée machinale, retentissait neuf fois, le nom du comte de Monte-Christo retentit à son tour, et, comme poussée par la flamme électrique, toute l'assemblée se tourna vers la porte.

Le comte était vêtu de noir et avec sa simplicité habituelle ; son gilet blanc dessinait sa vaste et noble poitrine, son col noir paraissait d'une fraîcheur singulière, tant il ressortait sur la mate pâleur de son teint.

Pour tout bijou, il portait une chaîne de gilet si

— Lequel de vous s'appelle Andrea Cavalcanti? — Page 127.

fine, qu'à peine le mince filet d'or tranchait sur le piqué blanc.

Il se fit à l'instant même un cercle autour de la porte.

Le comte, d'un seul coup d'œil, aperçut madame Danglars à un bout du salon, M. Danglars à l'autre, et mademoiselle Eugénie devant lui.

Il s'approcha d'abord de la baronne, qui causait avec madame de Villefort, qui était venue seule, Valentine étant toujours souffrante, et, sans dévier, tant le chemin se frayait devant lui, il passa de la baronne à Eugénie, qu'il complimenta en termes si rapides et si réservés, que la fière artiste en fut frappée.

Près d'elle était mademoiselle Louise d'Armilly, qui remercia le comte des lettres de recommandation qu'il lui avait si gracieusement données pour l'Italie, et dont elle comptait, lui dit-elle, faire incessamment usage.

En quittant ces dames, il se retourna et se trouva près de Danglars, qui s'était approché pour lui donner la main.

Ces trois devoirs sociaux accomplis, Monte-Christo s'arrêta, promenant autour de lui ce regard assuré, empreint de cette expression particulière aux gens d'un certain monde et surtout d'une certaine portée, regard qui semble dire :

« J'ai fait ce que j'ai dû ; maintenant que les autres fassent ce qu'ils doivent. »

Andrea, qui était dans un salon contigu, sentit cette espèce de frémissement que Monte-Christo avait imprimé à la foule, et il accourut saluer le comte.

Il le trouva complétement entouré ; on se disputait ses paroles, comme il arrive toujours pour les gens qui parlent peu et qui ne disent jamais un mot sans valeur.

Les notaires firent leur entrée en ce moment, et vinrent installer leurs pancartes griffonnées sur le velours brodé d'or qui couvrait la table préparée pour la signature, table en bois doré.

Un des notaires s'assit, l'autre resta debout.

On allait procéder à la lecture du contrat que la moitié de Paris, présente à cette solennité, devait signer.

Chacun prit place, ou plutôt les femmes firent cercle, tandis que les hommes, plus indifférents à l'endroit du *style énergique*, comme dit Boileau, firent leurs commentaires sur l'agitation fébrile d'Andrea, sur l'attention de M. Danglars, sur l'impassibilité d'Eugénie, et sur la façon leste et enjouée dont la baronne traitait cette importante affaire.

Le contrat fut lu au milieu d'un profond silence.

Mais, aussitôt la lecture achevée, la rumeur recommença dans les salons, double de ce qu'elle était auparavant.

Ces sommes brillantes, ces millions roulant dans l'avenir des deux jeunes gens et qui venaient compléter l'exposition qu'on avait faite, dans une chambre exclusivement consacrée à cet objet, du trousseau de la mariée et des diamants de la jeune femme, avaient retenti avec tout leur prestige dans la jalouse assemblée.

Les charmes de mademoiselle Danglars en étaient doubles aux yeux des jeunes gens, et, pour le moment, ils effaçaient l'éclat du soleil.

Quant aux femmes, il va sans dire que, tout en jalousant ces millions, elles ne croyaient pas en avoir besoin pour être belles.

Andrea, serré par ses amis, complimenté, adulé, commençant à croire à la réalité du rêve qu'il faisait, Andrea était sur le point de perdre la tête.

Le notaire prit solennellement la plume, l'éleva au-dessus de sa tête, et dit :

— Messieurs, on va signer le contrat.

Le baron devait signer le premier, puis le fondé de pouvoirs de M. Cavalcanti père, puis la baronne, puis les futurs conjoints, comme on dit dans cet abominable style qui a cours sur papier timbré.

Le baron prit la plume et signa, puis le chargé de pouvoirs.

La baronne s'approcha au bras de madame de Villefort.

— Mon ami, dit-elle en prenant la plume, n'est-ce pas une chose désespérante ? Un incident inattendu, arrivé dans cette affaire d'assassinat et de vol dont M. le comte de Monte-Christo a failli être victime, nous prive d'avoir M. de Villefort.

— Oh ! mon Dieu ! fit Danglars du même ton dont il aurait dit : — Ma foi ! la chose m'est bien indifférente !

— Mon Dieu ! dit Monte-Christo en s'approchant, j'ai bien peur d'être la cause involontaire de cette absence.

— Comment ! vous, comte ? dit madame Danglars en signant. S'il en est ainsi, prenez garde, je ne vous le pardonnerai jamais.

Andrea dressait les oreilles.

— Il n'y aurait cependant point de ma faute, dit le comte ; aussi je tiens à le constater.

On écouta avidement.

Monte-Christo, qui desserrait si rarement les lèvres, allait parler.

— Vous vous rappelez, dit le comte au milieu du plus profond silence, que c'est chez moi qu'est mort ce malheureux qui était venu pour me voler, et qui, en sortant de chez moi, a été tué, à ce que l'on croit, par son complice ?

— Oui, dit Danglars.

— Eh bien ! pour lui porter secours, on l'avait déshabillé et l'on avait jeté ses habits dans un coin où la justice les a ramassés ; mais la justice, en prenant l'habit et le pantalon pour les déposer au greffe, avait oublié le gilet.

Andrea pâlit visiblement et tira tout doucement du côté de la porte.

Il voyait paraître un nuage à l'horizon, et ce nuage lui semblait renfermer la tempête dans ses flancs.

— Eh bien ! ce malheureux gilet, on l'a retrouvé aujourd'hui, tout couvert de sang et troué à l'endroit du cœur.

Les dames poussèrent un cri, et deux ou trois se préparèrent à s'évanouir.

— On me l'a apporté. Personne ne pouvait deviner d'où venait cette guenille ; moi seul songeai que c'était probablement le gilet de la victime. Tout à coup mon valet de chambre, en fouillant avec dégoût et précaution cette funèbre relique, a senti un papier dans sa poche, et l'en a tiré : c'était une lettre adressée à qui ? à vous, baron.

— A moi ? s'écria Danglars.

— Oh ! mon Dieu ! oui, à vous ; je suis parvenu à lire votre nom sous le sang dont le billet était maculé, répondit Monte-Christo au milieu des éclats de la surprise générale.

— Mais, demanda madame Danglars regardant

son mari avec inquiétude, comment cela empêche-t-il M. de Villefort?.....

— C'est tout simple, madame, répondit Monte-Christo; ce gilet et cette lettre étaient ce qu'on appelle des pièces de conviction; lettre et gilet, j'ai tout envoyé à M. le procureur du roi. Vous comprenez, mon cher baron, la voie légale est la plus sûre en matière criminelle; c'était peut-être quelque machination contre vous.

Andrea regarda fixement Monte Christo et disparut dans le deuxième salon.

— C'est possible, dit Danglars; cet homme assassiné n'était-il point un ancien forçat?

— Oui, répondit le comte, un ancien forçat nommé Caderousse.

Danglars pâlit légèrement; Andrea quitta le second salon et gagna l'antichambre.

— Mais signez donc, signez donc, dit Monte-Christo, je m'aperçois que mon récit a mis tout le monde en émoi, et j'en demande humblement pardon à vous, madame la baronne, et à mademoiselle Danglars.

La baronne, qui venait de signer, remit la plume au notaire.

— Monsieur le prince Cavalcanti, dit le tabellion, monsieur le prince Cavalcanti, où êtes-vous?

— Andrea? Andrea? répétèrent plusieurs voix de jeunes gens qui en étaient déjà arrivés, avec le noble Italien, à ce degré d'intimité de l'appeler par son nom de baptême.

— Appelez donc le prince, prévenez-le donc que c'est à lui de signer! cria Danglars à un huissier.

Mais au même instant la foule des assistants reflua, terrifiée, dans le salon principal, comme si quelque monstre effroyable fût entré dans les appartements, *quærens quem devoret.*

Il y avait en effet de quoi reculer, s'effrayer, crier.

Un officier de gendarmerie plaçait deux gendarmes à la porte de chaque salon et s'avançait vers Danglars, précédé d'un commissaire de police ceint de son écharpe.

Madame Danglars poussa un cri et s'évanouit.

Danglars, qui se croyait menacé (certaines consciences ne sont jamais calmes), Danglars offrit aux yeux de ses conviés un visage décomposé par la terreur.

— Qu'y a-t-il donc, monsieur? demanda Monte-Christo s'avançant au-devant du commissaire.

— Lequel de vous, messieurs, demanda le magistrat sans répondre au comte, s'appelle Andrea Cavalcanti?

Un cri de stupeur partit de tous les coins du salon.

On chercha.

On interrogea.

— Mais quel est donc cet Andrea Cavalcanti? demanda Danglars presque égaré.

— Un ancien forçat échappé du bagne de Toulon.

— Et quel crime a-t-il commis?

— Il est prévenu, dit le commissaire de sa voix impassible, d'avoir assassiné le nommé Caderousse, son ancien compagnon de chaîne, au moment où il sortait de chez le comte de Monte-Christo

Monte-Christo jeta un regard rapide autour de lui

Andrea avait disparu.

— Oh! les magnifiques cheveux! dit Louise avec regret. — Page 132

CHAPITRE XIX.

LA ROUTE DE BELGIQUE.

Quelques instants après la scène de confusion produite dans les salons de M. Danglars par l'apparition inattendue du brigadier de gendarmerie, et par la révélation qui en avait été la suite, le vaste hôtel s'était vidé avec une rapidité pareille à celle qu'eût amenée l'annonce d'un cas de peste ou de choléra-morbus arrivé parmi les conviés.

En quelques minutes, par toutes les portes, par tous les escaliers, par toutes les sorties, chacun s'était empressé de se retirer, ou plutôt de fuir; car c'était là une de ces circonstances dans lesquelles il ne faut pas même essayer de donner ces banales consolations qui rendent, dans les grandes catastrophes, les meilleurs amis si importuns.

Vue de Rome. — PAGE 130.

Il n'était resté dans l'hôtel du banquier que Danglars, enfermé dans son cabinet, et faisant sa déposition entre les mains de l'officier de gendarmerie.

Madame Danglars, terrifiée, dans le boudoir que nous connaissons, et Eugénie, qui, l'œil hautain et la lèvre dédaigneuse, s'était retirée dans sa chambre avec son inséparable compagne, mademoiselle Louise d'Armilly.

Quant aux nombreux domestiques, plus nombreux encore ce soir-là que de coutume, car on leur avait adjoint, à propos de la fête, les glaciers, les cuisiniers et les maîtres d'hôtel du café de Paris, tournant contre leurs maîtres la colère de ce qu'ils appelaient leur affront, ils stationnaient par groupes à l'office, aux cuisines, dans leurs chambres, s'inquiétant fort peu du service, qui, d'ailleurs, se trouvait tout naturellement interrompu.

Au milieu de ces différents personnages, frémissant d'intérêts divers, deux seulement méritent que nous nous occupions d'eux : c'est mademoiselle Eugénie Danglars et mademoiselle Louise d'Armilly.

La jeune fiancée, nous l'avons dit, s'était retirée,

5 Paris. — Imp. de Edouard Blot, rue St-Louis, 46

l'air hautain, la lèvre dédaigneuse, et avec la démarche d'une reine outragée, suivie de sa compagne plus pâle et plus émue qu'elle.

En arrivant dans sa chambre, Eugénie ferma sa porte en dedans, pendant que Louise tombait sur une chaise.

— Oh ! mon Dieu ! mon Dieu ! l'horrible chose ! dit la jeune musicienne, et qui pouvait se douter de cela ? M. Andrea Cavalcanti... un assassin !... un échappé du bagne !... un forçat !...

Un sourire ironique crispa les lèvres d'Eugénie.

— En vérité, j'étais prédestinée, dit-elle. Je n'échappe au Morcerf que pour tomber dans le Cavalcanti !

— Oh ! ne confonds pas l'un avec l'autre, Eugénie.

— Tais-toi, tous les hommes sont des infâmes, et je suis heureuse de pouvoir faire plus que de les détester : maintenant, je les méprise.

— Qu'allons-nous faire ? demanda Louise.

— Ce que nous allons faire ?

— Oui.

— Mais ce que nous devions faire dans trois jours... partir.

— Ainsi, quoique tu ne te maries plus, tu veux toujours ?

— Écoute, Louise, j'ai en horreur cette vie du monde, ordonnée, compassée, réglée comme notre papier de musique. Ce que j'ai toujours désiré, ambitionné, voulu, c'est la vie d'artiste, la vie libre, indépendante, où l'on ne relève que de soi, où l'on ne doit de compte qu'à soi. Rester, pourquoi faire ? pour qu'on essaye, d'ici à un mois, de me marier encore ; à qui ? à M. Debray peut-être, comme il en avait été un instant question. Non, Louise ; non, l'aventure de ce soir me sera une excuse : je n'en cherchais pas, je n'en demandais pas ; Dieu m'envoie celle-ci, elle est la bienvenue.

— Comme tu es forte et courageuse ! dit la blonde et frêle jeune fille à sa brune compagne.

— Ne me connaissais-tu point encore ? Allons, voyons, Louise, causons de toutes nos affaires. La voiture de poste...

— Est achetée heureusement depuis trois jours.

— L'as-tu fait conduire où nous devions la prendre ?

— Oui.

— Notre passe-port ?

— Le voilà.

Et Eugénie, avec son aplomb habituel, déplia un papier et lut :

« M. Léon d'Armilly, âgé de vingt ans, profession d'artiste, cheveux noirs, yeux noirs, voyageant avec sa sœur. »

— A merveille ! Par qui t'es-tu procuré ce passe-port ?

— En allant demander à M. de Monte-Christo des lettres pour les directeurs des théâtres de Rome et de Naples, je lui ai exprimé mes craintes de voyager en femme ; il les a parfaitement comprises, s'est mis à ma disposition pour me procurer un passe-port d'homme, et, deux jours après, j'ai reçu celui-ci, auquel j'ai ajouté de ma main : *Voyageant avec sa sœur.*

— Eh bien ! dit gaiement Eugénie, il ne s'agit plus que de faire nos malles : nous partirons le soir de la signature du contrat, au lieu de partir le soir des noces ; voilà tout.

— Réfléchis bien, Eugénie.

— Oh ! toutes mes réflexions sont faites ; je suis lasse de n'entendre parler que de reports, de fins de mois, de hausse, de baisse, de fonds espagnols, de papier haïtien. Au lieu de cela, Louise, comprends-tu ? l'air de la liberté, le chant des oiseaux, les plaines de la Lombardie, les canaux de Venise, les palais de Rome, la plage de Naples. Combien possédons-nous, Louise ?

La jeune fille qu'on interrogeait tira d'un secrétaire incrusté un petit portefeuille à serrure qu'elle ouvrit, et dans lequel elle compta vingt-trois billets de banque.

— Vingt-trois mille francs, dit-elle.

— Et pour autant au moins de perles, de diamants et de bijoux, dit Eugénie. Nous sommes riches. Avec quarante-cinq mille francs, nous avons de quoi vivre en princesses pendant deux ans, ou convenablement pendant quatre. Mais avant six mois, toi avec ta musique, moi avec ma voix, nous aurons doublé notre capital. Allons, charge-toi de l'argent, moi je me charge du coffret aux pierreries ; de sorte que, si l'une de nous avait le malheur de perdre son trésor, l'autre aurait toujours le sien. Maintenant, la valise ; hâtons-nous, la valise !

— Attends, dit Louise allant écouter à la porte de madame Danglars.

— Que crains-tu ?

— Qu'on ne nous surprenne.

— La porte est fermée.

— Qu'on ne nous dise d'ouvrir.

— Qu'on le dise si l'on veut, nous n'ouvrirons pas.

— Tu es une véritable amazone, Eugénie !

Et les deux jeunes filles se mirent avec une prodigieuse activité à entasser dans une malle tous les objets de voyage dont elles croyaient avoir besoin.

— Là, maintenant, dit Eugénie, tandis que je vais changer de costume, ferme la valise, toi.

Louise appuya de toute la force de ses petites mains blanches sur le couvercle de la malle.

— Mais je ne puis pas, dit-elle, je ne suis pas assez forte; ferme-la, toi.

— Ah! c'est juste, dit en riant Eugénie, j'oubliais que je suis Hercule, moi, et que tu n'es, toi, que la pâle Omphale.

Et la jeune fille, appuyant le genou sur la malle, roidit ses bras blancs et musculeux jusqu'à ce que les deux compartiments de la valise fussent joints, et que mademoiselle d'Armilly eût passé le crochet du cadenas entre les deux pitons.

Cette opération terminée, Eugénie ouvrit une commode dont elle avait la clef sur elle, et elle en tira une mante de voyage en soie violette ouatée.

— Tiens, dit-elle, tu vois que j'ai pensé à tout; avec cette mante, tu n'auras point froid.

— Mais toi?

— Oh! moi, je n'ai jamais froid, tu le sais bien; d'ailleurs, avec ces habits d'homme...

— Tu vas t'habiller ici?

— Sans doute.

— Mais auras-tu le temps?

— N'aie donc pas la moindre inquiétude, poltronne; tous nos gens sont occupés de la grande affaire. D'ailleurs qu'y a-t-il d'étonnant, quand on songe au désespoir dans lequel je dois être, que je me sois enfermée, dis?

— Non, c'est vrai, tu me rassures.

— Viens, aide-moi.

Et du même tiroir dont elle avait fait sortir la mante qu'elle venait de donner à mademoiselle d'Armilly et dont celle-ci avait déjà couvert ses épaules, elle tira un costume d'homme complet, depuis les bottines jusqu'à la redingote, avec une provision de linge où il n'y avait rien de superflu, mais où se trouvait le nécessaire.

Alors, avec une promptitude qui indiquait que ce n'était pas sans doute la première fois qu'en se jouant elle avait revêtu les habits d'un autre sexe, Eugénie chaussa ses bottines, passa un pantalon, chiffonna sa cravate, boutonna jusqu'à son cou un gilet montant, et endossa une redingote qui dessinait sa taille fine et cambrée.

— Oh! c'est très-bien! en vérité, c'est très-bien! dit Louise en la regardant avec admiration; mais ces beaux cheveux noirs, ces nattes magnifiques qui faisaient soupirer d'envie toutes les femmes, tiendront-ils sous un chapeau d'homme comme celui que j'aperçois là?

— Tu vas voir, dit Eugénie.

Et, saisissant avec sa main gauche la tresse épaisse sur laquelle ses longs doigts ne se refermaient qu'à peine, elle saisit de sa main droite une paire de longs ciseaux, et bientôt l'acier cria au milieu de la riche et splendide chevelure, qui tomba tout entière aux pieds de la jeune fille, renversée en arrière pour l'isoler de sa redingote.

Puis, la natte supérieure abattue, Eugénie passa à celles de ses tempes, qu'elle abattit successivement, sans laisser échapper le moindre regret : au contraire, ses yeux brillèrent plus petillants et plus joyeux encore que de coutume sous ses sourcils noirs comme l'ébène.

— Oh! les magnifiques cheveux! dit Louise avec regret.

— Eh! ne suis-je pas cent fois mieux ainsi? s'écria Eugénie en lissant les boucles épaisses de sa coiffure devenue toute masculine, et ne me trouves-tu donc pas plus belle ainsi?

— Oh! tu es belle, belle toujours! s'écria Louise. Maintenant, où allons-nous?

— Mais à Bruxelles, si tu veux; c'est la frontière la plus proche. Nous gagnerons Bruxelles, Liége, Aix-la-Chapelle, nous remonterons le Rhin jusqu'à Strasbourg, nous traverserons la Suisse et nous descendrons en Italie par le Saint-Gothard. Cela te va-t-il?

— Mais oui.

— Que regardes-tu?

— Je te regarde. En vérité, tu es adorable ainsi, on dirait que tu m'enlèves.

— Eh! pardieu! on aurait raison.

— Oh! je crois que tu as juré, Eugénie!

Et les deux jeunes filles, que chacun eût pu croire plongées dans les larmes, l'une pour son propre compte, l'autre par dévouement à son amie, éclatèrent de rire, tout en faisant disparaître les traces les plus visibles du désordre, qui, naturellement avait accompagné les apprêts de leur évasion.

Puis, ayant soufflé leurs lumières, l'œil interrogateur, l'oreille au guet, le cou tendu, les deux fugitives ouvrirent la porte d'un cabinet de toilette qui donnait sur un escalier de service descendant jusqu'à la cour, Eugénie, marchant la première, et soutenant d'un bras la valise que, par l'anse opposée, mademoiselle d'Armilly soulevait à peine de ses deux mains.

La cour était vide.

Minuit sonnait.

Le concierge veillait encore.

Eugénie s'approcha tout doucement, et vit le digne suisse qui dormait au fond de la loge, étendu dans son fauteuil.

Elle retourna vers Louise, reprit la malle qu'elle avait un instant posée à terre, et toutes deux, suivant l'ombre projetée par la muraille, gagnèrent la voûte.

Eugénie fit cacher Louise dans l'angle de la porte, de manière à ce que le concierge, s'il lui plaisait par hasard de se réveiller, ne vît qu'une personne.

Puis, s'offrant elle-même au plein rayonnement de la lampe qui éclairait la cour :

— La porte! cria-t-elle de sa plus belle voix de contralto en frappant à la vitre.

Le concierge se leva comme l'avait prévu Eugénie, et fit même quelques pas pour reconnaître la personne qui sortait; mais, voyant un jeune homme qui fouettait impatiemment son pantalon de sa badine, il ouvrit sur-le-champ.

Aussitôt Louise se glissa comme une couleuvre par la porte entre-bâillée, et bondit légèrement dehors.

Eugénie, calme en apparence, quoique, selon toute probabilité, son cœur comptât plus de pulsations que dans l'état habituel, sortit à son tour.

Un commissionnaire passait, on le chargea de la malle; puis, les deux jeunes filles lui ayant indiqué comme le but de leur course la rue de la Victoire et le numéro 36 de cette rue, elles marchèrent derrière cet homme, dont la présence rassurait Louise.

Quant à Eugénie, elle était forte comme une Judith ou une Dalila.

On arriva au numéro indiqué.

Eugénie ordonna au commissionnaire de déposer la malle, lui donna quelques pièces de monnaie, et, après avoir frappé au volet, le renvoya.

Ce volet, auquel avait frappé Eugénie, était celui d'une petite lingère prévenue à l'avance.

Elle n'était point encore couchée : elle ouvrit.

— Mademoiselle, dit Eugénie, faites tirer par le concierge la calèche de la remise, et envoyez-le chercher des chevaux à l'hôtel des postes. Voici cinq francs pour la peine que nous lui donnons.

— En vérité, dit Louise, je t'admire, et je dirai presque que je te respecte

La lingère regardait avec étonnement.

Mais, comme il était convenu qu'il y aurait vingt louis pour elle, elle ne fit pas la moindre observation.

Un quart d'heure après, le concierge revenait, ramenant le postillon et les chevaux, qui, en un tour de main, furent attelés à la voiture, sur laquelle le concierge assura la malle à l'aide d'une corde et d'un tourniquet.

— Voici le passe-port, dit le postillon; quelle route prenons-nous, notre jeune bourgeois?

— La route de Fontainebleau, répondit Eugénie avec une voix presque masculine.

— Eh bien! que dis-tu donc? demanda Louise.

— Je donne le change, dit Eugénie. Cette femme, à qui nous donnons vingt louis, peut nous trahir pour quarante. Sur le boulevard, nous prendrons une autre direction.

Et la jeune fille s'élança dans le briska, établi en excellente dormeuse, sans presque toucher le marchepied.

— Tu as toujours raison, Eugénie, dit la maîtresse de chant en prenant place près de son amie

Un quart d'heure après, le postillon, remis dans le droit chemin, franchissait, en faisant claquer son fouet, la grille de la barrière Saint-Martin.

— Ah! dit Louise en respirant, nous voilà donc sorties de Paris!

— Oui, ma chère, et le rapt est bel et bien consommé, répondit Eugénie.

— Oui, mais sans violence, dit Louise.

— Je ferai valoir cela comme circonstance atténuante, répondit Eugénie.

Ces paroles se perdirent dans le bruit que faisait la voiture en roulant sur le pavé de la Villette

M. Danglars n'avait plus de fille

Vue de Fontainebleau. — Page 132.

CHAPITRE XX.

L'AUBERGE DE LA CLOCHE ET DE LA BOUTEILLE.

Et maintenant, laissons mademoiselle Danglars et son amie rouler sur la route de Bruxelles, et revenons au pauvre Andrea Cavalcanti, si malencontreusement arrêté dans l'essor de sa fortune.

C'était, malgré son âge encore peu avancé, un garçon fort adroit et fort intelligent que M. Andrea Cavalcanti.

Aussi, aux premières rumeurs qui pénétrèrent dans le salon, l'avons-nous vu par degré se rapprocher de la porte, traverser une ou deux chambres, et enfin disparaître.

Une circonstance que nous avons oublié de mentionner, et qui cependant ne doit pas être omise, c'est que, dans l'une de ces deux chambres que traversa Cavalcanti, était exposé le trousseau de la mariée, écrins de diamants, châles de cachemire, dentelles de Valenciennes, voiles d'Angleterre, tout ce qui compose enfin ce monde d'objets tentateurs dont le nom seul fait bondir de joie le cœur des jeunes filles, et que l'on appelle la corbeille.

Or, en passant par cette chambre, ce qui prouve que, non-seulement Andrea était un garçon fort intelligent et fort adroit, mais encore prévoyant, c'est qu'il se saisit de la plus riche de toutes les parures exposées.

Muni de ce viatique, Andrea s'était senti de moitié plus léger pour sauter par la fenêtre et glisser entre les mains des gendarmes.

Grand et découplé comme le lutteur antique, musculeux comme un Spartiate, Andrea avait fourni une course d'un quart d'heure, sans savoir où il allait, et dans le but seul de s'éloigner du lieu où il avait failli être pris.

Parti de la rue du Mont-Blanc, il s'était retrouvé, avec cet instinct des barrières que les voleurs possèdent comme le lièvre celui du gîte, au bout de la rue Lafayette.

Là, suffoqué, haletant, il s'arrêta.

Il était parfaitement seul et avait à sa gauche le clos Saint-Lazare, vaste désert, et à sa droite Paris dans toute sa profondeur.

— Suis-je perdu? se demanda-t-il. Non, si je puis fournir une somme d'activité supérieure à celle de mes ennemis. Mon salut est donc devenu tout simplement une question de myriamètres.

En ce moment, il aperçut, montant du haut du faubourg Poissonnière, un cabriolet de régie, dont le cocher, morne et fumant sa pipe, semblait vouloir regagner les extrémités du faubourg Saint-Denis, où, sans doute, il faisait son séjour ordinaire.

— Eh! l'ami! dit Benedetto.

— Qu'y a-t-il, notre bourgeois? demanda le cocher.

— Votre cheval est-il fatigué?

— Fatigué! ah! bien oui! il n'a rien fait de toute la sainte journée : quatre méchantes courses et vingt sous de pourboire, sept francs en tout; je dois en rendre dix au patron!

— Voulez-vous à ces sept francs en ajouter vingt que voici, hein?

— Avec plaisir, bourgeois; ce n'est pas à mépriser, vingt francs. Que faut-il faire pour cela? voyons.

— Une chose bien facile, si votre cheval n'est pas fatigué toutefois.

— Je vous dis qu'il ira comme un zéphyr; le tout est de dire de quel côté il faut qu'il aille.

— Du côté de Louvres.

— Ah! ah! connu : pays du ratafia!

— Justement. Il s'agit tout simplement de rattraper un de mes amis avec lequel je dois chasser demain à la Chapelle-en-Serval. Il devait m'attendre ici avec son cabriolet jusqu'à onze heures et demie. Il est minuit, il se sera fatigué de m'attendre, et sera parti tout seul.

— C'est probable.

— Eh bien! voulez-vous essayer de le rattraper?

— Je ne demande pas mieux.

— Mais, si nous ne le rattrapons pas d'ici au Bourget, vous aurez vingt francs; si nous ne le rattrapons pas d'ici à Louvres, trente.

— Et si nous le rattrapons?

— Quarante! dit Andrea qui avait eu un moment d'hésitation, mais qui avait réfléchi qu'il ne risquait rien de promettre.

— Ça va! dit le cocher. Montez, et en route! Prrrouun!...

Andrea monta dans le cabriolet qui, d'une course rapide, traversa le faubourg Saint-Denis, longea le faubourg Saint-Martin, traversa la barrière, et enfila l'interminable Villette.

On n'avait garde de rejoindre cet ami chimérique; cependant, de temps en temps, on demandait aux passants attardés des nouvelles d'un cabriolet vert attelé d'un cheval bai-brun, et, comme sur la route des Pays-Bas il circule bon nombre de cabriolets, que les neuf dixièmes des cabriolets sont verts, les renseignements pleuvaient à chaque pas.

On venait toujours de le voir passer, il n'avait pas plus de cinq cents pas, de deux cents, de cent pas d'avance; enfin, on le dépassait, ce n'était pas lui.

Une fois le cabriolet fut dépassé à son tour; c'était par une calèche rapidement emportée au galop de deux chevaux de poste.

— Ah! se dit Cavalcanti, si j'avais cette calèche, ces deux bons chevaux, et surtout le passe-port qu'il a fallu pour les prendre!

Et il soupira profondément.

Cette calèche était celle qui emportait mademoiselle Danglars et mademoiselle d'Armilly.

— En route! en route! dit Andrea, nous ne pouvons tarder à le rejoindre.

Et le pauvre cheval reprit le trot enragé qu'il avait suivi depuis la barrière, et arriva à Louvres tout fumant.

— Décidément, dit Andrea, je vois bien que je ne rejoindrai pas mon ami, et que je tuerai votre cheval. Ainsi donc, mieux vaut que je m'arrête. Voilà vos trente francs; je m'en vais coucher au Cheval-Rouge, et la première voiture dans laquelle je trouverai une place, je la prendrai. Bonsoir, mon ami.

Et Andrea, après avoir mis six pièces de cinq francs dans la main du cocher, sauta lestement sur le pavé de la route.

Le cocher emporta joyeusement la somme et reprit au pas le chemin de Paris.

Andrea feignit de gagner l'hôtel du Cheval-Rouge; mais, après s'être arrêté un instant contre la porte, entendant le bruit du cabriolet qui allait se perdant à l'horizon, il reprit sa route, et, d'un pas gymnastique fort relevé, il fournit une course de deux lieues.

Là, il se reposa.

Il devait être tout près de la Chapelle-en-Serval, où il avait dit qu'il allait.

Ce n'était pas la fatigue qui arrêtait Andrea Cavalcanti, c'était le besoin de prendre une résolution, c'était la nécessité d'adopter un plan.

Monter en diligence, c'était impossible; prendre la poste, c'était également impossible.

Pour voyager de l'une ou l'autre façon, un passeport est de toute nécessité.

Demeurer dans le département de l'Oise, c'est-à-dire dans un des départements les plus découverts et les plus surveillés de la France, c'était chose impossible encore, impossible surtout à un homme expert comme Andrea en matière criminelle.

Andrea s'assit sur les revers du fossé, laissa tomber sa tête entre ses deux mains, et réfléchit.

Dix minutes après, il releva la tête; sa résolution était arrêtée.

Il couvrit de poussière tout un côté du paletot qu'il avait eu le temps de décrocher dans l'antichambre et de boutonner par-dessus sa toilette de bal, et, gagnant la Chapelle-en-Serval, il alla frapper hardiment à la porte de la seule auberge du pays.

L'hôte vint ouvrir.

— Mon ami, dit Andrea, j'allais de Mortefontaine à Senlis quand mon cheval, qui est un animal difficile, a fait un écart et m'a envoyé à dix pas.

Il faut que j'arrive cette nuit à Compiègne sous peine de causer les plus graves inquiétudes à ma famille; avez-vous un cheval à me louer?

Bon ou mauvais, un aubergiste a toujours un cheval.

L'aubergiste de la Chapelle-en-Serval appela le garçon d'écurie, lui ordonna de seller le *Blanc*, et réveilla son fils, enfant de sept ans, lequel devait monter en croupe du monsieur et ramener le quadrupède.

Andrea donna vingt francs à l'aubergiste, et, en les tirant de sa poche, laissa tomber une carte de visite.

Cette carte de visite était celle d'un de ses amis du café de Paris, de sorte que l'aubergiste, lorsque Andrea fut parti et qu'il eut ramassé la carte tombée de sa poche, fut convaincu qu'il avait loué son cheval à M. le comte de Mauléon, rue Saint-Dominique, 25 : c'étaient le nom et l'adresse qui se trouvaient sur la carte.

Le *Blanc* n'allait pas vite, mais allait d'un pas égal et assidu.

En trois heures et demie, Andrea fit les neuf lieues qui le séparaient de Compiègne.

Quatre heures sonnaient à l'horloge de l'Hôtel de Ville lorsqu'il arriva sur la place où s'arrêtent les diligences.

Il y a à Compiègne un excellent hôtel, dont se souviennent ceux-là même qui n'y ont logé qu'une fois.

Andrea, qui y avait fait une halte dans une de ses courses aux environs de Paris, se souvint de l'hôtel de la Cloche et de la Bouteille : il s'orienta, vit à la lueur d'un réverbère l'enseigne indicatrice, et, ayant congédié l'enfant, auquel il donna tout ce qu'il avait sur lui de petite monnaie, il alla frapper à la porte, réfléchissant avec beaucoup de justesse qu'il avait trois ou quatre heures devant lui, et que le mieux était de se prémunir par un bon somme et un bon souper contre les fatigues à venir.

Ce fut un garçon qui vint ouvrir.

— Mon ami, dit Andrea, je viens de Saint-Jean-au-Bois, où j'ai dîné; je comptais prendre la voiture qui passe à minuit, mais je me suis perdu comme un sot, et voilà quatre heures que je me promène dans la forêt. Donnez-moi donc une de ces jolies petites chambres qui donnent sur la cour, et faites-moi monter un poulet froid et une bouteille de vin de Bordeaux.

Le garçon n'eut aucun soupçon.

Andrea parlait avec la plus parfaite tranquillité; il avait le cigare à la bouche et les mains dans les poches de son paletot; ses habits étaient élégants, sa barbe fraîche, ses bottes irréprochables; il avait l'air d'un voisin attardé, voilà tout.

Pendant que le garçon préparait sa chambre, l'hôtesse se leva.

Andrea l'accueillit avec son plus charmant sourire et lui demanda s'il ne pourrait pas avoir le numéro 3, qu'il avait déjà eu à son dernier passage à Compiègne.

Malheureusement, le numéro 3 était pris par un jeune homme qui voyageait avec sa sœur.

Andrea parut désespéré.

Il ne se consola que lorsque l'hôtesse lui eut assuré que le numéro 7, qu'on lui préparait, avait absolument la même disposition que le numéro 3; et, tout en se chauffant les pieds et en causant des dernières courses de Chantilly, il attendit qu'on vînt lui annoncer que sa chambre était prête.

Ce n'était pas sans raison qu'Andrea avait parlé de ces jolis appartements donnant sur la cour : la cour de l'hôtel de la Cloche, avec son triple rang de galeries qui lui donnent l'air d'une salle de spectacle, avec ses jasmins et ses clématites qui montent le long de ses colonnades légères comme une décoration naturelle, est une des plus charmantes entrées d'auberge qui existent au monde.

Le poulet était frais, le vin était vieux, le feu clair et pétillant.

Vue de Chantilly. — Page 135.

Andrea se surprit soupant d'aussi bon appétit que s'il ne lui était rien arrivé.

Puis il se coucha, et presque aussitôt s'endormit de ce sommeil implacable que l'homme trouve toujours à vingt ans, même lorsqu'il a des remords.

Or, nous sommes forcés d'avouer qu'Andrea aurait pu avoir des remords, mais qu'il n'en avait pas.

Voici quel était le plan d'Andrea, plan qui lui avait donné la meilleure partie de sa sécurité.

Avec le jour, il se levait, sortait de l'hôtel après avoir rigoureusement payé ses comptes, gagnait la forêt, achetait, sous prétexte de faire des études de peinture, l'hospitalité d'un paysan, se procurait un costume de bûcheron et une cognée, et dépouillait l'enveloppe du lion pour prendre celle de l'ouvrier.

Puis, les mains terreuses, les cheveux brunis par un peigne de plomb, le teint hâlé par une préparation dont ses anciens camarades lui avaient donné la recette, il gagnait, de forêt en forêt, la frontière la plus prochaine, marchant la nuit, dormant le jour dans les forêts ou dans les carrières, et ne

Un troisième, le mousqueton au poing, se tenait en sentinelle à la grande porte. — Page 138.

s'approchant des endroits habités que pour acheter de temps en temps un pain.

Une fois la frontière dépassée, Andrea faisait argent de ses diamants, réunissait le prix qu'il en tirait à une dizaine de billets de banque qu'il portait toujours sur lui en cas d'accident, et il se trouvait encore à la tête d'une cinquantaine de mille livres, ce qui ne semblait pas à sa philosophie un pis-aller par trop rigoureux.

D'ailleurs, il comptait beaucoup sur l'intérêt que les Danglars avaient à éteindre le bruit de leur mésaventure.

Voilà pourquoi, outre la fatigue, Andrea dormit si vite et si bien

D'ailleurs, pour être réveillé plus matin, Andrea n'avait point fermé ses volets et s'était seulement contenté de pousser les verrous de sa porte, et de tenir tout ouvert sur sa table de nuit certain couteau fort pointu dont il connaissait la trempe excellente, et qui ne le quittait jamais.

A sept heures du matin environ, Andrea fut éveillé par un rayon de soleil qui venait, tiède et brillant, se jouer sur son visage.

Dans tout cerveau bien organisé, l'idée dominante, et il y en a toujours une, l'idée dominante, disons-nous, est celle qui, après s'être endormie la dernière, illumine la première encore le réveil de la pensée.

Andrea n'avait pas entièrement ouvert les yeux, que sa pensée dominante le tenait déjà et lui soufflait à l'oreille qu'il avait dormi trop longtemps.

Il sauta en bas de son lit et courut à sa fenêtre.

Un gendarme traversait la cour.

Le gendarme est un des objets les plus frappants qui existent au monde, même pour l'œil de l'homme sans inquiétude; mais, pour toute conscience timorée et qui a quelque motif de l'être, le jaune, le bleu et le blanc dont se compose son uniforme prennent des teintes effrayantes.

— Pourquoi un gendarme? se demanda Andrea.

Puis, tout à coup, il se répondit à lui-même avec cette logique que le lecteur a déjà dû remarquer en lui :

— Un gendarme n'a rien qui doive étonner dans une hôtellerie : mais, habillons-nous.

Et le jeune homme s'habilla avec une rapidité que n'avait pu lui faire perdre son valet de chambre, pendant les quelques mois de vie fashionable qu'il avait menée à Paris.

— Bon, dit Andrea tout en s'habillant, j'attendrai qu'il soit parti, et, quand il sera parti, je m'esquiverai.

Et, tout en disant ces mots, Andrea, rebotté et recravaté, gagna doucement sa fenêtre et souleva une seconde fois le rideau de mousseline.

Non-seulement le premier gendarme n'était point parti, mais encore le jeune homme aperçut un second uniforme bleu, jaune et blanc, au bas de l'escalier, le seul par lequel il pût descendre, tandis qu'un troisième, à cheval et le mousqueton au poing, se tenait en sentinelle à la grande porte de la rue, la seule par laquelle il pût sortir.

Ce troisième gendarme était significatif au dernier point; car au-devant de lui s'étendait un demi-cercle de curieux qui bloquaient hermétiquement la porte de l'hôtel.

— On me cherche! fut la première pensée d'Andrea. Diable!

La pâleur envahit le front du jeune homme.

Il regarda autour de lui avec anxiété.

Sa chambre, comme toutes celles de cet étage, n'avait d'issue que sur la galerie extérieure, ouverte à tous les regards.

— Je suis perdu! fut sa seconde pensée.

En effet, pour un homme dans la situation d'Andrea, l'arrestation signifiait : les assises, le jugement, la mort, la mort sans miséricorde et sans délai.

Un instant il comprima convulsivement sa tête entre ses deux mains.

Pendant cet instant, il faillit devenir fou de peur.

Mais bientôt, de ce monde de pensées s'entrechoquant dans sa tête, une pensée d'espérance jaillit; un pâle sourire se dessina sur ses lèvres blêmies et sur ses joues contractées.

Il regarda autour de lui.

Les objets qu'il cherchait se trouvaient réunis sur le marbre d'un secrétaire : c'était une plume, de l'encre et du papier.

Il trempa la plume dans l'encre et écrivit d'une main à laquelle il commanda d'être ferme les lignes suivantes sur la première feuille du cahier :

« Je n'ai point d'argent pour payer, mais je ne suis pas un malhonnête homme, je laisse en nantissement cette épingle, qui vaut dix fois la dépense que j'ai faite.

« On me pardonnera de m'être échappé au point du jour, j'étais honteux! »

Il tira son épingle de sa cravate et la posa sur le papier.

Cela fait, au lieu de laisser ses verrous poussés, il les tira, entre-bâilla même sa porte, comme s'il fût sorti de sa chambre en oubliant de la refermer, et, se glissant dans la cheminée en homme accoutumé à ces sortes de gymnastiques, il attira à lui la devanture de papier représentant Achille chez Déidamie, effaça avec ses pieds même la trace de ses pas dans les cendres, et commença d'escalader le tuyau cambré qui lui offrait la seule voie de salut dans laquelle il espérât encore.

En ce moment même, le premier gendarme qui avait frappé la vue d'Andrea montait l'escalier, précédé du commissaire de police, et soutenu par le second gendarme qui gardait le bas de l'escalier, lequel pouvait attendre lui-même du renfort de celui qui stationnait à la porte.

Voici à quelle circonstance Andrea devait cette visite qu'avec tant de peine il se dispensait de recevoir.

Au point du jour, les télégraphes avaient joué dans toutes les directions, et chaque localité, prévenue presque immédiatement, avait réveillé les autorités et lancé la force publique à la recherche du meurtrier de Caderousse.

Compiègne, résidence royale; Compiègne, ville de chasse; Compiègne, ville de garnison, est abondamment pourvue d'autorités, de gendarmes et de commissaires de police.

Les visites avaient donc commencé aussitôt l'arrivée de l'ordre télégraphique, et l'hôtel de la Cloche et de la Bouteille étant le premier hôtel de la ville, on avait tout naturellement commencé par lui.

D'ailleurs, d'après le rapport des sentinelles qui avaient, pendant cette nuit, été de garde à l'Hôtel de-Ville (l'Hôtel de Ville est attenant à l'auberge de la Cloche), d'après le rapport des sentinelles, disons-nous, il avait été constaté que plusieurs voyageurs étaient descendus pendant la nuit à l'hôtel.

La sentinelle qu'on avait relevée à six heures du matin se rappelait même, au moment où elle venait d'être placée, c'est-à-dire à quatre heures et quelques minutes, avoir vu un jeune homme monté sur un cheval blanc, ayant un petit paysan en croupe, lequel jeune homme était descendu sur la place, avait congédié paysan et cheval et était allé frapper à l'hôtel de la Cloche, qui s'était ouvert devant lui et s'était refermé sur lui.

C'était sur ce jeune homme si singulièrement attardé que s'étaient arrêtés les soupçons.

Or, ce jeune homme n'était autre qu'Andrea.

C'était forts de ces données que le commissaire de police et le gendarme, qui était un brigadier, s'acheminaient vers la porte d'Andrea.

Cette porte était entre-bâillée.

— Oh ! oh ! dit le brigadier, vieux renard nourri dans les ruses de l'état, mauvais indice qu'une porte ouverte ! je l'aimerais mieux verrouillée à triples verrous !

En effet, la petite lettre et l'épingle laissées par Andrea sur la table confirmèrent ou plutôt appuyèrent la triste vérité.

Andrea s'était enfui.

Nous disons appuyèrent, parce que le brigadier n'était pas homme à se rendre sur une seule preuve.

Il regarda autour de lui, plongea son œil sous le lit, dédoubla les rideaux, ouvrit les armoires, et, enfin, s'arrêta à la cheminée.

Grâce aux précautions d'Andrea, aucune trace de son passage n'était demeurée dans les cendres.

Cependant c'était une issue, et, dans les circonstances où l'on se trouvait, toute issue devait être l'objet d'une sérieuse investigation.

Le brigadier se fit donc apporter un fagot et de la paille, il bourra la cheminée comme il eût fait d'un mortier, et y mit le feu.

Le feu fit craquer les parois de brique.

Une colonne opaque de fumée s'élança par les conduits et monta vers le ciel comme le sombre jet d'un volcan, mais il ne vit point tomber le prisonnier, comme il s'y attendait.

C'est qu'Andrea, dès sa jeunesse en lutte avec la société, valait bien un gendarme, ce gendarme fût-il élevé au grade respectable de brigadier ; prévoyant donc l'incendie, il avait gagné le toit et se tenait blotti contre le tuyau.

Un instant il eut quelque espoir d'être sauvé, car il entendit le brigadier appelant les deux gendarmes et leur criant tout haut :

« Il n'y est plus. »

Mais, en allongeant doucement le cou, il vit que les deux gendarmes, au lieu de se retirer, comme la chose était naturelle, sur une pareille annonce, il vit, disons-nous, qu'au contraire les deux gendarmes redoublaient d'attention.

A son tour, il regarda autour de lui.

L'Hôtel de Ville, colossale bâtisse du seizième siècle, s'élevait comme un rempart sombre.

A sa droite, et par les ouvertures du monument, on pouvait plonger dans tous les coins et recoins du toit, comme du haut d'une montagne on plonge dans la vallée.

Andrea comprit qu'il allait incessamment voir paraître la tête du brigadier de gendarmerie à quelqu'une de ces ouvertures.

Découvert, il était perdu.

Une chasse sur les toits ne lui présentait aucune chance de succès.

Il résolut donc de redescendre, non point par le même chemin qu'il était venu, mais par un chemin analogue.

Il chercha des yeux celle des cheminées de laquelle il ne voyait sortir aucune fumée, l'atteignit en rampant sur le toit, et disparut par son orifice sans avoir été vu de personne.

Au même instant une petite fenêtre de l'Hôtel de Ville s'ouvrait, et donnait passage à la tête du brigadier de gendarmerie.

Un instant cette tête demeura immobile comme un de ces reliefs de pierre qui décorent le bâtiment, puis, avec un long soupir de désappointement, la tête disparut.

Le brigadier, calme et digne comme la loi dont il était le représentant, passa sans répondre à ces mille questions de la foule amassée sur la place, et rentra dans l'hôtel.

— Eh bien ? demandèrent à leur tour les deux gendarmes.

— Eh bien ! mes fils, répondit le brigadier, il faut que le brigand se soit véritablement distancé de nous ce matin à la bonne heure ; mais nous allons envoyer sur la route de Villers-Coterets et de Noyon, et fouiller la forêt, où nous le rattraperons indubitablement.

L'honorable fonctionnaire venait à peine, avec l'intonation qui est particulière aux brigadiers de gendarmerie, de donner le jour à cet adverbe sonore, lorsqu'un long cri d'effroi, accompagné du tintement redoublé d'une sonnette, retentit dans la cour de l'hôtel.

— Oh ! oh ! qu'est-ce que cela ? s'écria le brigadier.

— Voilà un voyageur qui semble bien pressé, dit l'hôte. A quel numéro sonne-t-on ?

— Au numéro 3.

— Courez-y, garçon.

En ce moment, les cris et le bruit de la sonnette redoublèrent.

— Le garçon prit sa course.

— Non pas, dit le brigadier en arrêtant le domestique, celui qui sonne m'a l'air de demander autre chose que le garçon, et nous allons lui servir un gendarme. Qui loge au numéro 3?

— Le petit jeune homme arrivé avec sa sœur cette nuit en chaise de poste, et qui a demandé une chambre à deux lits.

La sonnette retentit une troisième fois avec une intonation pleine d'angoisse.

— A moi! monsieur le commissaire! cria le brigadier, suivez-moi et emboîtez le pas.

— Un instant, dit l'hôte, à la chambre numéro 3 il y a deux escaliers : un extérieur, un intérieur.

— Bon! dit le brigadier, je prendrai l'intérieur, c'est mon département. Les carabines sont-elles chargées?

— Oui, brigadier.

— Eh bien! veillez à l'extérieur, vous autres, et s'il veut fuir, feu dessus; c'est un grand criminel, à ce que dit le télégraphe.

Le brigadier, suivi du commissaire, disparut aussitôt dans l'escalier intérieur, accompagné de la rumeur que ses révélations sur Andrea venaient de faire naître dans la foule.

Voilà ce qui était arrivé :

Andrea était fort adroitement descendu jusqu'aux deux tiers de la cheminée, mais arrivé là, le pied lui avait manqué, et, malgré l'appui de ses mains, il était descendu avec plus de vitesse et surtout plus de bruit qu'il n'aurait voulu.

Ce n'eût été rien si la chambre eût été solitaire; mais par malheur elle était habitée.

Deux femmes dormaient dans un lit.

Ce bruit les avait réveillées.

Leurs regards s'étaient fixés vers le point d'où venait le bruit, et, par l'ouverture de la cheminée, elles avaient vu paraître un homme.

C'était l'une de ces deux femmes, la femme blonde, qui avait poussé ce cri terrible dont toute la maison avait retenti, tandis que l'autre, qui était brune, s'élançant au cordon de la sonnette, avait donné l'alarme, en l'agitant de toutes ses forces.

Andrea jouait, comme on le voit, de malheur.

— Par pitié! cria-t-il, pâle, égaré, sans voir les personnes auxquelles il s'adressait, par pitié! n'appelez pas, sauvez-moi! je ne veux pas vous faire de mal.

— Andrea l'assassin! cria l'une des deux jeunes femmes.

— Eugénie! mademoiselle Danglars! murmura Cavalcanti, passant de l'effroi à la stupeur.

— Au secours! au secours! cria mademoiselle d'Armilly, reprenant la sonnette aux mains inertes d'Eugénie, et sonnant avec plus de force encore que sa compagne.

— Sauvez-moi, on me poursuit! dit Andrea en joignant les mains; par pitié, par grâce, ne me livrez pas!

— Il est trop tard, on monte, répondit Eugénie.

— Eh bien! cachez-moi quelque part, vous direz que vous avez eu peur sans motif d'avoir peur, vous détournerez les soupçons et vous m'aurez sauvé la vie.

Les deux femmes, serrées l'une contre l'autre, s'enveloppant dans leurs couvertures, restèrent muettes à cette voix suppliante.

Toutes les appréhensions, toutes les répugnances, se heurtaient dans leur esprit.

— Eh bien! soit, dit Eugénie, reprenez le chemin par lequel vous êtes venu, malheureux; partez, et nous ne dirons rien.

— Le voici! le voici! cria une voix sur le palier, le voici! je le vois!

En effet, le brigadier avait collé son œil à la serrure, et avait aperçu Andrea debout et suppliant.

Un violent coup de crosse fit sauter la serrure, deux autres firent sauter les verrous.

La porte brisée tomba en dedans.

Andrea courut à l'autre porte, donnant sur la galerie de la cour, et l'ouvrit, prêt à se précipiter.

Les deux gendarmes étaient là avec leurs carabines et le couchèrent en joue.

Andrea s'était arrêté court.

Debout, pâle, le corps un peu renversé en arrière, il tenait son couteau inutile dans sa main crispée.

— Fuyez donc! cria mademoiselle d'Armilly, dans le cœur de laquelle rentrait la pitié à mesure que l'effroi en sortait; fuyez donc!

— Ou tuez-vous! dit Eugénie du ton et avec la pose d'une de ces vestales qui, dans le cirque, ordonnaient avec le pouce, au gladiateur victorieux d'achever son adversaire terrassé.

Andrea frémit et regarda la jeune fille avec un sourire de mépris qui prouva que sa corruption ne comprenait point cette sublime férocité de l'honneur.

— Me tuer! dit-il en jetant son couteau, pourquoi faire?

— Mais, vous l'avez dit, s'écria mademoiselle Danglars, on vous condamnera à mort, on vous exécutera comme le dernier des criminels!

— Bah! répliqua Cavalcanti en se croisant les bras, on a des amis.

Le brigadier s'avança vers lui le sabre au poing.

— Allons! allons! dit Cavalcanti, rengaînez, mon

— Par pitié, n'appelez pas; sauvez-moi! — Page 140.

brave homme, ce n'est point la peine de faire tant d'esbrouffe, puisque je me rends.

Et il tendit ses mains aux menottes.

Les deux jeunes filles regardaient avec terreur cette hideuse métamorphose qui s'opérait sous leurs yeux; l'homme du monde dépouillant son enveloppe et redevenant l'homme du bagne.

Andrea se retourna vers elles, et avec le sourire de l'impudence.

— Avez-vous quelque commission pour M. votre père, mademoiselle Eugénie? dit-il, car, selon toute probabilité, je retourne à Paris.

Eugénie cacha sa tête dans ses deux mains.

— Oh! oh! dit Andrea, il n'y a pas de quoi être honteuse, et je ne vous en veux pas d'avoir pris la poste pour courir après moi... N'étais-je pas presque votre mari?

Et, sur cette raillerie, Andrea sortit, laissant les deux fugitives en proie aux souffrances de la honte et aux commentaires de l'assemblée.

Une heure après, vêtues toutes deux de leurs habits de femmes, elles montaient dans leur calèche de voyage.

On avait fermé la porte de l'hôtel pour les soustraire aux premiers regards ; mais il n'en fallut pas moins, quand cette porte fut rouverte, passer au milieu d'une double haie de curieux, aux yeux flamboyants, aux lèvres murmurantes.

Eugénie baissa les stores, mais, si elle ne voyait plus, elle entendait encore, et le bruit des ricanements arrivait jusqu'à elle.

— Oh ! pourquoi le monde n'est-il pas un désert ? s'écria-t-elle en se jetant dans les bras de mademoiselle d'Armilly, les yeux étincelants de cette rage qui faisait désirer à Néron que le monde romain n'eût qu'une seule tête, afin de la trancher d'un seul coup.

Le lendemain, elles descendaient à l'hôtel de Flandres, à Bruxelles.

Depuis la veille, Andrea était écroué à la Conciergerie.

CHAPITRE XXI.

LA LOI.

On a vu avec quelle tranquillité mademoiselle Danglars et mademoiselle d'Armilly avaient pu accomplir leur transformation et opérer leur fuite : c'est que chacun était trop occupé de ses propres affaires pour s'occuper des leurs.

Nous laisserons le banquier, la sueur au front, aligner en face du fantôme de la banqueroute les énormes colonnes de son passif, et nous suivrons la baronne, qui, après être restée un instant écrasée sous la violence du coup qui venait de la frapper, était allée trouver son conseiller ordinaire, Lucien Debray.

C'est qu'en effet la baronne comptait sur ce mariage pour abandonner enfin une tutelle qui, avec une fille du caractère d'Eugénie, ne laissait pas que d'être fort gênante ; c'est que, dans ces espèces de contrats tacites qui maintiennent le lien hiérarchique de la famille, la mère n'est réellement maîtresse de sa fille qu'à la condition d'être continuellement pour elle un exemple de sagesse et un type de perfection.

Or, madame Danglars redoutait la perspicacité d'Eugénie et les conseils de mademoiselle d'Armilly.

Elle avait surpris certains regards dédaigneux lancés par sa fille à Debray, regards qui semblaient signifier que sa fille connaissait tout le mystère de ses relations amoureuses et pécuniaires avec le secrétaire intime, tandis qu'une interprétation plus sagace et plus approfondie eût, au contraire, démontré à la baronne qu'Eugénie détestait Debray, non point parce qu'il était dans la maison paternelle une pierre d'achoppement et de scandale, mais parce qu'elle le rangeait tout bonnement dans la catégorie de ces bipèdes que Diogène essayait de ne plus appeler des hommes, et que Platon désignait par la périphrase d'animaux à deux pieds et sans plumes.

Madame Danglars, à son point de vue, et malheureusement dans ce monde chacun a son point de vue à soi qui l'empêche de voir le point de vue des autres, madame Danglars, à son point de vue, disons-nous, regrettait donc infiniment que le mariage d'Eugénie fût manqué, non point parce que ce mariage était convenable, bien assorti et devait faire le bonheur de sa fille, mais parce que ce mariage lui rendait sa liberté.

Elle courut donc, comme nous l'avons dit, chez Debray, qui, après avoir, comme tout Paris, assisté à la soirée du contrat et au scandale qui en avait été la suite, s'était empressé de se retirer à son club, où, avec quelques amis, il causait de l'événement qui faisait à cette heure la conversation des trois quarts de cette ville éminemment cancanière qu'on appelle la capitale du monde.

Au moment où madame Danglars, vêtue d'une robe noire et cachée sous un long voile, montait l'escalier qui conduisait à l'appartement de Debray, malgré la certitude que lui avait donnée le concierge que le jeune homme n'était point chez lui, Debray s'occupait à repousser les insinuations d'un ami qui essayait de lui prouver qu'après l'éclat terrible qui venait d'avoir lieu, il était de son devoir d'ami de la maison d'épouser mademoiselle Eugénie Danglars et ses deux millions.

Debray se défendait en homme qui ne demande pas mieux que d'être vaincu; car souvent cette idée s'était présentée d'elle-même à son esprit.

Puis, comme il connaissait Eugénie, son caractère indépendant et altier, il reprenait de temps en temps une attitude complétement défensive, disant que cette union était impossible, de toute impossibilité, en se laissant toutefois sourdement chatouiller par l'idée mauvaise qui, au dire de tous les moralistes, préoccupe incessamment l'homme le plus probe et le plus pur, veillant au fond de son âme comme Satan veille derrière la croix.

Le thé, le jeu, la conversation, intéressante, comme on le voit, puisqu'on y discutait de si graves intérêts, durèrent jusqu'à une heure du matin.

Pendant ce temps, madame Danglars, introduite par le valet de chambre de Lucien, attendait, voilée et palpitante, dans le petit salon vert entre deux corbeilles de fleurs qu'elle-même avait envoyées le matin, et que Debray, il faut le dire, avait lui-même rangées, étagées, émondées avec un soin qui fit pardonner son absence à la pauvre femme.

A onze heures quarante minutes, madame Danglars, lassée d'attendre inutilement, remonta en fiacre et se fit reconduire chez elle.

Les femmes d'un certain monde ont cela de commun avec les grisettes en bonne fortune qu'elles ne rentrent pas d'ordinaire passé minuit.

La baronne rentra dans l'hôtel avec autant de précaution qu'Eugénie venait d'en prendre pour sortir

Elle monta légèrement, et le cœur serré, l'escalier de son appartement, contigu, comme on sait, à celui d'Eugénie.

Elle redoutait si fort de provoquer quelque commentaire; elle croyait si fermement, pauvre femme respectable en ce point du moins, à l'innocence de sa fille et à sa fidélité pour le foyer paternel!

Rentrée chez elle, elle écouta à la porte d'Eugénie, puis, n'entendant aucun bruit, elle essaya d'entrer, mais les verrous étaient mis.

Madame Danglars crut qu'Eugénie, fatiguée des terribles émotions de la soirée, s'était mise au lit et qu'elle dormait.

Elle appela la femme de chambre et l'interrogea.

— Mademoiselle Eugénie, répondit la femme de chambre, est rentrée dans son appartement avec mademoiselle d'Armilly; puis elles ont pris le thé ensemble, après quoi elles m'ont congédiée en me disant qu'elles n'avaient plus besoin de moi.

Depuis ce moment, la femme de chambre était à l'office, et, comme tout le monde, elle croyait les deux jeunes personnes dans l'appartement.

Madame Danglars se coucha donc sans l'ombre d'un soupçon; mais, tranquille sur les individus, son esprit se reporta sur l'événement.

A mesure que ses idées s'éclaircissaient en sa tête, les proportions de la scène du contrat grandissaient: ce n'était plus un scandale, c'était un vacarme; ce n'était plus une honte, c'était une ignominie.

Malgré elle alors, la baronne se rappela qu'elle avait été sans pitié pour la pauvre Mercédès, frappée naguère dans son époux et dans son fils d'un malheur aussi grand.

— Eugénie, se dit-elle, est perdue, et nous aussi. L'affaire, telle qu'elle va être présentée, nous cou-

— Mademoiselle Eugénie est rentrée dans son appartement avec mademoiselle d'Armilly. — PAGE 143.

vre d'opprobre ; car, dans une société comme la nôtre, certains ridicules sont des plaies vives, saignantes, incurables

Quel bonheur, murmura-t-elle, que Dieu ait fait à Eugénie ce caractère si étrange qui m'a si souvent fait trembler !

Et son regard reconnaissant se leva vers le ciel, dont la mystérieuse Providence dispose tout à l'avance selon les événements qui doivent arriver, et d'un défaut, d'un vice même, fait quelquefois un bonheur.

Puis sa pensée franchit l'espace, comme fait, en étendant ses ailes, l'oiseau d'un abîme, et s'arrêta sur Cavalcanti.

Cet Andrea était un misérable, un voleur, un assassin, et cependant cet Andrea possédait des façons qui indiquaient une demi-éducation, sinon une éducation complète.

Cet Andrea s'était présenté dans le monde avec l'apparence d'une grande fortune, avec l'appui de noms honorables.

Comment voir clair dans ce dédale? A qui s'adresser pour sortir de cette position cruelle?

Debray, à qui elle avait couru avec le premier

Suis-je venue chez un ami? — Page 147.

élan de la femme qui cherche un secours dans l'homme qu'elle aime et qui parfois la perd, Debray ne pouvait que lui donner un conseil; c'était à quelque autre plus puissant que lui qu'elle devait s'adresser

La baronne pensa alors à M. de Villefort

C'était M. de Villefort qui avait voulu faire arrêter Cavalcanti; c'était M. de Villefort qui, sans pitié, avait porté le trouble au milieu de sa famille comme si c'eût été une famille étrangère.

Mais non; en y réfléchissant, ce n'était pas un homme sans pitié que le procureur du roi; c'était un magistrat esclave de ses devoirs, un ami loyal et ferme, qui, brutalement, mais d'une main sûre, avait porté le coup de scalpel dans la corruption; ce n'était pas un bourreau, c'était un chirurgien, un chirurgien qui avait voulu isoler aux yeux du monde l'honneur des Danglars de l'ignominie de ce jeune homme perdu qu'ils avaient présenté au monde comme leur gendre.

Du moment où M. de Villefort, ami de la famille Danglars, agissait ainsi, il n'y avait plus à supposer que le procureur du roi eût rien su d'avance et se fût prêté à aucune des menées d'Andrea.

La conduite de Villefort, en y réfléchissant, apparaissait donc encore à la baronne sous un jour qui s'expliquait à leur avantage commun.

Mais là devait s'arrêter l'inflexibilité du procureur du roi.

Elle irait le trouver le lendemain et obtiendrait de lui, sinon qu'il manquât à ses devoirs de magistrat, tout au moins qu'il leur laissât toute la latitude de l'indulgence.

La baronne invoquerait le passé; elle rajeunirait ses souvenirs; elle supplierait au nom d'un temps coupable, mais heureux.

M. de Villefort assoupirait l'affaire, ou du moins il laisserait (et, pour arriver à cela, il n'avait qu'à tourner les yeux d'un autre côté), ou du moins il laisserait fuir Cavalcanti, et ne poursuivrait le crime que sur cette ombre de criminel qu'on appelle la contumace.

Alors seulement elle s'endormit plus tranquille.

Le lendemain, à neuf heures, elle se leva, et, sans sonner sa femme de chambre, sans donner signe d'existence à qui que ce fût au monde, elle s'habilla, et, vêtue avec la même simplicité que la veille, elle descendit l'escalier, sortit de l'hôtel, marcha jusqu'à la rue de Provence, monta dans un fiacre et se fit conduire à la maison de M. de Villefort.

Depuis un mois, cette maison maudite présentait l'aspect lugubre d'un lazaret où la peste se serait déclarée.

Une partie des appartements étaient clos à l'intérieur et à l'extérieur; les volets, fermés, ne s'ouvraient qu'un instant pour donner de l'air.

On voyait alors apparaître à cette fenêtre la tête effarée d'un laquais; puis la fenêtre se refermait comme la dalle d'un tombeau retombe sur un sépulcre, et les voisins se disaient tout bas :

— Est-ce que nous allons encore voir aujourd'hui sortir une bière de la maison de M. le procureur du roi?

Madame Danglars fut saisie d'un frisson à l'aspect de cette maison désolée.

Elle descendit de son fiacre, et, les genoux fléchissants, s'approcha de la porte fermée et sonna.

Ce ne fut qu'à la troisième fois qu'eut retenti le timbre dont le tintement lugubre semblait participer lui-même à la tristesse générale, qu'un concierge apparut, entre-bâillant la porte dans une largeur juste assez grande pour laisser passer ses paroles.

Il vit une femme, une femme du monde, une femme élégamment vêtue, et cependant la porte continua de demeurer à peu près close.

— Mais ouvrez donc, dit la baronne.

— D'abord, madame, qui êtes-vous? demanda le concierge.

— Qui je suis? Mais vous me connaissez bien!

— Nous ne connaissons plus personne, madame.

— Mais êtes-vous fou, mon ami! s'écria la baronne.

— De quelle part venez-vous?

— Oh! c'est trop fort!

— Madame, c'est l'ordre, excusez-moi; votre nom?

— Madame la baronne Danglars. Vous m'avez vue vingt fois.

— C'est possible, madame; maintenant que voulez-vous?

— Oh! que vous êtes étrange! et je me plaindrai à M. de Villefort de l'impertinence de ses gens.

— Madame, ce n'est pas de l'impertinence, c'est de la précaution : personne n'entre ici sans un mot de M. d'Avrigny, ou sans avoir parlé à M. le procureur du roi.

— Eh bien! c'est justement à M. le procureur du roi que j'ai affaire.

— Affaire pressante?

— Vous devez bien le voir, puisque je ne suis pas encore remontée dans ma voiture. Mais finissons : voici ma carte, portez-la à votre maître.

— Madame attendra mon retour?

— Oui, allez.

Le concierge referma la porte, laissant madame Danglars dans la rue.

La baronne, il est vrai, n'attendit pas longtemps.

Un instant après, la porte se rouvrit dans une largeur suffisante pour donner passage à la baronne : elle passa, et la porte se referma derrière elle.

Arrivé dans la cour, le concierge, sans perdre la porte de vue un instant, tira un sifflet de sa poche et siffla.

Le valet de chambre de M. de Villefort parut sur le perron.

— Madame excusera ce brave homme, dit-il en venant au-devant de la baronne : mais ses ordres sont précis, et M. de Villefort m'a chargé de dire à madame qu'il ne pouvait faire autrement qu'il avait fait.

Dans la cour était un fournisseur introduit avec les mêmes précautions, et dont on examinait les marchandises.

La baronne monta le perron.

Elle se sentait profondément impressionnée par cette tristesse qui élargissait pour ainsi dire le cercle de la sienne, et, toujours guidée par le valet de chambre, elle fut introduite, sans que son guide l'eût perdue de vue, dans le cabinet du magistrat.

Si préoccupée que fût madame Danglars du motif qui l'amenait, la réception qui lui était faite par toute cette valetaille lui avait paru si indigne, qu'elle commença par se plaindre.

Mais Villefort souleva sa tête appesantie par la douleur et la regarda avec un si triste sourire, que les plaintes expirèrent sur ses lèvres.

— Excusez mes serviteurs d'une terreur dont je ne puis leur faire un crime ; soupçonnés, ils sont devenus soupçonneux.

Madame Danglars avait souvent entendu dans le monde parler de cette terreur qu'accusait le magistrat, mais elle n'aurait jamais pu croire, si elle n'avait eu l'expérience de ses propres yeux, que ce sentiment pût être porté à ce point.

— Vous aussi, dit-elle, vous êtes donc malheureux ?

— Oui, madame, répondit le magistrat.

— Vous me plaignez alors?

— Sincèrement, madame.

— Et vous comprenez ce qui m'amène?

— Vous venez me parler de ce qui vous arrive, n'est-ce pas?

— Oui, monsieur, un affreux malheur.

— C'est-à-dire une mésaventure.

— Une mésaventure ! s'écria la baronne.

— Hélas ! madame, répondit le procureur du roi avec son calme imperturbable, j'en suis arrivé à n'appeler malheur que les choses irréparables.

— Eh ! monsieur, croyez-vous qu'on oubliera ?

— Tout s'oublie, madame, dit Villefort; le mariage de votre fille se fera demain, s'il ne se fait pas aujourd'hui, dans huit jours, s'il ne se fait pas demain.

Et, quant à regretter le futur de mademoiselle Eugénie, je ne crois pas que telle soit votre idée.

Madame Danglars regarda Villefort, stupéfaite de lui voir cette tranquillité presque railleuse.

— Suis-je venue chez un ami? demanda-t-elle d'un ton plein de douloureuse dignité.

— Vous savez que oui, madame, répondit Villefort, dont les joues se couvrirent, à cette assurance qu'il donnait, d'une légère rougeur.

En effet, cette assurance faisait allusion à d'autres événements qu'à ceux qui les occupaient à cette heure, la baronne et lui.

— Eh bien ! alors, dit la baronne, soyez plus affectueux, mon cher Villefort; parlez-moi en ami et non en magistrat, et, quand je me trouve profondément malheureuse, ne me dites point que je doive être gaie.

Villefort s'inclina.

— Quand j'entends parler de malheurs, madame, dit-il, j'ai pris, depuis trois mois, la fâcheuse habitude de penser aux miens, et alors cette égoïste opération du parallèle se fait malgré moi dans mon esprit. Voilà pourquoi, à côté de mes malheurs, les vôtres me semblaient une mésaventure ; voilà pourquoi, à côté de ma position funeste, la vôtre me semblait une position à envier ; mais cela vous contrarie, laissons cela. Vous disiez, madame?...

— Je viens savoir de vous, mon ami, reprit la baronne, où en est l'affaire de cet imposteur.

— Imposteur ! répéta Villefort; décidément, madame, c'est un parti pris chez vous d'atténuer certaines choses et d'en exagérer d'autres ; imposteur, M. Andrea Cavalcanti, ou plutôt M. Benedetto ! Vous vous trompez, madame, M. Benedetto est bel et bien un assassin.

— Monsieur, je ne nie pas la justesse de votre rectification, mais, plus vous vous armerez sévèrement contre ce malheureux, plus vous frapperez notre famille. Voyons, oubliez-le pour un moment; au lieu de le poursuivre, laissez-le fuir.

— Vous venez trop tard, madame, les ordres sont déjà donnés.

— Eh bien ! si on l'arrête... Croyez-vous qu'on l'arrêtera ?

— Je l'espère.

— Si on l'arrête (écoutez, j'entends toujours dire que les prisons regorgent), eh bien ! laissez-le en prison.

Le procureur du roi fit un mouvement négatif.

— Au moins jusqu'à ce que ma fille soit mariée ! ajouta la baronne.

— Impossible, madame; la justice a des formalités.

— Même pour moi? dit la baronne, moitié souriante, moitié sérieuse.

— Pour tous, répondit Villefort; et pour moi-même comme pour les autres.

— Ah ! fit la baronne, sans ajouter en paroles ce que sa pensée venait de trahir par cette exclamation.

Villefort la regarda avec ce regard dont il sondait les pensées.

— Oui, je sais ce que vous voulez dire, reprit-il; vous faites allusion à ces bruits terribles répandus dans le monde, que toutes ces morts qui depuis trois mois m'habillent de deuil, que cette mort à laquelle vient, comme par miracle, d'échapper Valentine, ne sont point naturelles.

— Je ne songeais point à cela, dit vivement madame Danglars.

— Si, vous y songiez, madame, et c'était justice, car vous ne pouviez faire autrement que d'y songer, et vous vous disiez tout bas : « Toi qui poursuis le crime, réponds : pourquoi donc y a-t-il autour de toi des crimes qui restent impunis ? »

La baronne pâlit.

— Vous vous disiez cela, n'est-ce pas, madame?

— Eh bien ! je l'avoue.

— Je vais vous répondre.

Villefort étendit la main vers un grand crucifix.

Villefort rapprocha son fauteuil de la chaise de madame Danglars.

Puis, appuyant ses deux mains sur son bureau, et prenant une intonation plus sourde que de coutume :

— Il y a des crimes qui restent impunis, dit-il, parce qu'on ne connaît pas les criminels, et qu'on craint de frapper une tête innocente pour une tête coupable ; mais, quand ces criminels seront connus (Villefort étendit la main vers un grand crucifix placé en face de son bureau), quand ces criminels seront connus, répéta-t-il, par le Dieu vivant, madame, quels qu'ils soient, ils mourront. Maintenant, après le serment que je viens de faire et que je tiendrai, madame, osez me demander grâce pour ce misérable !

— Eh ! monsieur, reprit madame Danglars, êtes-vous sûr qu'il soit aussi coupable qu'on le dit ?

— Écoutez, voici son dossier : Benedetto, condamné d'abord à cinq ans de galères pour faux, à seize ans ; le jeune homme promettait, comme vous voyez ; puis évadé, puis assassin.

— Et qui est ce malheureux ?

Vue de Lucques.

— Eh! sait-on cela! Un vagabond, un Corse.

— Il n'a donc été réclamé par personne?

— Par personne, on ne connaît pas ses parents.

— Mais cet homme qui était venu de Lucques?

— Un autre escroc comme lui, son complice peut-être.

La baronne joignit les mains.

— Villefort! dit-elle avec sa plus douce et sa plus caressante intonation.

— Pour Dieu! madame, répondit le procureur du roi avec une fermeté qui n'était pas exempte de sécheresse, pour Dieu! ne me demandez donc jamais grâce pour un coupable. Que suis-je, moi? la loi. Est-ce que la loi a des yeux pour voir votre tristesse? Est-ce que la loi a des oreilles pour entendre votre douce voix! Est-ce que la loi a une mémoire pour se faire l'application de vos délicates pensées? Non, madame, la loi ordonne, et, quand la loi a ordonné, elle frappe. Vous me direz que je suis un être vivant et non pas un code; un homme, et non pas un volume; regardez-moi, madame, regardez autour de moi, les hommes m'ont-ils traité en frère? m'ont-ils aimé, moi? m'ont-ils ménagé, moi? m'ont-ils épargné, moi? quelqu'un a-t-il demandé grâce pour M. de Villefort, et a-t-on accordé à ce quelqu'un la grâce de M. de Villefort? Non! non! non! frappé, toujours frappé! Vous persistez, femme, c'est-à-dire sirène que vous êtes, à me parler avec cet œil charmant et expressif qui me rappelle que je dois rougir. Eh bien! soit, oui, rougir de ce que vous savez, et peut-être, et peut-être d'autre chose encore. Mais, enfin, depuis que j'ai failli moi-même, et plus profondément que les autres peut-être, eh bien! depuis ce temps, j'ai secoué les vêtements d'autrui pour trouver l'ulcère, et je l'ai toujours trouvé, et je dirai plus, je l'ai trouvé avec bonheur, avec joie, ce cachet de la faiblesse ou de la perversité humaine. Car chaque homme que je reconnaissais coupable, et chaque coupable que je frappais, me semblait une preuve vivante, une preuve nouvelle, que je n'étais pas une hideuse exception! Hélas! hélas! hélas! tout le monde est méchant, madame, prouvons-le et frappons le méchant.

Villefort prononça ces dernières paroles avec une rage fiévreuse qui donnait à son langage une féroce éloquence.

— Mais, reprit madame Danglars essayant de tenter un dernier effort, vous dites que ce jeune homme est vagabond, orphelin, abandonné de tous.

— Tant pis, tant pis, ou plutôt tant mieux; la Providence l'a fait ainsi pour que personne n'eût à pleurer sur lui.

— C'est s'acharner sur le faible, monsieur

— Le faible qui assassine!

— Son déshonneur rejaillit sur ma maison.

— N'ai-je pas, moi, la mort dans la mienne?

— Oh! monsieur, s'écria la baronne, vous êtes sans pitié pour les autres. Eh bien! c'est moi qui vous le dis, on sera sans pitié pour vous

— Soit! dit Villefort en levant avec un geste de menace son bras au ciel.

— Remettez au moins la cause de ce malheureux, s'il est arrêté, aux assises prochaine; cela nous donnera six mois pour qu'on oublie.

— Non pas, dit Villefort; j'ai cinq jours encore, l'instruction est faite; cinq jours, c'est plus de temps qu'il ne m'en faut; d'ailleurs, ne comprenez-vous point, madame, que moi aussi il faut que j'oublie? Eh bien! quand je travaille, et je travaille nuit et jour, quand je travaille, il y a des moments où je ne me souviens plus, et, quand je ne me souviens plus, je suis heureux à la manière des morts! mais cela vaut encore mieux que de souffrir.

— Monsieur, il s'est enfui! laissez-le fuir, l'inertie est une clémence facile.

— Mais je vous ai dit qu'il était trop tard; au point du jour le télégraphe a joué, et, à cette heure...

— Monsieur, dit le valet de chambre en entrant, un dragon apporte cette dépêche du ministre de l'intérieur

Villefort saisit la lettre et la décacheta vivement.

Madame Danglars frémit de terreur, Villefort tressaillit de joie.

— Arrêté! s'écria Villefort; on l'a arrêté à Compiègne; c'est fini.

Madame Danglars se leva froide et pâle.

— Adieu, monsieur, dit-elle.

— Adieu, madame, répondit le procureur du roi, presque joyeux en la reconduisant jusqu'à la porte.

Puis, revenant à son bureau

— Allons, dit-il en frappant sur la lettre avec le dos de la main droite, j'avais un faux, j'avais trois vols, j'avais deux incendies, il ne me manquait qu'un assassinat, le voici; la session sera belle.

FIN DE LA CINQUIÈME PARTIE.

TABLE DES MATIÈRES

DE LA CINQUIÈME PARTIE.

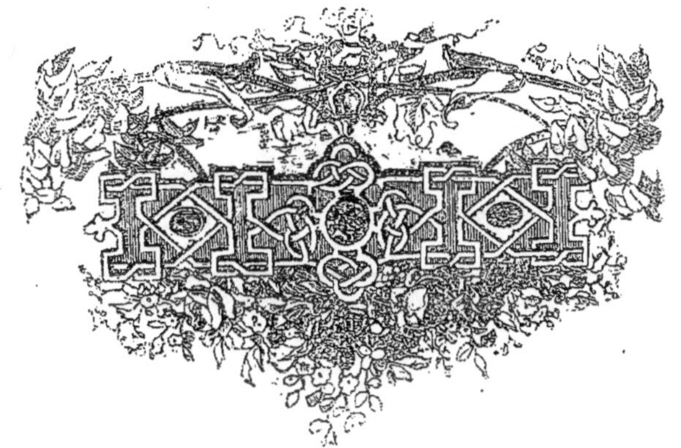

www.ingramcontent.com/pod-product-compliance
Lightning Source LLC
LaVergne TN
LVHW010609110826
845149LV00003B/835